Stark's Gebetbuch

Neubearbeitet von
Dekan Dr. Karl Totter
Abzelfingen

Freimund-Verlag / Neuendettelsau

Unveränderter Nachdruck 1994
Satz und Druck: Freimund-Druckerei, 91564 Neuendettelsau
Bindearbeiten: Großbuchbinderei Monheim

ISBN 3-7726-0029-8

Für die heilige Kirche

O Vater aller Barmherzigkeit, der du dir eine heilige Gemeinde und Kirche auf Erden durch dein Wort und deinen Heiligen Geist sammelst und erhältst, ich bitte dich, du wollest deine kleine Herde, das arme Häuflein, das dein Wort durch deine Gnade angenommen hat, ehrt und fördert, bei der rechten, reinen und alleinseligmachenden Lehre, auch bei rechtem Brauch der hochwürdigen Sakramente stets und fest erhalten wider alle Pforten der Hölle, wider alles Wüten und Toben des Satans, wider alle Bosheit und Tyrannei der argen Welt. Erhalte dein Schifflein samt deinen Christen mitten auf dem ungestümen Meer, unter allen Wellen und Wasserwogen, daß es nicht sinke und untergehe. Laß deine Kirche fest und unbeweglich stehen auf dem Grundfels, darauf sie erbaut ist: O Gott Zebaoth, wende dich doch, schaue vom Himmel, siehe an und suche heim deinen Weinstock und halte ihn im Bau, den deine Rechte gepflanzt hat, den du dir festiglich erwählt hast, auf daß sein Gewächs ausgebreitet und seine Zweige groß werden. Der= zäune ihn mit deinem Schutz und nimm uns, deine Schafe, in deinen Schutz, daß uns niemand aus deiner Hand reiße. Behüte uns vor allen denen, die da suchen Zertilgung rechter Lehre und Austilchung ihrer schändlichen Abgöttereien. Laß dein liebes Wort, das helle und unwandelbare Licht, das uns jetzt scheint, nicht unterdrückt noch ausgelöscht werden, sondern tue Hilfe durch deinen großen, ausgereckten Arm und erhalte deine Kirche und Gemeinde unter so vielen Anstößen,

Für die heilige Kirche

auf daß du unter uns hier auf Erden auch habest ein Volk, das dich erkenne, ehre und anbete. Ach Herr, vergilt uns nicht nach unfern Sünden, der du die Missetat vormals vergeben hast deinem Volk und alle ihre Sünde bedeckt, der du vormals allen deinen Zorn aufgehoben hast und dich gewendet von dem Grimm deines Zorns. Tröste uns, Gott, unser Heiland, und laß ab von deiner Ungnade über uns. Beschütze deine Christenheit, die sich auf dich verläßt. Que es um deines Namens willen, auf daß er nicht entheiligt werde. Que es um Jesu Christi, deines lieben Sohnes, willen. Amen.

Wilhelm Löhe

Inhalt

Für Gesunde

Vor dem Gottesdienst	11
Morgengebet am Sonntag	14
Andächtige Sonntagsfeier	17
Die Ruhe des Volkes Gottes	20
Abendgebet am Sonntag	22
Dank für das Wort Gottes	25
Morgengebet am Montag	28
Am Anfang der Woche	31
Um Gottes Segen	34
Abendgebet am Montag	37
Dank für die Gesundheit	39
Morgengebet am Dienstag	42
Taufe und Wiedergeburt	44
Um den rechten Glauben	47
Abendgebet am Dienstag	49
Heiligung des Herzens	51
Morgengebet am Mittwoch	54
Habt nicht lieb die Welt!	56
Um Gottes Führung	59
Abendgebet am Mittwoch	62
Um die wahre Liebe zu Gott . . .	64
Morgengebet am Donnerstag . . .	66
Um die Liebe zum Nächsten . . .	68
In der Nachfolge Jesu	71
Abendgebet am Donnerstag . . .	74
Gott über alles!	75
Morgengebet am Freitag	78

Inhalt

Um wahre Demut 79
Um rechte Sanftmut 83
Abendgebet am Freitag 86
Um den Heiligen Geist 88
Morgengebet am Samstag 91
Des Allmächtigen Güte 92
Die künftige Herrlichkeit der Kinder Gottes 95
Abendgebet am Samstag 98
Wochenschluß 99
Um Vergebung aller Schuld 102
Um Kraft wider die Sünde 104
Übergabe an Gott 106
Vor dem heiligen Abendmahl 109
Um ein frommes Herz 111
Gebet der Eltern für ihre Kinder . . . 113
Gebet der Kinder für ihre Eltern . . . 117
Der Wetterregen 120
Dankgebet nach dem Gewitter 122
Vor der Reise 123
Um ein unverlegtes Gewissen 126
Am Geburtstag 129

Für Betrübte

Gottes Allmacht 132
Gottes Liebe 135
Gottes Hilfe 137
Gottes Barmherzigkeit 140
Gottes Verheißungen 142
Gottes Absichten im Kreuz 144
Um Geduld und Stärke 147
Um Wegnahme der Trübsal 149
Der Segen des Kreuzes 152

Die Not der Witwe 155
Die Not der Waisen 158
In Glaubensmattigkeit 161
In Anfechtung 162

Für Kranke

Morgengebet eines Kranken 166
Abendgebet eines Kranken 168
Um Geduld 171
Um Gottes Beistand 174
Keine bleibende Statt 177
Ergebung in Gottes Willen 179
Das Kreuz aus Gottes Hand 182
Sinn und Segen der Krankheit 184
Voll Gottvertrauen 187
Dank für den Taufbund 189
Gottes Freundlichkeit 191
Leiden ohne Klage 194
Vor der Krankenkommunion 196
Um Vergebung der Sünden 198
Vor dem Genuß des heiligen Mahles 201
Nach dem heiligen Abendmahl 203
Beim Gebrauch der Arznei 206
Um Linderung der Schmerzen 208
Um Gottes Vatertreue 210
Mach End, o Herr! 212
Trost der Auferstehung 215
Dank für die Genesung 218

Für Schwangere und Wöchnerinnen

Morgengebet der Schwangeren 222
Abendgebet der Schwangeren 224

Gebete für Schwangere 227
Bei herannahender Geburtsstunde 246
Sprüche und Gebete, in Nöten zu sprechen 250
Dank nach glücklicher Entbindung 260
Morgengebet der Wöchnerin 263
Abendgebet der Wöchnerin 266
Am Tauftag des Kindes 268
Fürbitte für die Kinder 269
Vor dem ersten Kirchgang 271
Bei der Entwöhnung 273
Gebet um Kindersegen 275

Für Sterbende

Vor dem göttlichen Gericht 279
Verzeihung vor dem Abschied 282
Der letzte Segen 284
Zum Sterben gerüstet 287
Im Blick auf den Himmel 289
Gottes ewige Verheißungen 292
Die Freude ohne Ende 294
Unter den ewigen Armen 297
Auf Jesus allein 300
Um ein seliges Ende 302
Fürbitte für den Sterbenden 304
Schriftworte und Gebete am Sterbebett 306
Segenswunsch über dem Sterbenden 321
Wenn der Sterbende verschieden ist 322

Festandachten

Adventszeit 323
Weihnachten 326
Jahresschluß 329

Neujahrstag 332
Passionszeit 335
Karfreitag 338
Ostern 342
Christi Himmelfahrt 345
Pfingsten 349
Dreieinigkeitsfest 352
Michaelisfest (Die Engel) 356
Erntedank 358

Besondere Gebetsanliegen

In Kriegsnot 363
Bei anhaltender Nässe 367
Bei anhaltender Dürre 369
Bei Teuerung und Hungersnot 371
Bei schwerer Seuche 374
Bei Friedensschluß 377

I

Für Gesunde

Vor dem Gottesdienst

Eins bitte ich vom Herrn, das hätte ich gern, daß ich im Hause des Herrn bleiben möge mein Leben lang, zu schauen die schönen Gottesdienste des Herrn und seinen Tempel zu betrachten. Psalm 27, 4.

Gebet

Gnädiger und barmherziger Gott, ich komme an diesem Tage vor dein heiliges Angesicht mit Loben und Danken, daß du mich die vergangenen sechs Tage so gnädiglich erhalten und die Arbeit meiner Hände so reichlich gesegnet hast. Du hast meinen Eingang und Ausgang bewahrt, auf meinen Wegen mich behütet und mir an Leib und Seele viel Gutes erwiesen; dafür lobe und preise ich dich von Grund meines Herzens. Ich richte nun meinen Sinn allein zum Himmel, zu Gott, zu meinem Heiland Jesus Christus, um mich in ihm zu erfreuen und in ihm zu ruhen. Die Ruhe des Sonntags ist ein Andenken an die Ruhe im Paradiese, da wir ohne mühsame Arbeit allezeit Gott zu dienen und zu loben wären beschäftigt gewesen. Die Ruhe ist ein Bild der künftigen Himmelsruhe, denn es ist den Kindern Gottes in Christo Jesu noch eine vollkommene Ruhe vorhanden und verheißen, welche in dem ewigen Leben angehen wird; da werden sie von aller Arbeit, von Leiden und Schmerzen und von Sünden befreit sein. Gnädiger Gott, laß mich den heutigen Sonntag in deiner Furcht und in deiner Gnade hinbringen. Bewahre mich vor böser Gesellschaft, daß nicht etwa der Satan durch seine Werkzeuge mich vom Gottesdienst abhalte, und hilf, daß ich ihnen nicht folge. Behüte mich, daß ich den Tag nicht in Faulheit, Üppigkeit, sinnlicher Lustbarkeit und andern Sünden hinbringe und dadurch meiner Seele den größten Schaden zufüge. Gib mir deinen Heiligen Geist, daß ich den ganzen Tag zu deinem Dienst anwende. Erhalte mein Herz in steter Andacht, damit keine irdischen Sorgen sich einschleichen, und wenn sich ja einige melden, daß ich sie durch deines Wortes Kraft vertreibe; oder wenn der Satan mich durch irdisches Geschwätz anderer in deinem Hause zerstreuen wollte, so verleihe mir Stärke, daß ich ihnen kein Gehör geben, sondern mit meiner Aufmerksamkeit sie zu deinem Dienst erwecken und aufmuntern möge. Wenn dein Wort gepredigt wird, so öffne mir das Herz, daß ich darauf achte, solches in mein Herz fasse und als einen teuern Schatz darin verwahre. Hilf, daß ich in der Erkenntnis der Wahrheit zunehme, damit ich durch das gepredigte und gehörte Wort an dem inwendigen Menschen, an Glauben und Frömmigkeit wachse. Laß mich mit Andacht den Gottesdienst beenden, das Gelernte behutsam bewahren und den Tag mit Gebet und Lobgesängen schließen. Laß mich allezeit des angehörten Worts eingedenk bleiben, daß ich nach ihm wandeln, reden, leben und tun und also beweisen möge, ich sei kein vergeßlicher Hörer, sondern ein Täter des Wortes. So laß mich einen Feiertag nach dem andern feiern, bis du mich in die ewige Himmelsfreude, durch Jesum, meinen einigen Erlöser und Seligmacher, einführen wirst.

Ich will ins Gotteshaus mit Gottes Kindern gehen, / Ich will in reinem Schmuck vor seinem Altar stehen, / Mein Herz soll hochvergnügt in seinem Willen ruhn, / Der Leib soll nichts als Not- und Liebeswerke tun. / Komm heute in mein Herz, du König aller Frommen! / Laß mit dir Segen, Heil und Seelenfrieden kommen; / Die Sonne deiner Gnad kehr heute bei mir ein, / So wird mir dieser Tag zu rechtem Segen sein.   Amen.

Gesang
Mel.: O Gott, du frommer Gott

Wie lieblich ist dein Wort, es bringet lauter Freude, / Es ist mein größter Trost und meiner Seelen Weide; / Es ist mein liebster Schatz, den ich auf Erden hab, / Der mich erquicken soll, bis man mich legt ins Grab.

Es ist dein Wort mein Licht, das mir den Weg recht zeiget / Und mich bestraft, wenn sich mein Fuß zum Irrweg neiget; / Ich glaub nach diesem Wort und leb nach diesem Wort, / So bringt mich dieses Licht auch an den Freudenort.

Es ist dein Wort mein Schatz, groß über alle Schätze, / Daran ich mich allein in Not und Tod ergötze; / Den Schatz

raubt mir kein Feind und keiner Feinde List, / Weil er gar
wohl verwahrt in meinem Herzen ist.

Pflegt Gold und Silber gleich ein Eitler zu erwählen, /
Viel lieber ist dein Wort der gottgelass'nen Seelen; / Wenn
man dein Wort und Gold ihr stellet vors Gesicht, / So greift
sie nach dem Wort und acht't des Goldes nicht.

Nach diesem Lebenswort will ich einher nun gehen; / Es
soll mein Leitstern sein, sieh, danach will ich sehen; / Wozu
es mich aufweist, das tu ich ungescheut / Und meid mit allem
Fleiß das, was es mir verbeut.

Ach nimm doch nicht hinweg das Wort von meinem
Munde, / Ach laß es sein mein Trost bis in die Todes=
stunde; / Wann sich mein Mund zuschleußt, nimmt keine
Speis mehr ein, / So laß dein liebes Wort der Seelen Speise
sein.

So hab ich Unterricht, dieweil ich werde leben, / Ich hab
auch Trost, wenn ich soll meinen Geist aufgeben, / Und was
dein Wort verspricht in dieser Gnadenzeit, / Sieh, das erlang
ich dort in jener Herrlichkeit.

Morgengebet am Sonntag

Herr, höre meine Worte, merke auf meine Rede, vernimm
mein Schreien, mein König und mein Gott, denn ich will
vor dir beten. Psalm 5, 2–3.

Gebet

Herr, früh wollest du meine Stimme hören,
früh will ich mich zu dir schicken und darauf mer=
ken. Allmächtiger, gnädiger Gott, du bist würdig
zu nehmen Preis, Ruhm und Ehre; wer sollte

dich nicht fürchten, du König der Heiden, wer sollte dich nicht ehren, o liebreicher Vater! Ich komme in dieser Frühstunde zu dir mit demütigem Dank, daß du diese Nacht eine Wagenburg um mich und die Meinen geschlagen und deine Güte und Treue wiederum an mir hast neu werden lassen. Begleite und beschütze mich auch heute auf allen meinen Wegen. Laß diesen Tag sonderlich einen Erbauungs- und Erquickungstag für meine Seele sein. Ich bitte dich, daß du diesen Tag dein Werk in mir haben mögest. Erleuchte, heilige und lehre meine Seele, daß ich Schätze sammeln möge, welche mich in Not und Tod, in Kreuz und Leiden erquicken können, welche weder Motten noch Rost fressen, da die Diebe nicht nachgraben noch stehlen. Ich freue mich des, das mir geredet ist, daß wir werden hinauf in das Haus des Herrn gehen und meine Füße stehen sollen in deinen Toren, Jerusalem. „Eins bitte ich vom Herrn, das hätte ich gern, daß ich im Hause des Herrn bleiben möge mein Leben lang, zu schauen die schönen Gottesdienste des Herrn und seinen Tempel zu betrachten." Mein Gott, das soll heute meine Lust sein, dein Wort zu hören, in dir mich zu erbauen, dir zu Ehren Lob- und Danklieder anzustimmen, eifrig zu beten und mein Herz dir zu schenken. „Wie lieblich sind deine Wohnungen, Herr Zebaoth! Meine Seele freuet sich in dem lebendigen Gott." Laß mich aber kein vergeßlicher Hörer sein, sondern ein Täter des Worts werden. Offne mir das Herz wie der Lydia, daß ich den Samen des Wortes mit Freuden aufnehme; schließe hernach mein Herz zu, daß mir ihn Satan nicht wiederum raube. Laß mich heute in der Erkenntnis Jesu Christi, im Glauben, in der Liebe, in der Verleugnung meiner selbst, im Absterben der Welt einen festen Grund legen, auf daß ich die ganze künftige Woche daran denke, es ausübe und gute Früchte bringe. Bewahre mich vor Verführungen, wenn der Satan seine Werkzeuge an mich schickt, daß ich nicht die Stunden der Welt überlasse, welche dir geheiligt sind, oder ihrer sündlichen Gesellschaft die Zeit, die ich dir zu Ehren hinbringen soll, opfere und eben damit einen schweren Fluch auf mich lade, welcher mich die ganze Woche über drücken könnte. Ach laß meinen öffentlichen und häuslichen Gottes= dienst, mein Beten, Hören, Lesen und Singen dir gefallen. Sei du selber, o Jesu, mein Lehrer, daß ich zunehme an dem inwendigen Menschen, und wohne durch den Glauben in mir, bis ich droben mit dir unzertrennlich vereinigt werde.

Heilger Geist, du Himmelslehrer, mächtger Tröster und Bekehrer, / Ach laß meines Herzens Schrein ewig deine Woh= nung sein.   Amen.

Gesang
Mel.: Wach auf, mein Herz, und singe

Die Nacht ist nun vergangen, drum will ich gleich anfan= gen, / Mit Singen und mit Beten vor Gottes Thron zu treten.

Gleichwie die Mütter pflegen die Kinder sanft zu legen, / Nach ihnen oft zu sehen und um ihr Bett zu stehen:

So hat auch Gottes Lieben das Unglück weggetrieben, / Ich hab in Schutz und Segen in seinem Schoß gelegen.

Mein Herze und Gemüte erkennt die große Güte, / Die es hat alle Stunden in dieser Nacht empfunden.

Laßt uns den Höchsten preisen, laßt uns dem Dank erweisen, / Der Junge mit den Alten in seinem Schutz erhalten.

Laßt uns den Tag hinbringen mit Loben, Beten, Singen, / In Glaub und Liebe stehen und keine Sünd begehen.

Erheben sich die Glieder, o Gott, so kommt auch wieder / Die Unruh, Kreuz und Sorgen schon an dem frühen Morgen.

Ach hilf mir alles tragen, wend ab des Kreuzes Plagen / Und laß nach Angst und Weinen die Freudensonne scheinen.

Leit mich auf guten Wegen und gib mir deinen Segen, / Aufdaß ich, wo ich gehe, dich stets vor Augen sehe.

Du wollst mein Herz regieren, mit Gottesfurcht auszieren, / Daß ich mich dir ergebe und dir zu Ehren lebe.

Ach Gott, erhör mein Flehen und laß die Bitt geschehen, / So will ich deinen Namen von Herzen preisen. Amen.

Andächtige Sonntagsfeier

Wie lieblich sind deine Wohnungen, Herr Zebaoth! Meine Seele verlanget und sehnet sich nach den Vorhöfen des Herrn, mein Leib und Seele freuen sich in dem lebendigen Gott. Psalm 84, 1—2.

Gebet

Dies ist der Tag, den der Herr macht, lasset uns freuen und fröhlich darinnen sein! Heute gedenke ich an die großen Taten des Herrn, meines Gottes.

Ich danke dir darum, o Gott, für deine vielfältigen Gaben, die du an diesem Tag mir erteilet: auf einen Sonntag ist Jesus, mein Heiland, aus dem Grabe auferstanden und der Heilige Geist über die Apostel ausgegossen worden; darum erinnere ich mich an diesem Tage billig meiner Erlösung, die durch Jesum Christum geschehen ist, und der Mitteilung des Heiligen Geistes, welcher in der heiligen Taufe reichlich über mich ist ausgegossen worden. Ich danke dir für dein heiliges, reines Wort, so du an diesem Tage lässest predigen zum Unterricht und zur Erbauung meiner Seele. Ich danke dir für alle leiblichen und geistlichen Wohltaten, die ich zeit meines Lebens von deiner Vaterhand empfangen habe, daß du mich von Jugend auf geleitet, geführt, erhalten und mir sehr viel Gutes an Leib und Seele getan hast. O wer kann doch deine Wohltaten alle nennen, die da unzählig sind! Nicht allein aber soll dieser Tag mein Danktag, sondern auch mein Bettag sein. Ich bitte dich, mein Gott und Vater, laß mich diesen Tag in deiner Furcht hinbringen, behüte mich vor Verführungen, eiteln Gedanken und bösen Gesellschaften. Ach, daß keine Stunde verginge, in welcher ich nicht dein Lob ausbreitete! Versiegle in meinem Herzen das gehörte Wort, daß ich daran fleißig gedenke und danach mein Leben und meinen Wandel einrichte. Und da ich nun eine Woche älter geworden bin, so gib, daß ich in deiner Erkenntnis, in Liebe und Frömmigkeit zunehmen und an dem inwendigen Menschen wachsen möge. Ich bitte dich, gib mir deinen Heiligen Geist, der mich die künftige Woche und die ganze Zeit meines Lebens daran erinnere, mich regiere, leite und führe. Gib deinen Segen zu meinen Arbeiten und Verrichtungen und laß mich in deiner Gnade meine Tage und Jahre ferner verleben, bis ich endlich werde dahin gelangen, wo ich mit Danken und Beten einen ewigen Sonntag im Himmel feiern kann.

Heut ist des Herren Ruhetag, vergesset aller Sorg und Plag, / Verhindert euch mit Arbeit nicht, kommt vor des Höchsten Angesicht. Halleluja.

Sonntagsgesang
Mel.: Herr Gott, dich loben alle wir

Nun jauchzt dem Herrn alle Welt, kommt her, zu seinem Dienst euch stellt, / Kommt mit Frohlocken, säumet nicht, kommt vor sein heilig Angesicht.

Erkennt, daß Gott ist unser Herr, der uns erschaffen ihm zur Ehr, / Und nicht wir selbst; durch Gottes Gnad ein jeder Mensch sein Leben hat.

Er hat uns ferner wohlbedacht und uns zu seinem Volk gemacht, / Zu Schafen, die er ist bereit zu führen stets auf grüner Weid.

Ihr, die ihr bei ihm wollet sein, kommt, geht zu seinen Toren ein / Mit Loben durch der Psalmen Klang, zu seinem Vorhof mit Gesang.

Dankt unserm Gott, lobsinget ihm, lobsinget ihm mit lauter Stimm, / Lobsingt und danket allesamt; Gott loben, das ist unser Amt.

Er ist voll Güt und Freundlichkeit, voll Treu und Lieb zu jeder Zeit, / Sein Gnade währet dort und hier und seine Wahrheit für und für.

Gott Vater in dem höchsten Thron, und Jesus Christ, sein einger Sohn, / Samt Gott dem werten Heiligen Geist sei nun und immerdar gepreist.

Die Ruhe des Volkes Gottes

Es ist noch eine Ruhe vorhanden dem Volke Gottes. So lasset uns nun Fleiß tun, einzukommen zu dieser Ruhe! Hebr. 4, 9. 11.

Gebet

Heiliger und barmherziger Gott, da ich auch an diesem Tage mich aus deinem Wort erbauen und in dir ruhen und mich in deiner Gnade erfreuen möchte: ach so verleihe mir deinen Heiligen Geist, daß, daß ich in wahrer Andacht mit Anhören, Lesen und Betrachten deines heiligen, göttlichen Wortes ihn hinbringen, dagegen aber von Sünden ablassen und dir meinen Leib und meine Seele wie auch mein ganzes Leben heiligen möge. Nun, mein Gott, das soll hinfort durch deine Gnade meine tägliche Arbeit sein, daß ich tue deinen, nicht meinen Willen, daß ich die bösen Lüste und Gedanken durch deine Kraft vertreibe, damit du allein in mir ruhen, mich mehr und mehr erleuchten und heiligen mögest. Ach Gott, gib, daß dieser geistliche und tägliche Sabbat meines Herzens niemals möge verstört werden. Bete du und singe und lehre in meinem Herzen, so ist mein Herz dein geheiligter Tempel. Wenn ich nun nach deinem Rat meines Lebens Tage und zugleich auch diesen geistlichen Sabbat werde geendigt haben, so führe mich, Gott, ein zu dem himmlischen ewigen Sabbat, da wir in ewiger Ruhe und in der seligen, himmlischen Freude dich preisen werden in dem Tempel der Herrlichkeit; da werde ich das Heilig, Heilig, Heilig mit allen Engeln und Cherubim anstimmen. Ach, mein Gott, laß mich dereinst zu solcher Seligkeit gelangen!

Da wird sein das Freudenleben, da viel tausend Seelen schon /Sind mit Himmelsglanz umgeben, stehen da vor Gottes Thron; / Da die Seraphinen prangen und das hohe Lied anfangen: / Heilig, heilig, heilig heißt Gott der Vater, Sohn und Geist. Amen.

Gesang
Mel.: Erschienen ist der herrlich Tag

Heut ist des Herren Ruhetag, vergesset aller Sorg und Plag, / Verhindert euch mit Sorgen nicht, kommt vor des Höchsten Angesicht. Halleluja!

Kommt her und fallt auf eure Knie vor Gottes Majestät allhie. / Es ist sein Heiligtum und Haus, wer Sünde liebt, gehört hinaus. Halleluja!

Ganz unerträglich ist sein Grimm, doch hört er gern der Armen Stimm; / Deswegen lobt ihn allesamt, das ist der Christen rechtes Amt. Halleluja!

O liebster Heiland, Jesu Christ, der du vom Tod erstanden bist, / Richt unsre Herzen auf zu dir, daß sich der Sündenschlaf verlier. Halleluja!

Gib deiner Auferstehung Kraft, daß dieser Trost ja bei uns haft't, / Daß wir uns drauf verlassen fest, wenn uns nun alle Welt verläßt. Halleluja!

O Heilger Geist, laß uns dein Wort so hören heut und immerfort, / Daß sich in uns durch deine Lehr Glaub, Lieb und Hoffnung reichlich mehr. Halleluja!

Erleuchte uns, du wahres Licht, entzieh uns deine Gnade nicht, / All unser Tun auch so regier, daß wir Gott preisen für und für. Halleluja!

Gott Vater, Sohn und Geist, verleih, daß dieser Tag dir heilig sei, / Wir auch die Sabbatsruh und -freud erlangen drauf in Ewigkeit. Halleluja!

Abendgebet am Sonntag

Herr, bleibe bei uns, denn es will Abend wer=den, und der Tag hat sich geneiget. O du lebendiger, allmächtiger Gott, wie unbegreiflich sind deine Werke, wie unaussprechlich ist deine Güte, welche du den Menschenkindern erzeigest! Ich kann von Gnade und Wahrheit, von Liebe und Barm=herzigkeit sagen, weil du den vergangenen Tag mir viel Gutes an Leib und Seele erwiesen hast; du hast meine Seele gespeist mit dem Brot des Lebens und mir aus der lebendigen Quelle zu trinken gegeben; dein Wort ist meinem Munde süßer gewesen als Honig und Honigseim. Ach laß dein Wort zeit meines Lebens ein Licht auf meinem Wege bleiben, daß ich danach meinen Gang richte, so werde ich nicht straucheln oder aus deiner Gnade fallen. Du bist auch mein Erretter, mein Beistand

im Leiblichen gewesen, daß ich gesund diesen
Abend erreicht habe. Ich bin nicht wert aller
Barmherzigkeit, die du an mir getan hast. Wenn
sich nun meine Glieder zur Ruhe legen, so tritt,
o mein Schutz, mir zur Seite, habe acht auf mich
und schließe mich in deinen Schutz ein. Laß
mich beständig ein Licht in dem Herrn sein und
keine Gemeinschaft haben mit den unfruchtbaren
Werken der Finsternis. Laß dein Wort, das ich
gehört und gelernt, künftig in mir als einen heili=
gen Samen aufgehen, dessen Früchte man in mei=
nem Leben wahrnehmen möge. Sei mein Schirm
und Schatten wider die Hitze der Anfechtung
und wider die feurigen Pfeile des Satans. „Der
Herr ist mein Licht und mein Heil, vor wem sollte
ich mich fürchten? Der Herr ist meines Lebens
Kraft, vor wem sollte mir grauen? „Wende Feuer=
und Wassersnot und alles Unglück von mir und
den Meinen ab und laß alle Betrübten, Kranken
und Sterbenden deine reiche Gnade genießen; so
soll morgen früh unser aller Mund deines Ruh=
mes voll sein, und wir wollen erzählen, was du
Gutes uns an Leib und Seele getan hast. Verzeih
mir, wenn ich nicht mit solchem Eifer dir heute
gedient, wie ich billig gesollt, und nimm deswegen
deine Gnade nicht von mir. Laß in der neuen
Woche alles neu an mir sein, schenke mir eine
neue Liebe und Verlangen nach dir, einen neuen
Trieb, dir zu dienen und zu gehorchen. Laß mich
die in der vorigen Woche begangenen Sünden

meiden und fliehen, damit jedermann erkenne, daß ich den Sonntag nicht vergebens hingebracht habe. Hilf, daß ich mehr um meine Seele als um den Leib bekümmert sei. Ich sehe mich, mein Gott, nach meiner Ruhestätte um, ich erinnere mich dabei an mein Grab, darin ich ruhen werde, bis du mich an dem frohen Jüngsten Tage zum ewigen Leben erwecken wirst. So gehe denn hin, mein Leib, in deine Kammer zur Ruhe; du aber, meine Seele, in die Wunden Jesu!

Laß mich, Herr, von dir nicht wanken, in dir schlaf ich sanft und wohl, / Gib mir heilige Gedanken und bin ich gleich Schlafes voll, / So laß doch den Geist in mir zu dir wachen für und für, / Bis die Morgenröt angehet und man von dem Bett aufstehet. Amen.

Abendgesang

Mel.: Wer nur den lieben Gott läßt walten

Ich lege mich in Jesu Wunden, wenn ich mich leg zu meiner Ruh, / Ich bleib im Schlaf mit ihm verbunden, er drücket mir die Augen zu, / Ich fürchte nicht die finstre Nacht, da Jesus um mein Bette wacht.

Ich will im Schlaf mit Gott umgehen, der kommt mir nie aus meinem Sinn, / Mein Herz soll immer auf ihn sehen, Wenn ich nun eingeschlafen bin; / Es soll mein Geist und Seel allein mit meinem Gott beschäftigt sein.

Im Schlafe soll die Seele wachen, als welche Gottes nicht vergißt; / Das kann den Schlaf mir süße machen, weil sich mit Gott das Auge schließt; / Ich bin, mein Gott, weil du bei mir, wenn ich erwach, auch noch bei dir.

Ach Gott, wend alle Angst und Schmerzen in Gnaden diese Nacht von mir, / Ach wirke stets in meinem Herzen, ich such die Hilf allein bei dir, / Laß Unglück, Schrecken, Not und Pein, o Gott, von mir entfernet sein!

Laß also mir und auch den Meinen, und was mir sonsten zugehört, / Dein Gnadenlicht des Nachts erscheinen, daß alles bleibe ungestört; / Daß, wenn ich wieder aufersteh, ich alles unverletzet seh.

Laß deinen Engel bei mir bleiben und immer um mein Bette stehn, / Laß ihn das Unglück von mir treiben, auf mich und alle Frommen sehn, / So schlaf ich sanft in Gottes Hut, der auch im Schlaf mir Gutes tut.

Ich fürchte nicht des Satans Schrecken, noch seiner Rotten Macht und List, / Weil Gott mich selber will bedecken, und weil mein Jesus bei mir ist; / Darf Satan mir kein Leid antun, so muß er mich auch lassen ruhn.

Es gehn zur Ruhe meine Glieder, nachdem der Sonntag ist vollbracht. / Mein Mund bricht aus in Freudenlieder bei eingebrochner, finstrer Nacht, / Ich steh mit Jesu wieder auf und führe fröhlich meinen Lauf.

Ich will dir Seele, Leib und Leben sowohl des Tags als auch bei Nacht / Hiermit, o treuer Gott, ergeben, ach hab du selber auf mich acht. / Ach laß mich dir empfohlen sein, denn du bist mein und ich bin dein.

So bleib ich denn in Jesu Wunden und schlafe sanft in ihnen ein. / Auch in den letzten Todesstunden werd ich da wohl bewahret sein, / Darinnen will ich auferstehn und zu des Lammes Hochzeit gehn.

Dank für das Wort Gottes

Seid Täter des Worts und nicht Hörer allein, dadurch ihr
  euch selbst betrüget. Jak. 1, 22.

Gebet

O du gnadenreicher Gott, wie kann ich dir genugsam danken, wie kann ich genugsam dich loben und preisen, daß du mich diesen Sonntag hast erleben lassen, an dem ich dein heiliges Wort gehört und vernommen habe, wie ich soll recht glauben, fromm leben und dereinst selig sterben. Du hast mir lassen kundwerden, was dein gnädiger Wille an mir sei, du hast mich lassen lehren, wes ich mich trösten soll, was ich meiden und was ich tun soll. Ach ja, du lässest dich nicht unbezeugt, damit niemand eine Entschuldigung habe. Du gibst uns dein heiliges Wort und die Sakramente, damit wir sie zu unserm Heil gebrauchen sollen; dein Heiliger Geist will uns darin lehren und erleuchten, heiligen, stärken und gründen. Ach barmherziger Gott, bewahre mich, daß ich kein vergeßlicher Hörer, sondern ein Täter des Wortes sei. Was hilft mir alles Hören, wenn ich nicht danach tue? Darum versiegle, o Gott, selbst in mir, was ich gehört und gelesen habe, und mache es auch in mir lebendig, tätig und kräftig. Gib, daß ich das Evangelium von der Vergebung meiner Sünden durch Christum ins Herz fasse und mich dessen getröste. Gib, daß ich das gehörte Wort im Herzen bewege, darüber mich freue und allezeit danach tue. Habe ich aus deinem heiligen Wort vernommen, daß ich soll sanftmütig, demütig und barmherzig sein, ach so verleihe mir Gnade, daß ich allezeit mich dran erinnere und niemals in Zorn, Rachgier, Stolz und Unbarmherzigkeit verfalle, sondern meine Feinde liebe, mich selbst verleugne und den Armen und Elenden Gutes tue. Habe ich gehört, ich soll gegen meine bösen Lüste und Gedanken streiten, mich verleugnen, den alten Menschen ablegen, hingegen den neuen anziehen, züchtig, gerecht und gottselig leben in dieser Welt: so gib mir Kraft und Stärke, daß ich mich darin täglich übe und es vollbringen möge; und ob es zwar gleich im Anfang in großer Schwachheit geschieht, daß ich doch fortfahre in der Heiligung und mich je mehr und mehr reinige von aller Befleckung des Fleisches und des Geistes. Ach laß mich mit deinem heiligen Wort umgehen wie die Weltkinder mit ihren irdischen Schätzen, welche sie einschließen und wohl bewahren; ebenso gib mir die Kraft, daß ich die heiligen Wahrheiten und teuren Glaubenslehren von Christus, meinem Erlöser und Seligmacher, als einen lieben und werten Schatz in meinem Herzen bewahren und fest darauf bauen möge, damit ich in allen schweren Stunden, in Kreuz, in Trübsal, in Krankheit, ja im Sterben daraus einen Trostspruch nach dem andern hervorholen könne. Ja, mein Gott, laß mich täglich zunehmen an Alter, Weisheit, Glauben, Frömmigkeit, Gottesfurcht, Erkenntnis deines Willens und Gnade bei dir und den Menschen.

Höchster Gott, wir danken dir, daß du uns dein Wort gegeben; / Gib uns Gnade, daß auch wir nach dem Worte heilig leben; / Du wollst selbst den Glauben stärken, daß er tätig sei in Werken.

Höchster Gott, ach sei gepreist, der du lehrest, was wir sollen, / Schenk uns deinen guten Geist, gib uns auch ein eifrig Wollen, / Laß es ferner wohlgelingen, gib zum Wollen das Vollbringen! Amen.

Gesang
Mel.: Jesu, deine tiefen Wunden

Liebster Jesu, liebstes Wesen, deine Güte sei gepreist, / Daß du mir dein Wort gegeben, das mich herrlich unterweist, / Das zur Seligkeit mich lehrt, warnet, bessert, straft, bekehrt, / Auch wenn Kreuz und Trübsal drücket, mich mit süßem Trost erquicket.

Gib, daß ich dein Wort recht liebe ohne Schein und Heuchelei, / Daß ich mich darinnen übe und kein bloßer Hörer sei. / Denn wer deinen Willen weiß, tut ihn gleichwohl nicht mit Fleiß, / Der ist ärger als die Heiden und soll doppelt Streiche leiden.

Schreibe, was ich heut vernommen, fest in meine Seele ein. / Laß mich zur Erkenntnis kommen und des Wortes Täter sein. / Dein Geist treibe stets mich an, daß ich dich, so gut ich kann, / Gläubig fasse, fürchte, liebe und mit Sünden nicht betrübe.

Dein Wort sei auch meinen Füßen eine Leuchte und ein Licht, / Daß ich möge Trost genießen, wenn es mir an Trost gebricht. / Es versüße alle Qual in dem finstern Todestal, / Führ mich endlich aus dem Leide zu der süßen Himmelsfreude.

Morgengebet am Montag

Laß mich frühe hören deine Gnade, denn ich hoffe auf dich; tue mir kund den Weg, darauf ich gehen soll, denn mich verlanget nach dir. Heiliger, gütiger und allein weiser Gott, der du den Himmel erschaffen und die Erde gegründet und verordnet hast, daß Tag und Nacht abwechseln und auf das Licht die Finsternis und auf die Arbeit die Ruhe folgen soll, damit sich Menschen und Vieh erquicken mögen: ich lobe und preise dich für deine Weisheit und Vatertreue in dieser Morgenstunde, daß du mein Gebet so gnädiglich erhört und mich die vergangene Nacht vor Krankheit und anderem Übel behütet und das Meinige mit deinem Schutz umgeben hast. Herr, groß sind deine Werke, die du an den Menschen tust. Deine Güte reicht, so weit der Himmel ist, und deine Wahrheit, so weit die Wolken gehen. Ich schlief, und du wachtest, ich war im Schlaf den Toten gleich, aber du hast mich der Sonne Licht wieder sehen lassen. Mein Gott, sei auch heute mein Helfer und Erretter, mein Beistand und Tröster, meine Zuflucht und Erbarmer, laß deine Augen über mich offen sein, daß ich unter deinem Geleit unverletzt in meinem Beruf ein= und ausgehen und den Abend nach deinem Willen ohne Schaden erreichen möge. Mein Gott, laß deinen Segen mit und bei mir sein; zu allem, was ich in deinem Namen anfange, gib selber Rat und Tat und laß mich niemals etwas wollen, was du nicht willst. Laß mit dem aufgegangenen Sonnenlichte auch das Licht des Heiligen Geistes in mir aufgehen, daß ich den Tag in deiner Furcht, in Liebe und Gehorsam hin=

bringe. Schaffe in mir, Gott, ein reines Herz und
gib mir einen neuen, gewissen Geist, verwirf mich
nicht von deinem Angesicht und nimm deinen
Heiligen Geist nicht von mir; laß ihn mich leiten,
lehren, führen, daß ich heute nicht wissentlich wider
dich sündige, und wenn man mich zum Sündigen
verleiten will, so laß ihn mich erinnern und durch
seine innerlichen Bestrafungen davon abhalten.
Ich lege meine Kleider an, Herr Jesu, kleide mich
mit dem Rock deiner Gerechtigkeit. Ich wasche
meine Hände, Herr Jesu, wasche mich mit deinem
heiligen Blut von allen meinen Sünden. Bewahre
mich, daß ich niemals wandle im Rate der Gott=
losen, noch sitze, da die Spötter sitzen, welcher Freund=
schaft deine Feindschaft ist; denn so ich will der
Welt Freund sein und mit ihnen ihre sündliche
alte Gewohnheit treiben, so wirst du mein Feind
werden. Mein Gott, drücke in mein Herz die Worte:
Wandle vor mir und sei fromm. Wie viele fangen
eine Woche an, aber vollenden sie nicht und sind
am Ende derselben krank oder schon begraben.
Darum laß mich allezeit nachjagen der Heiligung,
ohne welche niemand dich schauen wird. Die Gnade
des Vaters erhalte mich, die Liebe des Sohnes
heilige mich, die Gemeinschaft des Heiligen Geistes
mache mich fruchtbar zu allen guten Werken.

Mit Segen mich beschütte, mein Herz sei deine Hütte, /
Dein Wort sei meine Speise, bis ich gen Himmel reise.
Amen.

Am Anfang der Woche

Alles, was ihr tut mit Worten oder Werken, das tut alles in dem Namen des Herrn Jesu und danket Gott und dem Vater durch ihn. Kol. 3, 17.

Gebet

Du liebreicher und barmherziger Gott, ich fange unter deinem Beistand eine neue Woche an. Ich weiß aber nicht, was mir darin widerfahren wird; wieviel Übel und Unglück kann uns in einem Tag begegnen, wieviel mehr in einer ganzen Woche! Darum komme ich gleich am Anfang zu dir und befehle mich dir ganz und gar. Erhalte mich im Glauben an Christi Verdienst und vergib mir um Christi willen alle meine Sünde. Ach mein Gott, gib mir deinen Heiligen Geist, der mich heilige, leite und regiere und meinem Geist das Zeugnis gebe, daß ich ein begnadigtes Kind Gottes sei. Segne mich diese Woche an Seele und Leib; segne meinen Ausgang und Eingang. Segne meine Berufsarbeit, segne meine Schritte und Tritte. „Ich hebe meine Augen auf zu den Bergen, von welchen mir Hilfe kommt; meine Hilfe kommt von dem Herrn, der Himmel und Erde gemacht hat. Wenn du mich leitest, so irre ich nicht; wenn du mich hältst, so falle ich nicht, darum laß deine Treue und Güte mich allewege behüten. Segne auch alles, was mein ist, und laß es in deinem Segen gedeihen. Mein Gott und treuer Vater, schütze und

bewahre mich vor Schaden, Gefahr, Verlust und
Unglück, laß mich bei Tag und Nacht in deinem
Schutz und in deiner Gnade stehen. Bewahre mein
Haus, laß um mich und um das Meine deine
Engel eine Wagenburg schlagen, so wird mich kein
Unfall stürzen, so groß er auch ist. Erhöre mein
Gebet, wenn ich zu dir schreie, und laß mich nicht
unerhört von dem Throne deiner Gnade weg=
gehen. Bewahre mich vor schweren Sünden, weise
mir, Herr, deine Wege, leite mich in deiner Wahr=
heit, erhalte mein Herz bei dem Einen, daß ich
deinen Namen fürchte. Schreibe deine heilige Furcht
in mein Herz, daß ich nicht aus deiner Gnade falle,
sondern darin beständig bleibe bis in den Tod. Gib,
daß ich diese Woche möge frömmer und gottseliger
werden, in deiner Erkenntnis und in der Liebe
zunehmen, und wie ich eine Woche nach der andern
zurücklege, ich auch an dem inwendigen Menschen
wachsen und in meinem Glauben Tugend beweisen
möge, in der Tugend Bescheidenheit, in der Be=
scheidenheit Mäßigkeit, in der Mäßigkeit Geduld,
in der Geduld Gottseligkeit, damit, wenn die letzte
Lebenswoche anbricht, ich deiner Gnade um Christi
willen möge versichert sein. Sollte auch diese Woche
mir eine Kreuzwoche werden, so stärke mich durch
deinen Heiligen Geist, daß ich alles unter deinem
mächtigen Beistand ausstehen und überwinden
könne. Sei du selbst mein Helfer und Erretter aus
aller Not. Nun, ich befehle mich mit Leib und Seele
und allem, was ich habe, in deinen gnädigen

Vaterschutz, wie auch alle frommen Christen, durch Jesum Christum, meinen Herrn und Heiland.

Darauf so sprech ich Amen und zweifle nicht daran, / Gott wird es alls zusammen in Gnaden sehen an, / Und streck nun aus mein Hand, greif an das Werk mit Freuden, / Dazu mich Gott bescheiden in meim Beruf und Stand.

Gesang
Mel.: O Gott, du frommer Gott

Ich will die neue Woch mit dir, o Gott, anheben, / Du wollst mir deinen Geist und deinen Segen geben; / Im Anfang steh mir bei und weiche nicht von mir, / Daß ich am Ende noch vereinigt sei mit dir.

Ohn deinen Segen kann, mein Vater, nichts geschehen, / Drum wir, o Segensgott, um Segen zu dir flehen; / Ach komme selbst zu uns und greif das Werk mit an, / Weil es durch dich allein befördert werden kann.

Ach ja, es ist umsonst, am Morgen früh aufstehen / Und mit Bekümmernis an seine Arbeit gehen, / Wenn du nicht selbst mitgehst und stehest mit dabei, / Daß Anfang, Mitt und End von dir gesegnet sei.

Drum komm, o Gott, zu mir und gib mir deinen Segen, / Denselben wollest du auf meine Arbeit legen / Ach segne all mein Tun, ach segne meinen Tritt / Und teile gnädiglich mir deinen Segen mit.

Laß mich in Frömmigkeit die ganze Woch hinbringen, / Laß meine Arbeit sein: dich loben, beten, singen; / Bewahre mich vor Sünd, Unrecht und Missetat, / Und wenn ich Buße tu, so schenk mir deine Gnad.

Mein Gott, begleite mich auf allen meinen Wegen, / Und willst du diese Woch ein Kreuz mir auferlegen, / So biet mir deine Hand und steh mir kräftig bei; / Ja, trage selbsten mit, daß mirs erträglich sei.

Nun, was du Gutes wirst mir diese Woch erweisen, / Dafür soll dich, o Gott, mein Mund und Herze preisen; / Ach laß mich als dein Kind dir stets empfohlen sein, / Bis ich durch Jesu Blut geh zu der Freude ein.

Um Gottes Segen

Es segne uns Gott, unser Gott, es segne uns Gott, und alle Welt fürchte ihn. Psalm 67, 7—8.

Gebet

Du reicher und gnädiger Gott, wie groß und herrlich, wie reich und mächtig bist du, du hast alles und kannst auch alles geben. Siehe, ich, dein Kind, komme zu dir und bitte dich um deine Gaben. Du weißt, daß ich nichts mit in die Welt gebracht, daß ich auch nichts von mir selbst habe als die Sünde; daher alles, was ich Gutes an mir habe, das kommt von dir; denn alle gute Gabe und alle vollkommene Gabe kommt von oben herab; ja, was hast du, Mensch, das du nicht empfangen hast? Mein Gott und Vater, mache mich besonders an meiner Seele reich, gib mir deinen Heiligen Geist, gib mir ein gläubiges Herz, erleuchte mich durch dein Wort, erneuere mich, damit ich ein neuer Mensch und ein wahrer Christ werde. Hilf mir kämpfen und arbeiten, daß ich die böse Lust besiege, die bösen Gewohnheiten ab=

lege, mich von der Welt absondere, hingegen meinen Leib und meine Seele dir zu einem Opfer ergebe, das da lebendig, heilig und dir wohlgefällig sei. Siehe, mein Gott, wie ich in der Welt so vielen Gefahren und Versuchungen unterworfen bin, darum leite du mich durch deine Kraft, daß ich nicht verführt werde. Wohne in meiner Seele, beherrsche mein Herz, verleihe mir Gnade, daß ich ein lebendiges Glied an dem Leibe meines Jesus und eine neue Kreatur sei, so bin ich in der Welt reich genug, geehrt genug, glückselig genug. Sorge auch, gnädiger Gott und Vater, für mich in dem Irdischen; du weißt, was ich bedarf, du siehst, was mir fehlt; aber gib mir nichts nach meinem, sondern alles nach deinem Willen. Ist mir Gesundheit heilsam, so gib mir einen gesunden Leib. Gib mir Nahrung und Kleidung, weil du weißt, daß ich ohne sie nicht leben kann. Begleite mich auf meinen Wegen, behüte mich vor Unglück. Lege deinen Segen meiner Arbeit bei; denn was du, Herr, segnest, das ist gesegnet ewiglich. Du hast mich in die Welt erschaffen, so wirst du mich auch wohl zu ernähren und zu versorgen wissen. Ich werfe alle meine Anliegen und Sorgen auf dich. Sorge für dein Kind, erhalte dein Kind und laß mich deiner Vatertreue und Gnade hinfort reichlich genießen. Weil du mich aber, großer Gott und Vater, nicht um dieses irdischen Lebens willen erschaffen hast, so hoffe ich auf noch größere Güter. Denn hätte ich nichts von dir zu erwarten, als was ich hier zu empfangen habe, so wäre ich der elendeste Mensch. Darum, mein Vater, gib mir auch die himmlischen Güter, die mir Christus erworben; erhalte mich im Glauben an Jesus, meinen Seligmacher, bis an mein letztes und seliges Ende. „Laß mich an meinem End auf Christi Tod abscheiden, die Seele nimm zu dir hinauf zu deinen Freuden!" Gib mir ein gottseliges Ende und bringe mich nach dem Abschied aus diesem Leben zu der Schar der Auserwählten in den Himmel, daß ich mit ihnen gekrönt und verklärt dein heiliges Angesicht schauen und mich in dir ewig freuen möge. Ach mein Gott, höre die Stimme meines Flehens und verweigere nicht, was mein Mund bittet. Gib mir von den irdischen Dingen so viel, als dir gefällig und mir heilsam und selig ist; aber in geistlichen und himmlischen Dingen gib mir ein reiches Maß deiner Gnade und bringe mich dereinst zu der Versammlung der Heiligen im Licht, daß ich hier im Glauben und in der Liebe und dort in Ewigkeit mit dir vereinigt bleibe. Amen.

Unsern Ausgang segne, Gott, unsern Eingang gleichermaßen, / Segne unser täglich Brot, segne unser Tun und Lassen, / Segne uns mit selgem Sterben und mach uns zu Himmelserben! Amen.

Gesang

Mel.: O Gott, du frommer Gott

Mein Vater, denk an mich, ach gib mir deinen Segen. / Und tue auch an mir, wie treue Väter pflegen; / Gib, was ich nötig hab und was mir nützlich ist; / Ich schau allein auf dich, weil du mein Vater bist.

Ach gib mir Jesu Geist, das wahre Seelenleben; / Auch wirst du mir dazu ein trostvoll Herze geben; / So bin ich reich genug, so bin ich recht beglückt, / Weil mich dein guter Geist mit seinen Gaben schmückt.

Gib mir mein täglich Brot, Gesundheit auch desgleichen, / Laß deinen Segen nicht von meiner Arbeit weichen, / Wend alles Unglück ab, begleit mich aus und ein / Und laß bei Tag und Nacht mich dir empfohlen sein.

Laß mich in Jesu Christ hier leben und auch sterben, / Und laß mich durch sein Blut die Seligkeit ererben; / Laß mich vor deinem Thron in weißen Kleidern stehn / Und, Herr, dein Angesicht mit allen Frommen sehn.

Mein Gott, erhöre mich, auf dich steht mein Vertrauen, / Ich werd noch meine Lust an deiner Gnade schauen; / Mein Herz und Geist und Sinn sei dir allein geweiht, / Mein Segen, Freud und Schatz bleibst du in Ewigkeit.

Wohlan ich bin erhört, Gott wird's aus Gnaden geben, / Drum will ich Mund und Herz mit Dank zu ihm erheben. /
Mein Vater, schenke mir, dieweil ich leb auf Erd, / was du mir zugedacht, nur daß ich selig werd!

Abendgebet am Montag

Ich liege und schlafe ganz mit Frieden, denn du, Herr, hilfst mir, daß ich sicher wohne. Du ewiger und allmächtiger Gott, dies sind meine Abendgedanken, da ich mich zur Ruhe begeben will. Wie soll ich dir genug danken, daß du mich aus und ein begleitet hast, daß ich meinen Fuß an keinen Stein gestoßen! Du hast mich gespeist und getränkt, du hast mich getröstet und erquickt, dein Aufsehen hat meinen Odem bewahret, und durch dich und deine Gnade stehe ich noch bis auf den heutigen Tag. Alle diese und andere Wohltaten sind lauter Stimmen, welche mich zu deinem Lobe ermuntern. „Lobe den Herrn, meine Seele, und was in mir ist, seinen heiligen Namen; lobe den Herrn, meine Seele, und vergiß nicht, was er dir Gutes getan hat!" Vergib mir, o Herr, vergib mir aus Gnaden, wenn ich heute das Vorbild meines Jesus nicht vor Augen gehabt und deine Gebote aus den Augen verloren, hingegen mit der Welt gelebt und meinen Begierden freien Lauf gelassen habe; wärest du nicht ein langmütiger Gott, ja, der Vater der Barmherzigkeit, so lebte ich längst nicht mehr. Ach Herr, ich beschuldige mich und tue Buße im Staub und in der Asche. Der Tag ist nun dahin, tilge auch meine Sünden mit dem Verdienst Jesu Christi und gedenke ihrer nimmermehr. Ich gelobe dir in rechter Aufrichtigkeit meines Herzens, daß ich dir fleißig dienen und meinen Wandel nach deinem Wort einrichten will. Behüte mich diese Nacht vor allen Nachstellungen des Feindes, vor Unglück und allem Übel, drücke mir, wenn ich einschlafe, die Augen zu, mein Jesu, aber drücke mir auch zugleich dein blutiges Bild in mein Herz, daß ich deiner nicht vergesse. Sei mein Licht in der Finsternis, mein Helfer in der Not. „Mein Herz hält dir vor dein Wort: Ihr sollt mein Antlitz suchen, darum suche ich auch, Herr, dein Antlitz." Ich weiß nirgends hin als zu dir, allmächtiger Gott. Mein Vater ist bei mir, warum sollte ich mich fürchten, wenn ich schon einsam liege und schlafe? Mein Jesus, meiner Seele Trost und Licht, ist bei mir, wenn sich schon meiner Augen Licht schließt. Der Heilige Geist ist bei mir, der erhält das Zeugnis in meinem Herzen, daß ich ein Kind Gottes sei, ob ich schon von mir selbst nichts weiß. Bin ich also in den Schutz des dreieinigen Gottes eingeschlossen, so schlafe ich sicher wie ein Kind an seiner Mutter Brust.

Gedenke, Herr, doch auch an mich in dieser finstern Nacht / Und schenke du mir gnädiglich den Schutz vor deiner Wacht. / Drauf schließ ich meine Augen zu und schlafe fröhlich ein; / Mein Gott wacht jetzt in meiner Ruh, wer wollte traurig sein? Amen.

Dank für die Gesundheit

Es ist besser, einer sei arm und dabei frisch und gesund denn reich und ungesund. Gesund und frisch sein ist besser denn Gold, und ein gesunder Leib ist besser denn großes Gut. Es ist kein Reichtum zu vergleichen einem gesunden Leib und keine Freude des Herzens Freude gleich. Sirach 30, 14—16.

Gebet

O du gnädiger und barmherziger Gott, wie groß ist deine Liebe und Güte in Christo Jesu, die du mir erweisest, indem du mich nicht allein in deinem Schutz und in deiner Gnade erhältst, sondern auch ein Jahr nach dem andern in guter Gesundheit vollenden und wieder anfangen lässest. Nun, mein Gott, ich erkenne, daß dieses eine der guten Gaben ist, welche von dir, o Vater des Lichts, von oben herab kommen. Herr, wer bin ich, daß du mir solche Barmherzigkeit widerfahren lässest? Sehe ich doch täglich vor meinen Augen Menschen, die kränklich, elend und schwach sind. Höre ich doch viele klagen, daß sie in großen Schmerzen und langwieriger Krankheit auf dem Bett ihr Leben hinbringen müssen, welche vielleicht viel gottesfürchtiger und frömmer sind als ich und viel andächtiger beten als ich; mir aber gibst du gute Gesundheit, Kraft und Stärke. Ach Herr, ich bin zu gering aller Barmherzigkeit, die du bisher an mir getan hast und noch tust. Bewahre mich, lieber Gott, daß ich diese edle Gabe der Gesundheit nicht mißbrauche zur Üppigkeit, Wollust, Hoffart und Frechheit, sondern gib mir wohl zu erkennen, daß du mich dadurch zur Dankbarkeit und Frömmigkeit ermuntern willst. Hilf, daß ich in Zukunft und zeit meines Lebens meine Gesundheit anwende zu deinem Lob und deiner Ehre, zum Nutzen meines Nächsten und zur Vollbringung der Geschäfte meines Berufs. Erhalte mir nach deinem heiligen Rat und Willen meine Gesundheit und geraden Glieder, damit ich ungehindert und eifrig dein Haus besuchen und in deinem Tempel Lob- und Danklieder anstimmen kann. Gib mir deinen Heiligen Geist, daß ich meine gesunden Glieder und Kräfte zu deinem Dienst und meinen gesunden Verstand zum Wachstum in deiner Erkenntnis heilige. O mein Gott, gib mir die Kraft und Stärke, an dem inwendigen Menschen zuzunehmen, daß ich gesund im Glauben, brünstig im Geist, geduldig in Trübsal, andächtig im Gebet, aufrichtig in der Liebe gegen dich und den Nächsten, christlich im Leben, fröhlich in der Hoffnung und getrost im Tode sei. Heilige mich, segne mich, und dein guter Geist führe mich auf ebener Bahn.

O Gott, du frommer Gott, du Brunnquell guter Gaben, / Ohn den nichts ist, was ist, von dem wir alles haben: / Gesunden Leib gib mir, und daß in solchem Leib / Ein unverletzte Seel und rein Gewissen bleib. Amen.

Gesang
Mel.: Alle Menschen müssen sterben

Geht dir's wohl nach deinem Leiden und hast Glück auf dieser Erd, / So ist dieses wohl zu meiden, daß dein Herz nicht trotzig werd; / Denk in deinem Glück und Prangen, wie dir's ehmals ist ergangen; / Denk in Glück und Herrlichkeit auch an die vergangne Zeit.

Bist du nun gesund und stehest, denk auch an das Krankenbett; / Wenn du fröhlich einhergehest, denk auch an die Lagerstätt; / Bist du wiederum genesen, denke, daß du krank gewesen; / Denk in Glück und Herrlichkeit auch an die vergangne Zeit.

Blüht dir Freud und lauter Glücke, steht es um dich wohl jetzund, / Denk bisweilen auch zurücke, wie es vormals um dich stund, / Wie es schlecht um dich aussahe, wie das Elend dir war nahe; / Denk in Glück und Herrlichkeit auch an die vergangne Zeit.

Bist du reich und groß an Schätzen, denke dabei immerdar, / Um in Gott dich zu ergötzen, daß es vordem nicht so war; / Selig, wer die Demut liebet, wenn ihm Gott viel Güter gibet; / Denk in Glück und Herrlichkeit auch an die vergangne Zeit.

Von den hohen Ehrenauen, darauf dir's nach Wunsche geht, / Sollst du in die Tiefe schauen, und wenn da ein Armer steht, / Denk: so bin ich auch gestanden, in dergleichen Trübsalsbanden; / Denk in Glück und Herrlichkeit auch an die vergangne Zeit.

Diese seligen Gedanken halten dich zu aller Zeit / In den wahren Demutsschranken, führen dich zur Frömmigkeit, / Daß du nimmer dich erhebest, vielmehr Gott die Ehre gebest. / Bleib in deinen Augen klein, so wird Gott dir gnädig sein.

Morgengebet am Dienstag

Wache auf, der du schläfst, und stehe auf von den Toten, so wird dich Christus erleuchten. O du barmherziger Gott, dessen Güte und Treue alle Morgen neu ist, ich sage dir mit Herz und Mund Lob und Dank, daß du mich diesen Morgen wieder gesund hast aufstehen lassen und meinen Leib vor Schaden und meine Seele vor Sünden bewahrt hast. Wie groß ist deine Güte, Herr, daß Menschen unter dem Schatten deiner Flügel trauen und unter ihnen so mächtig bewahrt werden. Ich schaue nach der Finsternis wiederum das Sonnenlicht; gib mir die Gnade, daß ich diesen ganzen Tag in deinem Lichte wandle und alle Werke der Finsternis fliehe. Ich achte den Tag für verloren, an welchem ich der Welt gedient und meinen Mund, meine Glieder und Sinnen nach der Welt Gewohnheit und Torheit gerichtet habe, wovon ich dereinst vor deinem Gerichte Rechenschaft ablegen muß. Ich opfere mich hingegen dir ganz zu deinem Dienst auf mit Leib und Seele; laß mich nichts wollen, nichts vornehmen und denken, als was dir gefällt, auf daß der ganze Tag dir geheiligt sei. Ja, laß mich allezeit so leben, reden und tun, als ob ich heute noch sterben müßte. Und da ich nach der finstern Nacht, darin ich als dein Kind in deinen Armen gelegen, nun wieder von neuem lebe, so weiß ich nirgends hin als zu dir; ich klopfe an deine Gnadentür, ich wende mich wieder zu der Segensquelle, aus welcher ich nehme einen Segen nach dem andern, eine Hilfe nach der andern; denn was du, Herr, segnest, das ist gesegnet ewiglich; wenn du deine Hand auftust, so wird alles gesättigt mit Wohlgefallen. Gib mir guten Rat, wenn ich Rat bedarf; richte meine Anschläge und Vornehmen nach deinem Willen. Entzünde in mir die Flamme deiner göttlichen Liebe, daß ich diesen Tag meinen Glauben in den Werken zeige und in wahrer Liebe gegen dich und den Nächsten verharre, auf daß ich ohne Gewissenswunden den Abend erreiche. Wenn ich zu dir, Herr, mein Gott, rufe, so schweige mir nicht, auf daß nicht, wo du schweigest, ich gleich werde denen, die in die Hölle fahren. Höre die Stimme meines Flehens, wenn ich meine Hände zu deinem Heiligtum aufhebe. Laß das Gebet der Elenden, Traurigen,

Kranken, und auch das Gebet der Meinen und
aller Frommen vor deinem Gnadenthron Erhörung
finden.

Richt unser ganzes Leben allein nach deinem Sinn, / Und
wenn wirs sollen geben ins Todes Rachen hin, / Wenns
hier mit uns wird aus, so laß uns fröhlich sterben / Und
nach dem Tod ererben des ewgen Lebens Haus. Amen.

Taufe und Wiedergeburt

Gelobet sei Gott und der Vater unseres Herrn Jesu Christi,
der uns nach seiner großen Barmherzigkeit wiedergeboren
hat zu einer lebendigen Hoffnung durch die Auferstehung
Jesu Christi von den Toten, zu einem unvergänglichen
und unbefleckten und unverwelklichen Erbe, das behalten wird im Himmel. 1. Petr. 1, 3—4.

Gebet

Großer Gott und liebster Vater, wie kann ich
genugsam deine Liebe erkennen, loben und preisen,
daß du dich meiner Seele so herzlich angenommen
hast, daß sie nicht verderbe! O welche Herrlichkeit
hast du mir in der heiligen Taufe mitgeteilt, da
du mich zu deinem Kinde angenommen hast!
Rühmen Menschen ihre Glückseligkeit, die sie er=
langt haben durch ihre hohe Geburt, durch hohe
Ehrenstellen, großen Reichtum, ansehnliche Güter,
siehe, so achte ich meine Glückseligkeit viel größer,
nämlich diese, daß ich dein Kind bin; denn sind
wir Kinder, so sind wir auch Erben, nämlich Gottes

Erben und Miterben Christi, so wir anders mit
leiden, damit wir mit zur Herrlichkeit erhoben
werden. Bin ich ein Kind Gottes, so wird mich
mein himmlischer Vater erhalten, regieren, ver=
sorgen, beschützen, ja er wird mich niemals und
in keiner Not verlassen. Bin ich ein Kind Gottes,
so habe ich nicht nur an ihm einen kräftigen Bei=
stand im Leben, sondern auch große Freudigkeit
im Sterben, da wird er mich als sein Kind er=
quicken, laben, trösten und nach meinem Abschied
aus dieser Welt in das ewige Freudenleben führen.
Gib mir, o lieber Vater, deinen Heiligen Geist,
der mich an diese Herrlichkeit fleißig erinnere.
Ich bin noch in der Welt und lebe unter den Men=
schenkindern; ach bewahre mich, daß ich nicht mit
den Weltkindern sündige und Böses tue, noch mich
ihnen gleichstelle. Sehe ich jemand Böses tun, höre
ich etwas Böses reden, so laß mich bedenken, ich
sei ein Gotteskind, dem solche Laster und Sünden
nicht anstehen. Laß mich in deiner Kraft fröhlich
sprechen: Welt, du mußt wissen, daß mir mein
Kindesrecht und Kindesteil an Gott und an dem
Himmel nicht feil ist, um deine Lustbarkeit, Eitelkeit
und deine Gewohnheiten zu genießen. Mein Jesu,
du weißt, daß ich dich liebhabe und mich herzlich
betrübe, wenn ich dich nicht allezeit und in der
Tat so liebe, wie ich sollte und wollte. Ach nimm
doch mein Wollen gnädig an und laß mich mein
Leben in Glauben, Frömmigkeit, Heiligkeit, Rein=
heit und kindlicher Demut führen; laß mich dich

lieben, ehren, fürchten und dir folgen, damit ich als dein Kind leben und sterben und zur Himmels= freude gelangen möge.

Ich habe Jesum angezogen schon längst in meiner heilgen Tauf, / Daher bist du mir auch gewogen, hast mich zum Kind genommen auf; / Mein Gott, ich bitt durch Christi Blut, mach's nur mit meinem Ende gut. Amen.

Gesang
Mel.: Jesu, der du meine Seele

Wer nicht wieder ist geboren aus dem Wasser und dem Geist, / Der ist ewiglich verloren, wie es Gottes Wort be= weist; / Denn es muß auf dieser Erden der ein neuer Mensch noch werden, / Welcher will nach dieser Zeit kommen in die Herrlichkeit.

Uns wird auch zugleich gegeben Gottes werter heilger Geist, / Der fängt an ein neues Leben, das die Laster aus uns reißt; / Er erneuert alle Sinnen, Worte, Werke und Be= ginnen, / Treibet uns zum Guten an, daß man Gott recht dienen kann.

Singen, beten, Gott zu ehren, ist des neuen Menschen Sinn; / Von der Welt zu Gott sich kehren, neue Kräfte an= zuziehn, / Gottes Willen zu verrichten, ist des neuen Men= schen Dichten; / Also wird er gänzlich neu, als obs nicht der Mensch mehr sei.

Ach, mein Gott, hier fall ich nieder: fördre in mir dieses Werk, / Ändre Sinnen, Herz und Glieder, Gib mir deines Geistes Stärk, / Daß ich ja nicht werd verloren, sondern wieder sei geboren, / Daß ich als dein Kind dich ehr und dich liebe mehr und mehr.

Laß mich auch in diesem Stande immer bleiben, o mein Gott, / Bis daß meine Lebensbande einst zerreißen durch den Tod, / Daß mich nichts von dir abtreibe und du mein, ich dein verbleibe, / Alsdann geh ich aus der Zeit in die frohe Ewigkeit.

Um den rechten Glauben

So du mit deinem Munde bekennest Jesum, daß er der Herr sei, und glaubest in deinem Herzen, daß ihn Gott von den Toten auferwecket hat, so wirst du selig. Röm. 10, 9.

Gebet

Du gnadenreicher Gott, welche Barmherzigkeit ist es, daß du mich zur wahren Erkenntnis meines Heils gebracht hast. Ich erkenne den Grund meines Heils, welcher ist Jesus Christus mit seinem Blut und Tod. Ich erkenne die Mittel des Heils, nämlich das Wort Gottes und die heiligen Sakramente. Dieses alles weiß ich nicht nur, sondern setze darauf alle meine Hoffnung und Zuversicht und weiß nun den rechten Himmelsweg; denn wer zu Gott kommen will, der muß glauben. Ach du gnadenreicher Gott, verleihe mir deinen Heiligen Geist, daß er diese Erkenntnis in mir lebendig mache. „So ihr solches alles wisset, selig seid ihr, wenn ihr's tut". Gib mir Kraft, daß mein Glaube nicht ein toter Hirn= und Scheinglaube, sondern ein lebendiger Glaube werde. Weil ich Jesum Christum als meinen Heiland kenne, so will ich ihn auch lieben, ihm gehorchen, ihn mehr lieben als die ganze Welt, ihm auch allein dienen und nicht vollbringen, wozu mein Fleisch und Blut und die böse Welt mich anreizt; außer ihm soll mir auf Erden nichts sonst lieber werden. Erkenne ich die Mittel zur Seligkeit, so will ich sie auch unter deinem Beistand zu meiner Seligkeit anwenden; dein Wort will ich andächtig hören und danach leben; was dein Wort verbietet, will ich fliehen und meiden, hingegen die Pflichten, die es mir anbefiehlt, in deiner Gnade durch des Heiligen Geistes Beistand zu vollbringen trachten; das heilige Abendmahl soll mich heiligen durch und durch, ich will es oft zur Stärkung meines Glaubens und zu meiner Seligkeit als eine Speise der Heiligung mit Andacht genießen und will in solcher Heiligung immer fortfahren. Ach, mein Gott, vermehre in mir den Glauben, die Heiligung und den Gehorsam, daß ich alle Tage frömmer, andächtiger, gottesfürchtiger und dem Bilde meines Heilandes ähnlicher werde. Erhalte mich auch in solcher Gnade bis an mein seliges Ende, damit ich als ein wahrer und frommer Christ leben und sterben möge.

Herr, ich glaube, hilf mir Schwachen, laß mich ja verzagen nicht! / Du, du kannst mich stärker machen, wenn mich Sünd und Tod anficht; / Deiner Güte will ich trauen, bis ich fröhlich werde schauen / Dich, Herr Jesu, nach dem Streit in der frohen Ewigkeit.   Amen.

Gesang

Mel.: Alle Menschen müssen sterben

Ach Herr, stärke meinen Glauben, ach, mein Glaube wird gar schwach, / Satan denkt ihn mir zu rauben, da sich häuft mein Ungemach, / Weil sich keine Hilf läßt finden, so will fast mein Glaub verschwinden; / Wo ist doch mein Herr und Gott?, sprech ich jetzt in meiner Not.

Wo sind seine Allmachtsproben, wo ist seine Vaterhand, / Welche andre freudig loben? Bin ich ihm denn unbekannt? / Weiß er nicht, wie mir es gehet? Weiß er nicht, wies um mich stehet? / Ist mein Leiden ihm zu groß, daß er mich läßt hilfelos?

Herr, ich glaube; hilf mir Schwachen, ja, ich glaube fest an Dich, / Daß du alles wohl kannst machen, drum so komm und stärke mich! / Herr, ich glaube, daß du lebest und stets um und bei mir schwebest, / Daß dein Auge auf mich sieht, ob die Hilfe schon verzieht.

Herr, ich glaube, daß mich Armen Jesus auch erlöset hat, / Daß er will sich mein erbarmen, daß ich bin in seiner Gnad, / Daß mein Jesus in dem Leiden nimmer werde von mir scheiden; Nur mein Herz empfindets nicht, weil mir Stärk und Hilf gebricht.

Hilf, daß ich bald Stärke finde, stärke mich doch fort und fort, / Schenke deinem schwachen Kinde neue Kraft aus deinem Wort, / Lehre mich dir fest vertrauen und auf die Verheißung schauen, / Die du in dem Wort mir gibst, ob du schon die Hilf aufschiebst.

Ja, laß deinen Geist mich trösten; deinen Geist nimm nicht von mir, / Wenn die Not am allergrößten, der mich überzeugt von dir, / Daß du noch an mich gedenkest und mir deine Hilfe schenkest, / Wenn da kommt die Stund und Zeit, die zur Hilfe ist bereit.

Abendgebet am Dienstag

„Der Herr ist mit mir, darum fürchte ich mich nicht, was können mir Menschen tun?" Also spreche ich jetzt, du gnädiger und liebreicher Gott, in dieser Abendstunde, und sage dir demütigen Dank, daß du mich diesen Tag unter deinem väterlichen Schutz, unter deiner liebreichen Fürsorge, gnädigen Führung und reichem Segen hast zurücklegen lassen. Herr, deine Güte ist groß und deine Barmherzigkeit hat kein Ende. „Der Herr ist nahe allen, die ihn mit Ernst anrufen, er tut, was die Gottesfürchtigen begehren, er hört ihr Schreien und hilft ihnen." Ach mein Gott, wie geschwind geht doch ein Tag dahin; wie ein Pfeil abgeschossen wird, so geschwind entfliehen unsere Jahre. „Darum lehre mich doch, daß es ein Ende mit mir haben muß und mein Leben ein Ziel hat und ich davon muß. Siehe, meine Tage sind einer Hand breit vor dir. Wir müssen alle offenbar werden vor dem Richterstuhl Christi, daß ein jeder empfange, nach dem er gehandelt hat bei Leibes Leben, es sei gut oder böse." Darum richte ich mich selbst und frage: Meine Seele, wie hast du heute den Tag verbracht? Hast du auch etwas Gutes gedacht? Ist Gott heute mit dir vereinigt geblieben oder hast du ihn mit vorsätzlichen und wissentlichen Sünden von dir getrieben? Mein Mund, was hast du heute geredet? Hast du gesprochen, was ehrbar, was keusch, was wohllautet? Ist das Lob Gottes von dir ausgebreitet worden, oder bist du von schandbaren Worten übergeflossen? Wo seid ihr hingewandelt, ihr Füße? Was habt ihr verrichtet und verübt, ihr Hände? Was habt ihr gehört, ihr Ohren? Ihr Augen, wo=

nach habt ihr gesehen? Was ist heute dein Verlangen, Dichten und Trachten gewesen, mein Herz? Ach mein Gott, wenn ich auf alle diese Fragen antworten soll, wie werde ich bestehen? Ach Herr, nimm weg mit dem vergehenden Tag meine Übertretungen. O Jesu, tilge meine Sünden mit deinem heiligen Blut. O Heiliger Geist, versichere mich der Vergebung aller meiner Sünden, ehe ich noch einschlafe, daß ich nicht, wenn diese Nacht die letzte sein sollte, verloren werde. Bin ich also von meiner Schuld, dreieiniger Gott, freigesprochen, so schlafe ich mit Frieden und hüte mich morgen mit größerem Fleiß vor all dem, was dich betrüben kann. Mein Vater, deine Liebe decke mich und die Meinen. Mein Jesu, in deinen Wunden ruhe ich sanft und wohl. O Heiliger Geist, tue du den letzten Seufzer in meinem Herzen, ehe ich einschlafe, mit welchem ich meinen Geist in die Hände Gottes befehle.

Herr, dein Auge geht nicht unter, wenn es bei uns Abend wird, / Denn du bleibest ewig munter und bist wie ein guter Hirt, / Der auch in der finstern Nacht über seiner Herde wacht. / Darum hilf uns, deinen Schafen, daß wir alle sicher schlafen.

Heiligung des Herzens

Jaget nach dem Frieden gegen jedermann und der Heiligung, ohne welche niemand den Herrn sehen wird. Hebr. 12, 14.

Gebet

O du heiliger Gott, ich erschrecke jedesmal, wenn in meinen Ohren deine Stimme erschallt: Ihr sollt heilig sein, denn ich bin heilig; und wieder: Ohne die Heiligung kann niemand den Herrn schauen. Wenn ich dies erwäge und dagegenhalte meine unheiligen Gedanken, Worte und Werke, so gerate ich in große Angst und schäme mich meines vorigen unheiligen Lebens, da ich leider nach dem Trieb meines Herzens und nach der Gewohnheit der Weltmenschen mitgesündigt und mit unheiligen Worten und Werken dich beleidigt habe. Ach, soll niemand dein Antlitz schauen ohne die Heiligung, o wie wenige werden dann selig werden, o wie viele werden verdammt werden! Darum, du heiliger Gott, gib mir dies alles wohl zu erkennen, damit ich mich stets der wahren Heiligung inwendig und auswendig befleißigen möge. O Jesu, heilige mich durch deine Gerechtigkeit, Verdienst und Blut, ach schenke mir Unheiligem deine Heiligkeit, auf daß ich darin, als in meinem schönsten Schmuck, vor deinem himmlischen Vater erscheinen und bestehen könne. Heilige mein Leben durch dein heiliges Wort. Heilige mein Herz, daß es immer mit guten Gedanken umgehen möge. Heilige meinen Mund, daß er nichts Unanständiges, Unchristliches und Böses reden möge. Heilige meinen Willen, damit ich das allein wolle und vollbringe, was dir gefällig ist. O heiliger Gott, ziehe mich ab von der Welt, vereinige mich mit dir, damit ich in mir durch deinen Heiligen Geist das Zeugnis habe, daß ich ein Kind Gottes sei und in der Gnade stehe. Laß aber auch diese Heiligung wahrhaftig sein, daß ich nicht etwa nur heilig sei und der Heiligung mich befleißige in der Kirche, bei dem heiligen Abendmahl oder wenn ich sonst bei heiligen Handlungen bin, sondern daß ich auch heilig sei an allen Orten, zu allen Zeiten, bei allen Gelegenheiten, und wenn ich gar unter Weltkindern leben muß, daß ich alsdann als ein Kind Gottes reden möge, leben und tun, und bleiben in solch seligem Stande bis in den Tod, da du mich zu der Schar der Heiligen und Auserwählten in dem ewigen Freudenlicht bringen wirst.

Mache mich, o Gnadenquell, durch dein Waschen rein und hell, / Laß mich fliehen, was du fliehest, gib mir, was du gerne siehest.   Amen.

Gesang
Mel.: O Gott, du frommer Gott

Soll ohne Heiligung den Herren niemand schauen / Und ausgeschlossen sein von jenen Himmelsauen, / So tracht ich nun mit Fleiß in dieser Gnadenzeit, / Daß ich gelangen mög zur wahren Heiligkeit.

Ach, heilige mein Herz, gib heilige Gedanken, / Daß meine Tritte nie von deinen Wegen wanken; / Ach, lasse Herz und Geist beständig heilig sein, / Mach es von schnöder Lust, von Sünd und Bosheit rein.

Ach, heilige mich ganz, die Glieder, Mund und Hände, / Daß ich sie stets allein zu deinem Dienst anwende; / Herz,

Glieder, Mund und Hänb sind ja dein Eigentum, / Drum brauch ich sie allein zu deines Namens Ruhm.

Ach, mein Gott, heilge mich, / Ja, heilge Seel und Leben, / Als welche ich hiermit dir will zu eigen geben; / Hilf, daß ich also leb und tue wie ein Christ, / In welchem Jesus lebt, und der in Gnaden ist.

In solcher Heiligung laß mich dereinst auch sterben, / Laß mich durch Christi Blut das Freudenreich ererben / Mit allen Heiligen; da werd ich ewig rein, / Im schönsten Priesterschmuck von dir gezieret sein.

Morgengebet am Mittwoch

Wenn ich erwache, bin ich noch bei dir, gnädiger und liebreicher Gott, mein Fels, meine Burg und mein Erretter, mein Schild und Horn meines Heils und mein Schutz! Ich erhebe in dieser Frühstunde meine Stimme zu dem Thron deiner Gnade und danke dir, daß du die vergangene Nacht deine Flügel über mich ausgebreitet und meinen Leib und meine Seele vor allem Unfall bewahrt hast. Gelobt sei der Herr täglich und gelobt sei sein heiliger Name ewiglich. Mein Gott, du lässest einen Tag meines Lebens nach dem andern erscheinen, daß ich mich zur Ewigkeit bereiten und meine Seele dir zum Eigentum und zur Wohnung ergeben soll. Du hast mich erschaffen zum ewigen Leben, du willst auch nicht, daß ich verlorengehe, sondern daß ich mich bekehre und lebe; so laß mich diesen Tag auch dazu anwenden, daß ich schaffe, selig zu werden mit Furcht und Zittern.

Ich bin nun mitten in der Woche und habe drei Tage glücklich zurückgelegt; laß mich auch die übrigen drei Tage unter deinem Schutz und unter deiner Gnade nach deinem Wohlgefallen erreichen. Wenn ich mitten in der Angst wandle, so erquicke mich; wenn mich meine Feinde umgeben, so tritt du in die Mitte und hilf mir! Ach, mein Mittler Jesu, bleibe mitten in meinem Herzen, daß ich zu dir in allen Anliegen, in Not und Tod mich wende und von dir Hilfe erlange. Ist Gott für mich, wer mag wider mich sein? Laß mich, liebster Heiland, heute in deine heilige Nachfolge treten und wandeln, wie du gewandelt bist, so werde ich den Verführungen der Welt und den Tücken meines eigenen Herzens leicht entfliehen. Sei bei mir in meinem Beruf; ich spreche mit völligem Glauben: Herr, ich lasse dich nicht, du segnest mich denn. „Segne mich im Schlaf und Wachen, segne meinen Schritt und Tritt, segne mich in allen Sachen, teil mir deinen Segen mit. Segen werde mir von dir, nimm den Segen nicht von mir." Laß mich mitten unter meinen Berufsgeschäften mein Herz fleißig zu dir richten, und wenn es sich in der Weltlust und Weltsünde verstricken will, so gib mir Kraft, daß ich es losreiße und es, mein Vater, in deine Liebe, mein Jesu, in deine Wunden einsenke, daß es sich nicht von deiner Gemeinschaft verirre, sondern am Abend noch darin gefunden werde. Steht mir heute ein Kampf bevor, so hilf mir überwinden; meldet sich ein sünd=

licher Gedanke im Herzen, ein unartiges Wort im
Mund, so stärke mich, daß ich es durch deinen Geist
abweise. Laß auch die Meinen dir befohlen sein,
und laß allen Betrübten und Kranken mitten in
ihren Leiden dein Gnadenlicht aufgehen.

Führe mich, o Herr, und leite meinen Gang nach deinem
Wort. / Sei und bleibe du auch heute mein Beschützer und
mein Hort! / Nirgends als von dir allein kann ich recht be=
wahret sein. Amen.

Habt nicht lieb die Welt!

Stellet euch nicht dieser Welt gleich, sondern verändert euch
durch Erneuerung eures Sinnes, auf daß ihr prüfen mö=
get, welches da sei der gute, wohlgefällige und vollkom=
mene Gotteswille. Röm. 12, 2.

Gebet

Barmherziger Gott, du Liebhaber der Men=
schen, wie bist du doch so liebreich gegen uns, daß
du Geduld mit uns in unsern vielen Fehlern und
Schwachheiten hast und strafst uns nicht auf fri=
scher Tat, wie wir es verdienen. Ach, du hast mir
durch dein Wort die Augen geöffnet, daß ich mich
nun selbst kenne und die Verderbnis meines Her=
zens einsehe. Ich fühle Welt in mir und Welt
außer mir; ich finde Welt in mir, nämlich die
bösen Gelüste meines Herzens, die sündlichen Nei=
gungen und Triebe. Ich finde die Welt außer mir,
nämlich die bösen Menschen, die mich mit ihrem

sündigen Beispiel verführen wollen. Ach leider, mein Herz findet daran viel mehr Lust und Freude als an deinem heiligen Wort und an dem Leben, das nach deinem Wort geführt wird. Wehe mir, daß ich so lange, so oft und viel mich durch die Welt reizen und verführen ließ. Ich schäme mich, meine Augen zu dir aufzuheben, wenn ich an die Torheit meiner Jugend denke, da ich leider der Welt mehr gedient als dir, meinem Gott, da ich der Welt mehr zu Gefallen getan als dir, da ich der Welt mehr angehangen als dir, aber auch damit dich beleidigt, mein Gewissen verletzt und dich zum Zorn gereizt habe. Siehe da, mein Gott! ich kehre um und tue Buße in Staub und Asche. Ach, ziehe mich selbst von der Welt ab, mein Gott, damit du allein mein Herz einnehmen und regieren mögest. Dein Heiliger Geist heilige mich durch und durch und vertreibe die Welt aus mir; er stelle mir das klägliche Ende der Weltkinder vor, damit ich dich liebe und nicht die Welt, daß ich dir folge und nicht der Welt, daß ich dich höre und nicht die Welt. Ziehe mich zurück, wenn ich mit der Welt von neuem laufen und sündigen will; erhalte mich allezeit in deiner Furcht und erinnere mich, daß du mich zu deinem Dienst geschaffen hast, daß ich den neuen Menschen täglich anziehen soll, der nach Gott geschaffen ist in rechtschaffener Gerechtigkeit und Heiligkeit. Mache mir die Welt immer bitterer, aber die Frömmigkeit, Gottesfurcht und den Himmel süßer. Gib, daß ich be=

ständig verachte die vergängliche Lust der Welt,
damit ich sie fliehe, weil auf die genossene Welt=
lust und Weltfreude lauter Angst und Zerstreuung,
ein böses Gewissen und das Seelenverderben
folgt. Reiß aus meinem Herzen, was noch Welt
und Weltliebe heißt, und pflanze deine heilige
Furcht in mich.

Du Schöpfer aller Dinge, du väterliche Kraft, / Regierst
von End zu Ende kräftig aus großer Macht: / Das Herz uns
zu dir wende / und kehr ab unsre Sinnen, / Daß sie dir nicht
entrinnen.   Amen.

Gesang

Mel.: O Gott, du frommer Gott

Du willst, o lieber Christ, dich dieser Welt gleichstellen /
Und zu den Sündern dich und ihrer Lust gesellen, / Und mei=
nest, das sei recht; allein ich sage: Nein, / Ein wahrer Christ
darf nicht ein solches Weltkind sein.

Du meinst, es schick sich nicht, ganz sonderlich zu wan=
deln, / Behutsam, fromm und still in seinem Tun zu han=
deln; / Du schämest dich, zu sein ein solcher Sonderling, /
Und sprichst: Man lacht mich aus und achtet mich gering.

Allein dran kehr dich nicht; wo Gottes Wort hinzielet, /
Was Gott in seinem Wort mit Ernst dir anbefiehlet, / Sieh,
danach richte dich und lasse Welt sein Welt; / Sie sage, was
sie will, tu du, was Gott gefällt.

Denn sagt uns Gott nicht selbst: Ihr sollet heilig leben, /
Wie ich auch heilig bin; ihr sollt euch mir ergeben! / Und
stellet Christus nicht sich selbst zum Vorbild dar, / Daß wir
gesinnet sein, wie er gesinnet war?

Die Frommen haben nie das Böse ausgeübet, / Den Bö=
sen nie zulieb den lieben Gott betrübet; / Nun, also mach

es auch, halt deine Seele rein, / Leb heilig und gerecht, denn also muß es sein.

Du mußt nicht mit der Welt zu ihren Sünden gehen, / Du mußt in Gottesfurcht und seiner Liebe stehen, / Und tut es keiner mehr, so tu du es allein, / So wirst du deinem Gott recht angenehme sein.

Ach Gott, erinnre mich an diese Lebenspflichten, / Ich will mich gern nach dir und deinem Willen richten. / Ich sage ab der Welt und ihrer Sündenfreud / Und bleibe dir getreu in Zeit und Ewigkeit.

Um Gottes Führung

Weise mir, Herr, Deine Wege, daß ich wandle in deiner Wahrheit; erhalte mein Herz bei dem Einen, daß ich deinen Namen fürchte. Psalm 86, 11.

Gebet

Herr, du erforschest mich und kennest mich, du verstehest alle meine Wege. Du siehst und weißt es auch wohl, lieber Gott, wie ich ein herzliches Verlangen habe, auf deinem Wege zu gehen und so zu wandeln, wie du es deinen Kindern befohlen und wie Jesus uns ein Vorbild gelassen hat. Allein ich muß leider erfahren, wie mich bald hier, bald dort eine Verführung von dem guten Weg und Vorhaben abführt. Bald verführt mich mein eigenes Herz durch böse Gelüste, bald reizt mich die Welt mit ihrem bösen Beispiel; so erzürne ich dich, meinen Gott und Herrn, ich verletze mein Gewissen und lade schwere Schuld auf mich. Darum bitte ich dich: leite und führe mich nach deinem

Rat. Du hast ja gesagt: Ich will dich mit meinen Augen leiten. Herr, hier bin ich, dein guter Geist führe mich auf ebener Bahn. Siehe, ich übergebe mich dir ganz und gar. Mein Gott, der du dein Volk trockenen Fußes durch das Meer und unverletzt durch die Wüste geführt hast: ach, führe mich durch die Gefahren dieses Lebens, durch die Wüsten und Verführungen dieser Welt mit einem guten und unverletzten Gewissen in das ewige Leben. Ich ergebe dir mein Herz, meinen Mund, meine Glieder und mein ganzes Leben. Regiere mein Herz und erfülle es allezeit mit heiligen Gedanken. Erfülle es mit fester Zuversicht auf Christus, daß er meine Sünden gebüßt und mir den Zugang zu dir eröffnet hat. Regiere meine Glieder, daß ich mit meinen Händen nicht nach verbotenen Dingen greife, daß meine Füße nicht mögen auf Sünden- und Höllenwegen wandeln. Regiere meinen Mund und meine Zunge, daß sie weder Flüche noch schandbare, unchristliche Worte hervorbringen. Regiere mein ganzes Leben, daß ich von nun an nimmermehr mutwillig wider dich sündige, sondern ein rechter, frommer Christ sein möge. Laß nicht von mir, wenn ich dir aus Schwachheit widerstrebe, und überlaß mich nicht meinem eigenen Willen; wenn ich mich führe, so werde ich verführt; gib mir eine heilige Behutsamkeit in all meinem Tun und schreibe deine heilige Furcht in mein Herz, daß ich mich nach dir und meines Jesu Beispiel allein richten möge.

Richt unser ganzes Leben allzeit nach deinem Sinn, / Und
wenn wirs sollen geben ins Todes Rachen hin, / Wenns mit
uns hier wird aus, / so laß uns fröhlich sterben und nach dem
Tod ererben / Des ewgen Lebens Haus. Amen.

Gesang
Mel.: Alle Menschen müssen sterben

Vater, gib mir auch die Gabe, die du alle bitten heißt; /
O wie wohl, wenn ich sie habe: Gib mir deinen guten
Geist; / Vater, ich hab groß Verlangen, diese Gabe zu empfangen; / Ach, erhöre meine Bitt: Teile deinen Geist mir
mit!

Es soll dieser Geist mich lehren, weil ich leb hier in der
Zeit, / Wie ich mich in Jesu kehren, und wie ich in Frömmigkeit / Soll beständig einhergehen, wie ich soll im Glauben
stehen, / Welcher da lebendig ist und sich gründ't auf Jesum
Christ.

Es soll dieser Geist mich führen allezeit auf ebner Bahn /
Und mein Herze kräftig rühren, wenn ich Böses hab getan; / Er soll leiten meine Sinnen, Werke, Worte und Beginnen. / Ich will gern in jeder Sach folgen diesem Führer
nach.

Es soll dieser Geist mich trösten in dem Kreuz und Traurigkeit; / Wenn die Not am allergrößten, so darf ich zu keiner Zeit / In den Angst- und Trauertagen und im Leidens-
sturm verzagen, / Weil der Geist mir Zeugnis gibt, daß mein
Gott mich dennoch liebt.

Werter Geist im Himmelsthrone, gleicher Gott von Ewigkeit, / Mit dem Vater und dem Sohne, komm zu mir, ich bin
bereit; / Meine Seele, Geist und Leben will ich dir zur Wohnung geben; / Komm, ach komm und nimm es ein, laß es
deinen Tempel sein!

Ach, bewahre mich vor Sünden, ach, laß meine Zuversicht / Sich auf Jesum Christum gründen, werter Geist, verlaß mich nicht! / Ach, durch deine Liebestriebe stärke mich in Glaub und Liebe, / Führe mich durch diese Zeit in die frohe Ewigkeit.

Abendgebet am Mittwoch

Ich liege und schlafe und erwache, denn der Herr erhält mich. Du heiliger, gütiger und allein weiser Gott, Du hast mich heute abermal erfahren lassen, daß du der rechte Vater bist über alles, was Kinder heißt im Himmel und auf Erden; du hast nach deiner unendlichen Güte für mich gesorgt, daß es mir nicht gemangelt hat an irgendeinem Gut. Ach, Herr, ich bin zu gering aller Güte und Treue, die du an mir beweisest. Wie soll ich dem Herrn vergelten alle Wohltaten, die er täglich an mir tut, der ich nur Staub und Asche bin! Verschmähe nicht das demütige Lobopfer, welches ich dir in dieser Abendstunde bringe, und schaue mich ferner in Gnaden an. Vergib mir, gnädiger Gott, was ich diesen Tag mit Gedanken, Worten und Werken wider dich gesündigt habe. Hilf, daß ich mit meinen Kleidern alle bösen Gewohnheiten, Unarten und Sünden ausziehe, daß ich ablege nach dem vorigen Wandel den alten Menschen. Laß mich in der bevorstehenden Nacht samt allen meinen Verwandten und Hausgenossen unter deinem Schutz und deiner Gnade sanft und ruhig schlafen. Die Sonne verbirgt sich, aber laß, Jesus, du Sonne der Gerechtigkeit, deinen Glanz immer in meinem Herzen leuchten. Erfülle mich im Schlaf mit guten Bewegungen, auf daß, wenn ich erwache, dein Name und Gedächtnis immer in meinem Herzen sei, daß ich von dir und deiner Güte, Treue und gnädigen Führung auf meinem Lager bei schlaflosen Nächten reden und denken und dadurch alle unnützen Sorgen und sündlichen Gedanken vertreiben kann. Erneuere im Schlaf meine Kräfte, daß ich munter und fröhlich den Tag erlebe. Wacht ein Hirte bei seiner Herde, so laß mich auch deiner Hirtentreue an Leib und Seele befohlen sein. Wenn du aber zur Prüfung meines Glaubens, meiner Geduld und Hoffnung etwas Widriges bei Tag oder Nacht über mich verhängen wolltest, so denke, mein Gott, daß ich dein Kind bin, daß ich ohne dich nichts vermag, und daß es dir, meinem Vater, zukommt, Errettung und Hilfe zu senden. In Traurigkeit erfreue mich, im Elend erquicke mich; wenn ich verlassen bin, so nimm dich meiner herzlich an. Laß deine Allgegenwart bei Tag und Nacht mich von Sünden abhalten. Ich hebe auch bei einbrechender Nacht meine Augen auf zu den Bergen, von welchen mir Hilfe kommt; meine Hilfe kommt von dem Herrn, der Himmel und Erde gemacht hat.

Herr, es ist von meinem Leben wiederum ein Tag dahin, / Lehre mich nun Achtung geben, ob ich fromm gewesen bin; / Zeige mir auch ferner an, so ich was nicht recht getan / Und hilf jetzt in allen Sachen guten Feierabend machen. Amen.

Um die wahre Liebe zu Gott

Gott ist Liebe, und wer in der Liebe bleibet, der bleibet in Gott und Gott in ihm. Lasset uns Ihn lieben, denn er hat uns zuerst geliebet. 1. Joh. 4, 16. 19.

Gebet

Du liebreicher, gnädiger Gott, du bist allein liebenswürdig, dich sollte ich billig allein von ganzem Herzen, von ganzer Seele und von allen Kräften lieben. Ach, ich klage und bekenne vor dir, wie die Liebe zu dir, meinem treuen Schöpfer und Vater, zu Jesus, meinem Erlöser und Selig= macher, und zu dem Heiligen Geist, meinem Lehrer und Führer, nicht allein durch die Erbsünde in mir erloschen ist, sondern daß ich auch deiner rufenden und wirkenden Gnade und dem Trieb des Heiligen Geistes nicht allezeit Platz gegeben habe, damit wieder eine wahre Liebe zu dir in meinem Herzen angezündet würde. Ich bitte dich, ändere doch mein Herz, reiß aus ihm alle Welt= und Sündenliebe und laß in meinen Ohren die Worte erklingen: „Habt nicht lieb die Welt, noch was in der Welt ist, denn so jemand die Welt lieb hat, in dem ist nicht die Liebe des Vaters." Vertilge aus mir alle Liebe zur Fleischeslust, Augenlust und zu hoffärtigem Leben und entzünde durch deinen Heiligen Geist in mir eine reine, wahre Liebe zu dir, daß ich dich als das höchste Gut

allein lieben und alle Eitelkeiten fliehen möge.
Denn wenn ich ein rechtes Kind Gottes sein will,
so muß die Sünden=, Welt= und Eigenliebe zum
Herzen hinaus. Darum komme ich, mein Gott, zu
dir und bitte dich, gib mir deinen Heiligen Geist;
in seiner Kraft will ich dich, mein Gott, von Herzen
beständig lieben, meine Seele soll an dich denken,
mein Mund soll von dir reden, du sollst mir lieber
sein als alle Welt und Weltfreude, als alles Glück
und Herrlichkeit, ja als alle Menschen. Aus Liebe
zu dir will ich aufhören, wissentlich zu sündigen;
aus Liebe zu dir will ich mich aller sündlichen Ge=
sellschaft entschlagen; aus Liebe zu dir will ich
anfangen, recht fromm zu werden und allein
nach deinem Wort und Willen mein Leben ein=
zurichten; dich will ich ehren und fürchten, dir
dienen, folgen und gehorchen. Du liebreicher Gott,
entzünde diese Liebe in meinem Herzen je mehr
und mehr, daß ich dich nicht nur einige Tage,
Wochen und Jahre lieben, sondern darin zunehmen
und bis an mein seliges Ende verharren möge. Gib
mir Mut, wenn ich um deiner Liebe willen etwas
leiden soll, und stärke mich alsdann durch deinen
mächtigen Beistand. Also laß mich in Liebe mit
dir vereinigt sein in Zeit und Ewigkeit!

Ich liebe dich, o lieber Gott, ja, dich um deinetwillen; /
Nichts in der Welt, nicht Lust, nicht Spott soll meine Liebe
stillen; / Sollt keine Höll und Himmel sein, das mich zur
Liebe triebe, / So wärst du mir genug allein, warum ich
dich nur liebe.   Amen.

Gesang

Mel.: Alle Menschen müssen sterben

Ach, daß sich doch Gottes Liebe tief ergösse in mein Herz! / Ach, daß sie doch immer triebe meine Seele himmelwärts! / Ach, daß doch all mein Beginnen, ach, daß alle meine Sinnen, / Herz und Seele insgesamt wär durch Gottes Lieb entflammt!

Ach, daß diese Liebe risse aus mir alle Lieb der Welt! / Ach, daß ich mich stets beflisse, das zu tun, was Gott gefällt, / Und aus Lieb ihn nicht betrübte, nie, was ihm mißfällt, ausübte, / Daß die Welt mir bitter wär, und Gott süßer mehr und mehr!

Ach, daß diese Lieb mich brächte, zur Vereinigung mit Gott, / Daß ich stets an ihn gedächte unverrückt bis in den Tod, / Daß kein Augenblick verflösse, da ich nicht der Lieb genösse, / Daß ich ihm mit Lieb nachging und mit Liebe ihn umfing!

O du Liebe, so ergieße dich in mein Herz tief hinein, / Daß ich dadurch ganz zerfließe und dein eigen möge sein, / Daß ich in der Liebe stehe, wo ich sitze, schlaf und gehe, / Dir zuliebe alles tu und aus Liebe in dir ruh.

Laß mich in der Lieb auch sterben, wenn ich gehe aus der Zeit, / Führe mich als deinen Erben in die frohe Ewigkeit; / Diese Lieb laß mich genießen, bis ich werd die Augen schließen / Und gehn zu den Freuden ein, wo wird lauter Liebe sein.

Morgengebet am Donnerstag

„Herr, höre meine Worte, merke auf meine Rede, vernimm mein Schreien, mein König und mein Gott, denn ich will vor dir beten." Du gnädiger und barmherziger Gott, ich lobe und preise dich in dieser Morgenstunde, daß du mich nicht allein von meiner Jugend an so väterlich ernährt und bewahrt hast, sondern daß du auch diese vergangene Nacht mein Schutz und Beistand gewesen bist, daß ich zu deinem Lob wiederum gesund von meinem Lager aufstehen und das angenehme Tageslicht anschauen kann. "Was ist der Mensch, daß du sein gedenkest, und des Menschen Kind, daß du dich seiner annimmst?" Ich wußte im Schlaf von mir selbst nichts, aber dein Aufsehen hat meinen Odem bewahrt; du hast mich und mein Haus mit deiner Engelwacht umgeben, daß mich kein Unfall rühren und kein Unglück beschädigen konnte. Du hast mich durch eine sanfte Ruhe erquickt, welche vielleicht viele Kranke, Betrübte, Geängstete haben entbehren müssen, während ich wohl ebensoviel, ja noch viel mehr Züchtigung verdient hätte als sie, indem ich dir zeit meines Lebens nicht so dankbar gewesen bin, wie es meine Pflicht erfordert hätte. Ich verspreche in dieser Morgenstunde, dir mit Leib und Seele zu dienen und mich dir zu eigen zu geben. Ich habe mir vorgesetzt, daß mein Mund heute nicht übertreten soll. Ich will meinem Fuße wehren alle sündlichen Wege, mein Auge soll nicht schauen nach verbotenen Dingen und Personen, ich will meine Hände nicht zur Ungerechtigkeit ausstrecken und mein Ohr abwenden von loser Lehre und bösem Geschwätz, welches gute Sitten verdirbt. Hingegen will ich mich, dreieiniger Gott, zu deinem Dienste ergeben; ach wohne in mir, heilige, leite und reinige mich immer mehr und mehr durch deine Gnade. Laß mich an diesem Tag immer mit frommen Leuten umgehen, und wenn ich heute zu Bösen komme, so bewahre mein Herz und Gewissen vor ihren sündlichen Reden und Taten. Segne meine Arbeit, daß ich sie mit kindlicher Zuversicht auf deine Fürsorge freudig und getrost verrichte und deinen Segen allerorten empfinden möge. Nun, ich hebe meine Augen auf zu den Bergen, von welchen mir Hilfe kommt, meine Hilfe kommt vom Herrn, der Himmel und Erde gemacht hat. Der segne, beglücke und bewahre mich hier in der Zeit bis zum Eingang in die frohe Ewigkeit.

Unsern Ausgang segne, Gott, unsern Eingang gleichermaßen, / Segne unser täglich Brot, segne unser Tun und Lassen; / Segne uns mit selgem Sterben und mach uns zu Himmelserben! Amen.

Um die Liebe zum Nächsten

So jemand spricht: Ich liebe Gott, und hasset seinen Bruder, der ist ein Lügner; denn wer seinen Bruder nicht liebet, den er siehet, wie kann der Gott lieben, den er nicht siehet? Und dies Gebot haben wir von ihm, daß, wer Gott liebet, daß der auch seinen Bruder liebe. 1. Joh. 4, 20—21.

Gebet

Ach du liebreicher Gott, der du uns herzlich liebst und aus solcher Liebe uns an Leib und Seele

viel Gutes tust, aber uns auch geboten hast, daß
wir unsern Nächsten mit gleicher Liebe umfassen
sollen: Ich klage dir, wie mein Herz zu solcher
aufrichtigen, wahren Liebe gegen meinen Nächsten
sich noch nicht recht hat bringen lassen wollen. Ich
sollte meinen Nächsten lieben wie mich selbst; ich
sollte, wenn du ihm Glück, Gesundheit, Wohl=
ergehen gibst, mich freuen, als ob es mir selbst
widerfahren wäre; ich sollte meinen Feind, der
mich haßt, schmäht, verfolgt, herzlich lieben, ihm
Gutes wünschen, ja, ihm viel Segen und Gedeihen
an Leib und Seele von dir erbitten. Aber du, all=
wissender Gott, siehst und weißt, wie mein Herz
von diesen Pflichten entfernt ist; wie leider, wenn
du meinem Nächsten wohltust, ich darüber scheel
sehe, daß du so gütig gegen ihn bist. Du siehst, all=
wissender Gott, wie das Beten für meinen Feind
so träg und gering ist, daß ich ihn in meinem Ge=
bete entweder vergesse, oder wenn ich ja sein ge=
denke, daß es doch leider mit wenig Worten ge=
schieht. Ach, mein Gott und Vater, ich erkenne
daraus das Elend und Verderben, darin ich noch
stecke, und wie ich noch nicht in solchem Stand der
wahren Jünger Jesu bin, wie ich sein sollte. Darum
bitte ich dich, ändere doch mein rachgieriges,
deinem heiligen Willen widerspenstiges Herz, daß
ich durch deine Gnade meinen Nächsten so herzlich
und aufrichtig lieben möge wie mich selbst. Ver=
leih mir Kraft und Stärke, daß ich meinem Näch=
sten gerne und mit Freuden das gönne, was du

ihm gibst, und nicht deswegen betrübt dreinsehe, weil du mich nicht mit gleicher Wohltat erfreust. Behüte mich vor aller Falschheit gegen ihn, daß ich mich nicht etwa freundlich stelle und im Herzen doch ihm feind sei, sondern daß ich es aufrichtig mit ihm meine. Und wenn ich ja der Feinde Verfolgung, Schmähung und Unrecht erfahren muß, so gib mir Kraft, daß ich es mit Sanftmut überwinde, nicht Böses mit Bösem, nicht Scheltwort mit Scheltwort vergelte, sondern dagegen ihnen Segen und alles Gute wünsche. Herr, mein Gott, du siehst, wie dem Fleisch und Blut diese Pflicht so schwer wird, aber durch deine Gnade und Beistand wird es mir möglich werden.

Laß mich an andern üben, was du an mir getan, / Und meinen Nächsten lieben, gern dienen jedermann / Ohn Eigennutz und Heuchelschein / Und, wie du mirs erwiesen, / Aus reiner Lieb allein! Amen.

Gesang
Mel.: O Gott, du frommer Gott

Ist denn die Liebe gar aus dieser Welt verschwunden, / Da wenig Liebe mehr bei Christen wird gefunden? / Die Liebe sollte ja bei Christi Jüngern sein, / Warum ist Falschheitstück bei ihnen so gemein?

O falsche, böse Welt! Gott kennet deine Stücke, / Du bist voll Haß und List, voll Bosheit und voll Tücke, / Du hast die Liebe nicht, Und doch der Liebe Schein, / Und dieser falsche Schein soll wahre Liebe sein?

Allein, wer keine Lieb will an den Nächsten üben, / Der kann von Herzensgrund auch seinen Gott nicht lieben; /

Drum glaube nur gewiß: der ist kein Gotteskind, / Bei dem man lauter Haß und keine Liebe find't.

Mein Gott, verleih mir Gnad, daß ich in Lieb umfassen / Und Gutes gönnen mag, die mich aus Feindschaft hassen; / Ach, mache selbst mein Herz von aller Bosheit rein, / Daß ich auch in der Lieb mög Christi Jünger sein.

Laß deine Lieb zu mir vor meinen Augen stehen / Und laß mich ihrer Spur mit allem Fleiß nachgehen; / Ja, daß ich mich betracht und an mir nehme ab, / Wie es in jedem Fall mein Nächster gerne hab.

Laß deinen guten Geist, den Geist der Treu und Liebe, / In meinem Herzen sein, damit ich Liebe übe; / Gib mir ein redlich Herz, das ohne Falschheit sei, / Voll Lieb und ohne List und ohn Betrügerei.

So leb ich als dein Kind und werd dahin gelangen, / Wo alle Gläubigen in Liebe sich umfangen, / Wo Liebe immer blüht in der Vollkommenheit / Und nie aufhören wird in alle Ewigkeit.

In der Nachfolge Jesu

Will mir jemand nachfolgen, der verleugne sich selbst und nehme sein Kreuz auf sich und folge mir.   Matth. 16, 24.

Gebet

Mein Gott und Herr, mein einziges Verlangen ist, daß ich so lebe, daß ich nach meinem Tode zur Himmelsfreude eingehen möge. Ich freue mich allezeit, wenn ich lese, die Auserwählten im Himmel gehen dem Lamme nach, wo es hingeht; aber ich erkenne auch wohl, daß der, welcher dem Lamme nachfolgen will in der Herrlichkeit, ihm auch nach=

folgen muß in der Zeit. Wenn ich dies bedenke, so bin ich recht um mein Heil bekümmert. Der Satan lädt mich ein, ihm nachzufolgen; die Welt stellt mir ihre Wege, ihre Gesellschaft vor Augen, allein ich fürchte, ich möchte ihnen auch nach dem Tode folgen müssen, nämlich zur Hölle und Verdammnis. Darum will ich dir, Jesu, nachfolgen; so gehe ich den sichersten, besten und seligsten Weg. Ich will dir nachfolgen im Glauben, in Liebe, in Demut, in Gehorsam, Frömmigkeit und Keuschheit. Christus hat uns ein Vorbild gelassen, daß wir sollen nachfolgen seinen Fußstapfen; dieses Vorbild soll mir immer vor Augen stehen. Ich will nach dem Vorbild Jesu meinen himmlischen Vater lieben, ehren, seinen heiligen Willen vollbringen. Ich will wie er meinen Nächsten lieben und ihm Gutes tun. Ich will nach seinem Beispiel meinen Feinden gern verzeihen. Ich will demütig werden, weil er spricht: Lernet von mir, denn ich bin sanftmütig und von Herzen demütig. Nun, dies ist mein heiliges Vorhaben, dazu wollest du mir Kraft verleihen! Erinnere mich allzeit daran, wenn ich der bösen Weltkinder Gebärden, Worte und Eitelkeiten vor mir sehe, daß ich gedenke: wohin gehest du, Welt? Dein Gang ist nicht zu Jesus und zur Seligkeit gerichtet. Hilf, daß ich mich selbst frage: Ist dieser auch der rechte Himmelsweg? Gib, daß ich fleißig mich erinnere, wer ich sein soll und wer ich bin. Ich soll ein Kind Gottes, ein Nachfolger Jesu sein! Ich soll mich von der Welt unbefleckt erhalten;

hilf, daß ich in deiner Nachfoge beständig bis in
den Tod beharre!

Ich folge Jesu nach in Gottesfurcht und Glauben, / In
wahrer Frömmigkeit, die soll mir niemand rauben, / In
Demut folg ich ihm; werd ich im Folgen schwach, / So stärkt
mich seine Hand, ich folge Jesu nach. Amen.

Gesang

Mel.: Alle Menschen müssen sterben

Jesus bleibet meine Freude, obschon in der Welt nichts
bleibt, / Er ist meiner Seelen Weide, von dem mich nichts
Ird'sches treibt; / Such ich Freud in diesem Leben, Kann
mir solche Jesus geben, / Drum soll Jesus nur allein meiner
Seele Freude sein.

Jesus bleibet meine Sonne, wenn die Sonne untergeht, /
Er bleibt meiner Seele Wonne, obschon alles traurig steht; /
Wird mir nur nach meinem Weinen diese Sonne wieder
scheinen, / O so steht es um mich wohl, und ich bin der
Freude voll.

Jesus bleibet unter Freunden immer doch mein bester
Freund; / Leb ich unter vielen Feinden, so wird er doch nie
mein Feind, / Sein Herz ist mit mir verbunden, und ich hab
an ihm gefunden, / Was ich an der Welt nicht find, ja an
keinem Menschenkind.

Jesus bleibet mein Vergnügen, ob mirs an Vergnügen
fehlt, / Mein Vergnügen ist sein Fügen, mich vergnügt, was
er erwählt: / Drum sprech ich: Mir soll in allem, was nur
dir gefällt, gefallen, / Mein Vergnügen ist dein Will, deinem
Willen halt ich still.

Jesus bleibet mein Ergötzen, sonsten acht ich keine Lust; /
Außer ihm und seinen Schätzen ist mir sonst kein Schatz be=

wußt, / Mein Gut und die beste Gabe, die ich hier auf Erden habe, / Ist mein Jesus nur allein, solls auch dort im Himmel sein.

Drum will ich an Jesu hangen, wo ich gehe, wo ich steh, / Denn nur dies ist mein Verlangen, daß ich immer ihm nachgeh. / Was kann mich von Jesu scheiden? Keine Trübsal und kein Leiden, / Ich folg, ob ich gleich oft schwach, Jesus, dem Lamm Gottes, nach.

Abendgebet am Donnerstag

Wenn ich mich zu Bette lege, so denke ich an dich, wenn ich erwache, so rede ich von dir. Liebreicher Gott und Vater, hier komme ich, abermal mit vielen Wohltaten von dir gesegnet, in dieser Abendstunde mit dankbarem Herzen vor dein Angesicht. Wie gnädig hast du mich angesehen und wie ein Vater dich über mich erbarmt, daß ich den Abend ohne Schaden erlebt habe; deine Langmut hat meiner geschont, daß du mich nicht nach Verdienst gestraft hast. Verzeih mir alle Übertretungen, womit ich heimlich oder öffentlich dich beleidigt habe. Laß mich Gnade finden um Christi willen. „Wer kann merken, wie oft er fehle? Verzeihe mir auch die verborgenen Fehler." Laß mich doch künftig mit Fleiß meiden, womit ich dich heute beleidigt habe. Ist meine Sünde groß, viel größer ist dein Erbarmen; wärest du nicht ein so barmherziger Gott, Herr, wer würde noch leben! Ich lege mich nun zur Ruhe, mein Gott! Schließe du selbst die Türe hinter mir zu. Laß die heiligen Engel mich in Schutz nehmen, daß meine sichtbaren und unsichtbaren Feinde meine Ruhe nicht stören. Laß mich bei meinem Niederlegen auch gedenken, wie ich dereinst werde mit Erde zugedeckt, aber am jüngsten Tage wieder auferweckt werden. Laß mich alle Tage so hinbringen und beschließen, daß ich mich eines gnädigen Gottes getrösten kann, auf daß ich bereit sei, zu welcher Stunde du auch kommen wirst, mich heimzuführen. Dreieiniger Gott, unter deinem Schirm und Schild kann mich weder Not noch Tod verletzen. Deine Liebe und dein Schutz, Vater, deine Wunden, Jesus, dein Beistand, werter Heiliger Geist, sind die Wagenburg, darin ich sanft ruhe und wohl verwahrt liege, davor der Satan fliehen und sich ferne machen muß. Laß auch die Meinen deines Schutzes genießen, wie auch alle Armen und Elenden. Stärke im Schlafe meine Kraft und laß mich nach deinem Wohlgefallen das Tageslicht morgen wieder schauen.

Herr, laß mich ruhig schlafen ein, hilf, daß mich nichts erschrecke; / Und wenn die rechte Zeit wird sein, alsdann mich wieder wecke, / Daß ich an meine Arbeit tret, wenn ich zuvor hab durchs Gebet dir meine Werk befohlen.

Verschmäh, o Gott, mein Vater, nicht mein Seufzen, Bitten, Flehen; / Laß mich dich, Jesu, wahres Licht, auch in dem Dunkel sehen. / O Heilger Geist, am letzten End mit deinem Trost dich zu mir wend, daß ich drauf sanft einschlafe. Amen.

Gott über alles!

Wenn ich nur dich habe, so frage ich nichts nach Himmel und Erde. Wenn mir gleich Leib und Seele verschmachtet, so

bist du doch, Gott, allezeit meines Herzens Trost und mein
Teil. Psalm 73, 25—26.

Gebet

Du gnadenreicher Gott, wie bist du so herrlich,
so schön, so vollkommen! Wer dich hat, der hat al=
les, der weiß alles, der kann alles, der hat das
höchste, das beste Gut. Schreibe doch diese Er=
kenntnis tief in mein Herz hinein, daß ich allein
dich suchen und dich finden möge. Bewahre mein
Herz vor der Weltmenschen Torheit, welche meinen,
wenn sie große Ehre in der Welt haben oder gro=
ßen Reichtum oder großes Vergnügen, so hätten
sie das höchste Gut. Allein weit gefehlt! Diese Gü=
ter verlassen die Menschen im Tode, folgen ihnen
in die Ewigkeit nicht nach, trösten sie in der letzten
Stunde nicht; solche Menschen treten in die Ewig=
keit nackt und bloß, ohne Gott. Darum gib, daß ich
das wahre Gut von dem vergänglichen wohl unter=
scheide! Dreieiniger Gott, du bist allein mein höch=
stes und allerbestes Gut, du willst dich mir schen=
ken, dich mit mir vereinigen, so vereinige dich
denn mit meiner Seele in Zeit und Ewigkeit!
Sind alle irdischen Dinge den Feinden, Motten
und Rost unterworfen, kann sie der Feind rauben,
ein Unglück sie vernichten, so bleibt Gott, mein
höchstes Gut, allezeit mein eigen; mit ihm gehe
ich aus, mit ihm gehe ich ein, ihn nehme ich mit
mir auf die Reise, mit ihm lege ich mich zur Ruhe,
ja mit ihm komme ich dereinst auch in die frohe

Ewigkeit. Wenn ich nur dich habe, so frage ich nichts nach Himmel und Erde; habe ich dich, so habe ich das wahre Leben. O so lebe in mir, wohne in mir, bleibe in mir, so habe ich einen Helfer in Kreuz und Elend, einen Beistand in Nöten, den größten Reichtum in Armut, den allerkräftigsten Trost in Krankheit, ja die allersüßeste Erquickung in der letzten Stunde. Wenn dann die Weltkinder ihr Gut verläßt, so verläßt mich Gott doch nicht.

Ach, Herr, wenn ich dich nur hab, ei, so sag ich allem ab, / Legt man mich gleich in das Grab, ach, Herr, wenn ich dich nur hab. Amen.

Gesang
Mel.: Alle Menschen müssen sterben

In Gott bin ich immer fröhlich, in Gott hab ich lauter Freud, / In Gott bin ich reich und selig, Gott ist selbst die Seligkeit; / Darum laß die Welt einfallen, laß das Ungewitter knallen, / Bleibet nur der Höchste mein, dann kann ich vergnüget sein.

In Gott hab ich Trost und Frieden, denn ich bin mit ihm versöhnt, / Der den Himmel mir beschieden, ist mein Jesus, der mich krönt; / Drum kann ich in Frieden sterben und in Fried den Himmel erben; / Fried in dieser Lebenszeit, Fried in alle Ewigkeit.

In Gott bin ich reich an Schätzen, welche keine Zeit verstreut; / Freud, Vergnügen und Ergötzen und des Trostes Süßigkeit / Wird mir schon von Gott gegeben, schauet doch in diesem Leben, / wie wirds erst in vollem Schein herrlich in dem Himmel sein.

Drum will ich in Gott verbleiben, er ist meiner Seele Zier; / Nichts soll mich von ihm vertreiben, so bin ich vergnüget hier, / Und bin auch mit Gott verbunden in den letzten Todesstunden; / Mein Gott, meines Lebens Licht, weicht von mir im Tode nicht.

Morgengebet am Freitag

Mein Herz ist bereit, Gott, mein Herz ist bereit, daß ich singe und lobe. Gnädiger und liebreicher Gott, mein Vater und Erlöser, ich hebe in dieser Morgenstunde Herz und Hände auf zu dem Thron deiner göttlichen Majestät, von dem mir zeit meines Lebens und auch die vergangene Nacht gar viele Wohltaten zugeflossen sind. Du bist in der Nacht meine Stärke, mein Schutz, mein Erretter, meine Burg, mein Nothelfer, mein Trost, mein Schirm, mein alles gewesen. All dieser Wohltaten, mein Gott und Herr, erkenne ich mich unwürdig. Du hast mitten in der Finsternis an mich gedacht, und da mich die dunkeln Schatten umgaben, hast du meinen Leib und meine Seele vor Schaden und Gefahr väterlich behütet. Darum lobe ich dich und lobsinge deinem Namen. Der Herr hat Großes an mir getan, des bin ich fröhlich. Sei, liebreicher Gott, auch diesem Tag mein Beistand, leite und führe mich nach deinem Rat und nimm mich endlich mit Ehren an. „Wenn ich nur dich habe, so frage ich nichts nach Himmel und Erde." Gib mir heute und allezeit ein, was ich reden soll, daß ich dich mit meinem Munde nicht beleidige. Lehre mich, was ich tun soll, daß ich nichts Böses tue. Laß deines Geistes Zucht allezeit an mein Herz klopfen, wenn sich meine Gedanken von dir verirren wollen. Laß mir, Jesus, dein blutiges Bild stets vor Augen stehen, wie du an einem Freitag hast blutigen Schweiß vergossen, bist gegeißelt und ans Kreuz geschlagen worden. Zeige mir dies blutige Bild, daß dadurch alle Lust zur Sünde in mir erlöscht und ertötet werde. Dann wird mir dieser Freitag ein rechter Freiheitstag von Sündenschuld und Strafe werden. Gib, daß ich den Sünden absterbe und in dem neuen Wesen des Geistes wandle. Gedenke auch im Leiblichen an mich und segne mich und laß mich alles Irdische als ein vergängliches Gut ansehen, daß ich mein Herz nicht daranhänge, sondern nach dem Ewigen trachte. Wenn ich arbeite, stärke mich; wenn ich bete, erhöre mich; wenn ich ausgehe, begleite mich; wenn ich heimgehe, weiche nicht von mir. Umgib auch mich und die Meinen mit deinem Schutz, daß wir unter deinem Schutz den Abend fröhlich erleben.

Meinen Leib und meine Seele, samt den Sinnen und Verstand, / Großer Gott, ich dir befehle unter deine starke Hand; / Herr, mein Ehre und mein Ruhm, nimm mich auf dein Eigentum! Amen.

Um wahre Demut

Haltet fest an der Demut, denn Gott widerstehet dem Hoffärtigen, aber dem Demütigen gibt er Gnade. So demütiget euch nun unter die gewaltige Hand Gottes, daß er euch erhöhe zu seiner Zeit. 1. Petr. 5, 5–6.

Gebet

Großer, heiliger und barmherziger Gott, der du bist der Hohe und Erhabene, vor dessen Thron Cherubim und Seraphim und alle Auserwählten in Demut ihr Antlitz bedecken, ich bekenne und klage dir, daß ich von Natur zum Hochmut geneigt bin. Es hat der Satan mein Herz mit Hoffart, welche der Anfang aller Sünde ist, vergiftet, daß ich oftmals vergesse, daß ich Staub und Asche bin. Ach, mein Gott, gib mir doch ein demütiges Herz, daß ich recht einsehen möge, wie ich von dir Leben, Segen, Odem und alles habe, damit ich mich unter deine gewaltige Hand demütige und dich nicht freventlich mit Worten, Gedanken oder Werken beleidige. Lehre mich mein Elend und deine hohe Majestät erkennen, daß ich von mir nichts habe als Sünde, Tod und Verdammnis; was ich aber Gutes an mir finde, daß ich solches alles von deiner gnädigen Hand empfangen habe, damit ich mit nichts prange, sondern alles als deine Gabe ansehe, welche du mir bald wieder nehmen kannst, wenn ich über der Menge der Wohltaten dein vergessen wollte. Pflanze wahre Demut in mein Herz, daß ich dir gehorche, dich fürchte, ehre, dir diene, dich anbete und dich allein lobe und preise. Pflanze in mein Herz die wahre Demut gegen meinen Nächsten, damit ich ihn niemals gegen mich verachten oder mich ihm vorziehen möge. Hilf, daß ich erwäge, wie dir die Hoffärtigen noch

nie gefallen haben, aber daß du auf die demütigen
Seelen dein Licht, Trost, Gnade und Güte reichlich
fließen lässest. Wende von mir ab alle hoffärtigen
Gedanken, gib, daß ich mich hüte vor stolzen Wor=
ten, bewahre mich vor Ehrgeiz und Ruhmredigkeit,
daraus nichts als Verachtung gegen den Nächsten
entspringt. Drücke in mein Herz das Bild meines
demütigen Heilandes, der sich unter Engel und
Menschen erniedrigt hat, welcher auch mir zuruft:
Lerne von mir, denn ich bin von Herzen demütig.
Ist mein Nächster gering, so behüte mich, daß ich
mich nicht über ihn erhebe; ist mein Nächster hoch,
so laß mich dies also ansehen, daß du ihn dazu ge=
macht hast, damit ich ihm deine Gaben gönnen
und mich darüber freuen möge. Gib mir deinen
Heiligen Geist, daß ich der Sünde des Hochmuts
täglich absterbe, mich keiner Ehre würdig achte
und von niemand Ehre begehre, sondern allen
Ruhm dir allein beilege. Gib mir in wahrer
Niedrigkeit des Herzens zu erkennen, daß alles,
was ich bin und habe, durch deine Gnade mir ge=
hört, daß ich mich nichts als meiner Schwachheit
rühme. Lehre mich, durch solche Demut in Frieden
und Einigkeit mit jedermann leben. Laß mein
Herz allezeit eine Wohnung des demütigen Jesus
sein, so werde ich mich niemals erheben. Stolz und
Hochmut ist des Satans Sünde, davor bewahre
mich in Gnaden. Und wenn es dir gefallen sollte,
mein Gott, mich in Spott und Verachtung fallen zu
lassen, daß mich mein Feind schmäht und der Ver=

räter mich mit Füßen tritt, so gib mir Kraft und Stärke, daß ich alles mit Demut, Gelassenheit und Geduld ertragen möge, auch dies zu meiner Demütigung und zu größerer Behutsamkeit in meinem Wandel mir dienen lasse. Herr, verleihe mir Kraft und Stärke, durch deinen mächtigen Beistand dies alles zu vollbringen!

Selig sind, die Demut haben und sind allzeit arm im Geist, / Rühmen sich gar keiner Gaben, daß Gott werd allein gepreist, / Danken ihm auch für und für, denn das Himmelreich ist ihr; / Gott wird dort zu Ehren setzen, die sich hier geringe schätzen. Amen.

Gesang
Mel.: Alle Menschen müssen sterben

Siehe, Jesus war demütig, er erhob sich selbst gar nicht, / Er war freundlich, liebreich, gütig, wie uns Gottes Wort bericht't; / Niemand fand in seinem Leben ein Gepränge und Erheben, / Drum spricht er zu mir und dir: Lernet Demut doch von mir!

Demut bringet großen Segen und erlanget Gottes Gnad, / An ihr ist gar viel gelegen, denn wer diese Tugend hat, / Der ist an der Seel geschmücket und in seinem Tun beglücket, / Er ist glücklich in der Zeit, selig auch in Ewigkeit.

Ich will auch demütig werden, Demut macht das Herze rein, / Es soll Demut in Gebärden, Demut soll im Herzen sein, / Demut gegen meine Freunde, Demut gegen meine Feinde, / Demut gegen meinen Gott, Demut auch in Kreuz und Spott.

Auf die Demut folget Wonne, Gottes Gnade in der Zeit, / Und dort bei der Freudensonne Friede, Licht und herrlich=

keit; / Da wird Demut herrlich prangen und die Ehrenkron
erlangen; / Was man hier gering geacht't, leuchtet dort in
Himmelspracht.

Um rechte Sanftmut

Christus hat uns ein Vorbild gelassen, daß ihr sollt nach=
folgen seinen Fußstapfen; welcher keine Sünde getan
hat, ist auch kein Betrug in seinem Munde gefunden,
welcher nicht wieder schalt, da er gescholten ward, nicht
drohete, da er litt, er stellte es aber dem heim, der da
recht richtet.   1. Petri 2, 21—23.

Gebet

Du liebreicher Gott, der du die Liebe selbst bist
und willst deine Liebe ausgießen durch den Hei=
ligen Geist: ich klage dir mit betrübter Seele, daß
mein Herz oftmals gar widerspenstig und un=
gehorsam ist. Es sollte in ihm Demut, Liebe, Sanft=
mut und Gelassenheit sein; aber ich finde leider
in mir Eigensinn, Haß, Zorn, Rachgier, Feind=
schaft, durch die ich angetrieben werde, wider den
zu schelten, der mich schilt, Böses zu vergelten dem,
der mir Unrecht tut, Rache an dem zu üben, der
mich angegriffen hat. Wenn ich aber, Gott, aus
deinem heiligen Wort weiß, daß, die solches tun,
nicht sollen ins Reich Gottes kommen, und daß
eine solche Gesinnung gegen die Feinde nicht sei
der Kinder Gottes und wahrer Christen Art, ach
so erschrecke ich über mich selbst, daß ich noch des Teu=
fels Unart an mir habe, der rachgierig, boshaft

und unversöhnlich ist, und ich bitte dich, erbarme
dich meiner, liebreicher Gott, und gib mir deinen
Heiligen Geist, der mein Herz heilige und reinige
von aller Bosheit und Rachgier. Hilf, daß ich alle=
zeit sehen möge auf das Beispiel meines Herrn
Jesu, welcher nicht wieder schalt, da er gescholten
wurde, nicht drohte, da er litt, sondern alles dem
anheimstellte, der da recht richtet. Gib mir auch
einen solchen stillen, sanftmütigen und friedfertigen
Sinn, daß ich keinen Groll und Haß in meinem
Herzen behalte und die Sonne über meinem Zorn
nicht untergehen lasse, sondern, ehe es noch Nacht
wird, meinen Feinden von Herzen verzeihe. Ver=
leihe mir Kraft und Stärke, daß ich wie ein Tau=
ber und wie ein Stummer sein möge, wenn mich
mein Feind schmäht. Hingegen gib mir Gnade,
daß ich mich freue, wenn es ihm wohlgeht, ihm al=
les Gute wünsche und gönne, ja ihm gerne helfe
und wohltue, wenn es ihm übel gehen sollte. Be=
wahre mich, daß ich keine Feinschaft spüren lasse,
sondern wie gegen jedermann, so auch gegen meine
Feinde im Herzen mitleidig, mit Worten aufrichtig
und mit Werken wohltätig sei, damit nicht durch
meine Unversöhnlichkeit mein Gebet verhindert
und all mein Gottesdienst und meine Andacht
verwerflich werde. Gib, daß ich von Herzen meinen
Schuldigern vergebe. Laß den Segen auf mich
kommen, welchen du den Sanftmütigen verheißen
hast: „Selig sind die Sanftmütigen, denn sie wer=
den das Erdreich besitzen; selig sind die Friedferti=

gen, denn sie werden Gottes Kinder heißen." Bezwinge in mir durch deinen Geist alle böse Lust, damit ich als dein Kind glaube, lebe und sterbe und einst durch deine Gnade in die Wohnungen des Friedens versetzt werde.

O Seele, schaue Jesum an! Hier kannst du recht erkennen, / Was wahre Demut heißen kann, und was wir Sanftmut nennen; / Er stellet sich zum Vorbild dar: Wie Jesus selbst gesinnet war, / So sei auch du gesinnet.

Das Böse sucht er alsobald mit Gutem zu vergelten; / Man hörte, wenn die Welt ihn schalt, ihn niemals wieder schelten. / Er gibt es seinem Vater hin, so sanft ist deines Jesu Sinn; / So sei auch du gesinnet. Amen.

Gesang
Mel.: Ach, was soll ich Sünder machen

Sieh doch, wie mein Feind mich schmähet, großer Gott ach höre doch! / Großer Gott, du lebst ja noch! Sieh, wie er mit mir umgehet, / Wie er tobet, ruft und schreit, und mich schier vor Zorn anspeit.

Höre, Herr, ach hör sein Schelten! Aber ach, verleih mir Gnad, / Daß ich niemals in der Tat, noch mit Worten mög vergelten, / Was er wider mich ausübt und mich auf das Blut betrübt.

Gib, daß ich nicht wieder hasse, daß ich schweige, wenn er schilt / Und für Gutes bös vergilt, daß ich in Geduld mich fasse / Und ertrage wie ein Christ, was dem Fleisch beschwerlich ist.

Hilf, daß ich ihn möge segnen, wenn er mir aufs schlimmste flucht / Und nichts als mein Unglück sucht, und daß ich ihm mög begegnen / Mit gelass'nem, stillem Mut, ob er mir gleich Unrecht tut.

Ach, laß deinen Geist mich stärken, wenn mein Feind mir
setzet zu, / Daß ich ihm da Gutes tu, daß in meinem Wort
und Werken / Sich nicht finde Bitterkeit, Zorn, Haß, Rachgier, Grimm und Neid.

Laß auch meinen Feind aufhören, daß er nicht mehr
wider mich / Rede also freventlich; ja, du wollest ihn bekeh-
ren, / Daß er werd hinfort mein Freund, welcher war mein
ärgster Feind.

Ach, du wollest ihm verzeihen, was er wider mich getan, /
Rechne doch es ihm nicht an! Und du wollst uns Gnad ver-
leihen, / Daß wir leben nach dem Streit stets in Fried und
Einigkeit.

Und wenn wir dereinsten sterben, daß wir sterben ganz
versöhnt / Und mit deiner Gnad gekrönt; laß uns beid den
Himmel erben, / Zu des Lammes Hochzeit gehn und dein
Antlitz ewig sehn!

Abendgebet am Freitag

Der Engel des Herrn lagert sich um die her, so
ihn fürchten, und hilft ihnen aus. Du großer und
starker Gott, laß auch in der bevorstehenden Nacht
deine heiligen Engel sich um mich lagern und mich
mit ihrem mächtigen Schutz umgeben; hast du den
Engeln am Tag befohlen, daß sie mich behüten auf
allen meinen Wegen, so laß sie auch des Nachts um
mein Bett stehen. Ich lege mich nun zur Ruhe, mein
Jesu; ich fürchte mich nicht, wenn du bei mir bist.
Du hast mich heute begleitet, wo ich mich hingewen=
det, und hast in meine Werke deinen Segen gelegt;
du hast zu allem, was ich in deinem Namen an=

gefangen habe, Glück gegeben. Ach daß heute meine beständige Lehre Josefs Worte gewesen wären: "Wie sollte ich ein solch groß Übel tun und wider Gott sündigen?" Verzeihe mir aus Gnaden, was ich diesen Tag Böses vollbracht, geredet, gedacht; laß mit dem dahingehenden Tage auch meine Sünden verschwinden, daß ihrer in Ewigkeit nicht mehr gedacht werde. So du willst Sünde zurechnen, Herr, wer wird bestehen? Was ich aber nicht vermag, das will ich mit Jesu Blut bezahlen. Mein Jesus ist mein, sein Blut ist mein, seine Gerechtigkeit ist mein, sein Himmel ist mein. Erkenne mich, mein Hüter; mein Hirte, nimm mich an; von dir, Brunn aller Güter, ist mir viel Guts getan; laß mich deine Güte zur Buße leiten, denn du hast mich je und je geliebt, und aus großer Liebe hast du mich zu dir gezogen. Laß deine treue Liebe mein kaltes Herz erwärmen, daß ich dich niemals mehr vorsätzlich beleidigen möge, der du so viel Gutes an mir getan hast. Ich lege mich nun zur Ruhe nieder; es kann auch diese Nacht meine letzte Nacht werden. Ich weiß wohl, wie ich mich schlafen lege, aber ich weiß nicht, wie ich aufstehen werde; das steht allein bei dir, du Herr meiner Tage und meines Lebens; aber das weiß ich doch gewiß, wenn ich in deinem Namen, mein Vater, in deinen Wunden, o Jesu, in deiner Gemeinschaft, werter Heiliger Geist, einschlafe, so sterbe ich selig, wenn ich schon zu diesem zeitlichen Leben nicht wieder aufstehen sollte.

Ich lege mich in Jesu Wunden, wenn ich mich lege zu der
Ruh, / Ich bleib im Schlaf mit ihm verbunden, er drücket
mir die Augen zu; / Ich fürchte nicht die finstre Nacht, weil
Jesus um mein Bette wacht.   Amen.

Um den Heiligen Geist

Schaffe in mir, Gott, ein reines Herz und gib mir einen
neuen gewissen Geist. Verwirf mich nicht von deinem An=
gesicht und nimm deinen Heiligen Geist nicht von mir.
Psalm 51, 12–13.

Gebet

Großer Gott, heiliger Vater, siehe, ich armes
Kind komme zu dir und bitte dich um eine not=
wendige Gabe, um den Heiligen Geist, welchen du
gnädig verheißen hast allen zu geben, die dich
darum anrufen. Sende ihn von oben herab, von
deiner heiligen Wohnung in mein Herz, daß er
mein Führer sei, der mich nach deinem Rat leite,
damit ich allezeit, was vor dir wohlgefällig ist,
vollbringe. Ich sehe so viele Irr= und Sündenwege,
ich sehe so viele Menschen, die auf ihnen gehen
und die mich teils mit freundlichen, teils mit
Schmähworten reizen, ich solle mit ihnen sündigen
und Böses tun. Ach Gott, leite mich in deiner Wahr=
heit, erhalte mein Herz bei dem Einen, daß ich
deinen Namen fürchte; stelle meiner Seele allezeit
vor, wenn mir die Welt und Weltsünden gefallen
wollen, daß mich solcher breite Weg in Verderben
und Verdammnis führt. Gib mir deinen Heiligen

Geist, den Geist der Wahrheit, der mich lehre; den Geist des Trostes, der mich erquicke; den Geist der Freudigkeit, der mich in Traurigkeit erfreue; den Geist der Wiedergeburt, der einen neuen Menschen aus mir mache; den Geist der Kindheit, der mich versichere, ich sei ein Kind Gottes. O werter Heiliger Geist, heilige mich! Du siehst ja, wie mein Herz noch voll Unreinigkeit, Unart und Sünden ist; aber du siehst auch, wie ich durch deine Gnade einen herzlichen Abscheu davor habe. Ach, es ist mir leid, daß ich dich jemals betrübt und dein Anklopfen gering geachtet habe. Hiermit übergebe ich mich dir in deine heilige Führung und Regierung; du sollst sein meines Lebens Kraft, meines Herzens Trost, meines Verstandes Licht, meines Willens Ruhe und Stärke, ein Ursprung, Anfang und Ende meines neuen, geistlichen Lebens. Heilige mich durch und durch, damit mein Geist samt Seele und Leib mögen unsträflich behalten werden bis auf den Tag Jesu Christi. Mache aus meinem Herzen deinen Tempel und wohne darin; mache mein Herz zu einem lebendigen Opfer, das Gott angenehm sei. Vertreibe aus meinem Herzen alle fleischlichen Lüste und Begierden, daß ich auch die Kräfte meines Leibes zu deiner Ehre gebrauche. Regiere und führe mich allezeit auf ebener Bahn, bis du mich in den Himmel führst. Wenn mein Fleisch und Blut und die Welt mir wegen des Leidens dieser Zeit den Trost nehmen wollen, ich sei kein Kind Gottes mehr, so versichere mich durch deinen kräftigen Zuspruch, daß weder Leben noch Tod mich werde scheiden von der Liebe Gottes, und daß Kinder Gottes zwar Kreuz und Trübsal haben, aber dennoch Kinder Gottes bleiben. Tröste mich auch in der Stunde meines Todes, wenn aller Menschen Hilfe und Beistand verschwindet, daß ich der Herrlichkeit teilhaftig werde, die mein Jesus durch sein Leiden und Sterben mir erworben hat.

Vater, gib mir auch die Gabe, die du alle bitten heißt, / Daß ich sie empfind und habe: Gib mir deinen Heilgen Geist / Denn ich habe groß Verlangen, diese Gabe zu empfangen. / Ach, erhöre meine Bitt, teile deinen Geist mir mit. Amen.

Gesang
Mel.: Zeuch ein zu deinen Toren

Ach komm doch in mein Herze, o werter Heilger Geist, / Sei meiner Seelen Kerze, die sie zum Himmel weist, / Und mach sie neu und rein, / Ich habe groß Verlangen, o Geist, dich zu empfangen; / Ach, kehre bei mir ein!

Komm, heilge meinen Willen und reiß ihn von der Welt, / Damit ich mög erfüllen, was dir, mein Gott, gefällt; / Ich geb mich gänzlich dir, / Regiere meine Sinnen, mein Leben und Beginnen / Und wohne stets in mir.

Ja, ändre Herz und Leben und heilge gänzlich mich, / Heb auf das Widerstreben, daß alles richte sich / Allein nach deinem Trieb, / Daß ich die Sünde hasse, das Böse unterlasse / Und wachs in deiner Lieb.

Wenn du dann hast genommen in meinem Herzen Platz, / Wenn du zu mir gekommen, so sollst du sein mein Schatz, /

Dieweil ich an dir hab / Den allerbesten Führer, den Tröster und Regierer, / Die allerhöchste Gab.

Wird sich mein Leben enden, daß ich abscheiden soll, / So ist in deinen Händen mir auch im Sterben wohl; / Zerrinnt der Lebenssaft, / Daß ich nicht mehr kann beten, so wirst du mich vertreten / Durch deiner Seufzer Kraft.

Wenn ich einst werd erblassen, so sprich den Trost mir zu, / Ich sei niemals verlassen, ich komm zu meiner Ruh; / Im letzten Kampf und Streit / Hilf du mir kräftig ringen und seliglich durchdringen / Zur Himmelsherrlichkeit.

Morgengebet am Samstag

Herr, lehre mich doch, daß es ein Ende mit mir haben muß und mein Leben ein Ziel hat und ich davon muß. Starker und allmächtiger Gott, dieses sind jetzt meine Gedanken am Ende der Woche, da du am letzten Tage mich hast gesund von meiner Ruhe aufstehen lassen. Ich rühme dich in dieser Frühstunde, daß du Leib und Seele so herrlich beschützt, so mächtig bedeckt hast, daß keine Gefahr und kein Leiden mich beunruhigen konnten. Du bist diese Nacht nicht von meiner Seite gewichen, du hast alles Ungemach von mir abgewiesen. „Du sprachst: Mein Kind, nun liege, Trotz dem, der dich betrüge, / Schlaf wohl, laß dir nicht grauen, du sollst die Sonne schauen, / Dein Wort, Herr, ist geschehen, ich kann das Licht noch sehen, / Von Not bin ich befreite, dein Schutz hat mich erneuet." Ach laß mich diesen Tag beständig verleugnen alles ungöttliche Wesen und die weltlichen Lüste, und züchtig, gerecht und gottselig den Tag hinbringen. Laß mich mit meinen Kleidern anziehen herzliches Erbarmen, Freundlichkeit, Sanftmut, Demut und Geduld, hingegen den alten Menschen mit seinen Werken ausziehen. Weihe dir mein Herz zu einem Tempel, damit heute von mir nichts geredet oder vollbracht werde, was dir zuwider sein könne. Mein Jesu, der du das A und das O, der Anfang und das Ende bist, ich habe nun abermal durch deine Gnade das Ende einer Woche erlebt; laß mich wohl bedenken, daß auch einmal die letzte Woche und der letzte Tag meines Lebens kommen werden, und laß mich alle Wochen und Tage so anfangen, durchleben und vollenden, daß ich in den letzten Lebensstunden mich nicht schämen oder beklagen muß, daß ich gelebt habe. Laß mich auch diesen Tag in deiner heiligen Furcht hinbringen, behüte meinen Ausgang und Eingang, segne meine Arbeit, stehe mir in allen Fällen bei und richte all mein Beginnen und Trachten nach deinem Willen.

O heilger Geist, kehr bei uns ein und laß uns deine Wohnung sein, o komm, du Herzens=Sonne; / Du Himmelslicht, laß deinen Schein bei uns und in uns kräftig sein zu steter Freud und Wonne. / Sonne, Wonne, himmlisch Leben willst du geben, wenn wir beten: / Zu dir kommen wir getreten.

Des Allmächtigen Güte

Die Güte des Herrn ist's, daß wir nicht gar aus sind, seine
 Barmherzigkeit hat noch kein Ende, sondern sie ist alle
 Morgen neu, und seine Treue ist groß. Klagl. Jer. 3,
 22–23.

Gebet

Gott, wie groß ist deine Güte, daß Menschen=
kinder unter dem Schatten deiner Flügel trauen.
Sie werden trunken von den reichen Gütern deines
Hauses, und du tränkest sie mit Wollust, wie mit
einem Strom. Nun, solche Güte habe ich auch er=
fahren, mein Gott, sie ist bei mir alle Tage, alle
Stunden, alle Wochen, alle Jahre neu gewesen.
Deine Güte hat mich, da ich geboren war, wie eine
Mutter auf die Arme genommen und hat mich er=
zogen. Deine Güte hat mich in der Jugend an der
Hand geführt. Deine Güte hat mich in den erwachse=
nen Jahren versorgt, erhalten, ernährt und mir
viel Gutes beschert. Ja, deine Güte hat bis auf
diese Stunde, da ich vor dir stehe, über mir ge=
schwebt, deine Leuchte hat über mir geschienen und
mich mit Segen, Gnade und Trost erfüllt. Deine
Güte hat mich oft vor Unglück und Schaden be=
wahrt, deine Güte hat mich auf allen Wegen be=
hütet, damit mir kein Leid widerfahren möchte.
Deine Güte hat auch meine Seele mit himmlischem
Lichte ausgeschmückt, hat durch dein Wort mich er=
leuchtet, durch den Heiligen Geist mich geheiligt
und zu deiner wahren Erkenntnis gebracht. Mein
Gott, laß deine Güte ferner über mir walten und
verlaß mich nicht im Alter, wenn ich grau werde;
laß deine Güte und Treue mich begleiten bis in
den Tod, bis sie meine Seele in deinen Schoß ge=
bracht hat. Laß deine Güte mich auch zur Buße

leiten, daß ich dir mein Herz zur Wohnung und meine Seele zum Eigentum übergebe. Nach all deiner Güte erbarme dich über mich, wenn ich aus Schwachheit fehlen und sündigen sollte. Bringe mich nach deiner Barmherzigkeit wieder auf den Weg der Buße und des Friedens. Für alle deine Güte danke ich dir und lobe dich von Grund meiner Seele. Nicht allein lobe ich dich allhier, solange ich lebe, ich will dich, gütiger und barmherziger Gott, auch preisen in alle Ewigkeit.

Drum, o meine Liebe, die ich oft betrübe hier in dieser Welt, / Dir dankt mein Gemüte für die Vatergüte, die mich noch erhält, / Die mir oft gar unverhofft / Hat geholfen in dem Klagen, Not, Leid, Angst und Zagen. Amen.

Gesang

Mel.: Freu dich sehr, o meine Seele

Gottes Liebe, Gnad und Güte werden alle Morgen neu, / Das erkennet mein Gemüte, und auch seine Vatertreu; / Gott hat viel an mir getan, mehr als ich aussprechen kann, / Ich hab alle Tag und Stunden Gottes Treu und Güt empfunden.

Nicht nur hat er mir das Leben, Nahrung, Segen, Wohlergehn / Reichlich und voll Huld gegeben, sondern er läßt mich auch sehn, / Wie es seiner Güt gefällt, daß er alles noch erhält; / Ja, mit jedem frühen Morgen fängt er wieder an zu sorgen.

Er schenkt mir auch seine Liebe und die wahre Heiterkeit, / Seines Geistes süße Triebe zu der wahren Frömmigkeit, / Trost, wenn mich ein Leiden quält, hilf, wenn mich ein Feind anfällt, / Güte, wenn ich vor ihn trete, Gnade, wenn ich eifrig bete.

Solche Güt hab ich erfahren in dem ganzen Lebenslauf, / Und in diesen späten Jahren höret sie auch noch nicht auf; / Wenn ich morgens früh aufsteh und des Abends schlafen geh, / Lässet sie es meiner Seelen nie an einem Guten fehlen.

Diese Güte will ich preisen, weil ich lebe in der Zeit, / Und dem Höchsten Dank erweisen in der frohen Ewigkeit. / Ach mein Gott, ich bitte dich, lasse deine Güte mich / Allezeit zum Trost genießen, bis ich werd die Augen schließen.

Die künftige Herrlichkeit der Kinder Gottes

Meine Lieben, wir sind nun Gottes Kinder, und es ist noch nicht erschienen, was wir sein werden. Wir wissen aber, wenn es erscheinen wird, daß wir ihm gleich sein werden, denn wir werden ihn sehen, wie er ist. Und ein jeglicher, der solche Hoffnung hat zu ihm, der reinigt sich, gleichwie er auch rein ist. 1. Joh. 3, 2—3.

Gebet

Wie gnädig, gütig und barmherzig bist du doch, du ewiger und großer Gott, daß du nicht allein den Menschen in großer Herrlichkeit und zu großer Herrlichkeit erschaffen, sondern auch, da er gefallen war, wieder eine große Herrlichkeit zugesagt hast allen, welche die Gnade annehmen und im Glauben und heiligen Leben dem Trieb deines Heiligen Geistes folgen. Denn solche wiedergeborenen Seelen können sich getrösten, sie haben in dieser Zeit schon eine große Herrlichkeit, nämlich die Kind=

schaft bei Gott, die Gerechtigkeit Christi, die Einwohnung des Heiligen Geistes, den Frieden mit dir, deine Huld, Gnade und Liebe, zu welcher sie allezeit getrost in ihrem Gebet treten und von dir in Nöten Hilfe und Barmherzigkeit erlangen können. Zu dieser Herrlichkeit wird noch eine größere nach dieser Zeit kommen; denn wenn die Seele vom Leibe geschieden ist, soll sie fröhlich zum Anschauen deines Angesichts gelangen und mit himmlischer Freude erfüllt werden. Zu solcher Herrlichkeit wird auch der Leib nach der Auferstehung gelangen. Mein Gott, verleihe mir Gnade, daß ich diese Herrlichkeit möge allzeit vor Augen haben, wie ich im Sterben recht werde anfangen zu leben, wie im Tode mein Elend, nicht aber mein Leben in dir ein Ende nehmen werde. Erhalte mich im Glauben und in der Frömmigkeit, daß ich, wenn die Welt mich verführen will, bedenke, wer ich sei, nämlich dein Kind, und was ich noch von dir zu erwarten habe, nämlich die ewige Herrlichkeit und Seligkeit, damit ich nimmermehr die Welt liebhaben und darüber des Himmels Herrlichkeit versäumen möge. Hilf, daß ich am Ende meines Lebens mit Wahrheit sagen könne: „Ich habe einen guten Kampf gekämpft, ich habe den Lauf vollendet, ich habe Glauben gehalten; hinfort ist mir beigelegt die Krone der Gerechtigkeit, welche mir der gerechte Richter geben wird, nicht aber mir allein, sondern auch allen, die seine Erscheinung liebhaben."

Soll ich einmal nach deinem Rat von dieser Welt abschei=
den, / Verleih mir, Herr, nur deine Gnad, daß es gescheh
mit Freuden. / Mein Leib und Seel befehl ich Dir, o Herr,
ein seligs End gib mir / Durch Jesum Christum. Amen.

Gesang
Mel.: O Gott, du frommer Gott

Sieh, es ist alles mir zum Eigentum gegeben, / Was Gott
nur ist und hat; ja, schon in diesem Leben / Ist es auch alles
mein, das Recht und der Genuß / Erquicket mich gar oft in
süßem Überfluß.

Denn siehe, Gott ist mein, weil seine Vatertreue, / Sein
Pflege, Lieb und Schutz wird alle Morgen neue; / Er ist
mein Licht, mein Heil, mein Helfer und mein Gott, / Mein
Beistand und mein Trost in aller meiner Not.

Und Jesus ist auch mein, sollt ich mich nicht erfreuen? /
Was darf ich Not und Tod, das Grab, die Erde scheuen? /
Sein Blut, Gerechtigkeit und sein Verdienst ist mein, / Soll
ich deswegen nicht von Herzen fröhlich sein?

Der Heilge Geist ist mein, denn er hat mich geschmücket /
Mit Glauben, Licht und Kraft, in ihm leb ich beglücket / In
diesem Tränental, mein Jesus schenket mir / Dies Pfand der
Seligkeit zum Siegel schon allhier.

Der Himmel ist auch mein, den hat er mir erworben, /
Mein Jesus, da er ist am Kreuz für mich gestorben; / Ich lebe
oder sterb, so weiß ich wohl, wohin, / Weil ich durch Christi
Blut ein Himmelserbe bin.

Und so bin ich ja reich bei diesen großen Schätzen, / Denn
diese Schätze sind's, die mich allein ergötzen; / Ja, selig bin ich
schon in dieser Gnadenzeit, / Daß ich den Vorschmack hab
von jener Herrlichkeit.

Doch droben wird mein Heil in vollem Glanz anheben, / In Frieden, Trost und Ruh, in jenem Freudenleben, / Da werd ich herrlich sein in froher Himmelspracht, / Und werd da ewig sein, wohin ich stets gedacht.

Abendgebet am Samstag

Wenn ich im Finstern wandle, so ist der Herr mein Licht. Du liebreicher und gnädiger Gott, jetzt endet sich der Tag und zugleich die Woche, aber deine Gnade währet für und für. Es können wohl Berge weichen und Hügel hinfallen, aber deine Gnade weicht nicht von deinen Kindern. Deine ewige Gnade hat mich auch diese Woche erleben lassen; was ich am Anfang der Woche nicht wußte, das weiß ich jetzt, daß ich gesund ihr Ende erreichen sollte. Deiner Wohltaten sind diese Woche viel gewesen, du hast mein Gebet erhört, mich behütet, mir guten Rat mitgeteilt, mich begleitet; kein Tag ist vergangen, da ich nicht Gnaden= und Segensgaben von dir empfangen habe, ja, keine Stunde ist vergangen, darin nicht reiche Ströme deiner Wohltaten auf mich geflossen sind. Ich gedenke aber heute, am Schluß der Woche, auch an meine Sünden; viel sind meiner Übertretungen, die ich mit Denken, Tun und Lassen vollbracht habe. Herr, vergib mir diese Sünden; Herr, strafe mich nicht in deinem Zorn und züchtige mich nicht in deinem Grimm. Sei auch in dieser Nacht eine feurige Mauer um mich her; laß kein Unglück, Schaden und Gefahr mich und die Meinen anrühren. Hilf, daß ich alle meine Sorgen auf dich werfe und in deiner Fürsorge, mein Vater, sanft ruhe. Das Ende dieser Woche erinnert mich an das Ende meiner Tage, daß auch die letzte Woche, der letzte Tag und die letzte Stunde meines Lebens anbrechen werden, auf welche hernach die lange Ewigkeit folgt. Darum hilf, daß ich alle Wochen, Tage und Stunden so anwende, daß ich vor deinem Anblick nicht zu erschrecken brauche. Hilf, daß ich mein Herz alle Tage dahinein schicke, wo ich ewig wünsche zu sein. Hier bin ich ein Pilger, aber im Himmel ist mein Vaterland und ewige Wohnung, wo du alle Tränen von den Augen der Deinen abwischen wirst und sie mit ewiger Freude ergötzen. Hiermit lege ich meine Geschäfte und Berufswerke nieder, ich bereite mich auf den Sonntag, den ich mit Beten, Singen und Betrachtung deines heiligen Wortes hinbringen will. Gib mir dazu deines Heiligen Geistes Kraft, damit ich an meiner Andacht weder durch Menschen noch durch mein eigenes Herz gehindert werde.

Weicht, nichtige Gedanken hin, wo ihr habt euern Lauf, /
Ich baue jetzt in meinem Sinn Gott einen Tempel auf.
Amen.

Wochenschluß

Wie soll ich dem Herrn vergelten alle seine Wohltaten, die
 er an mir tut? Psalm 116, 12.

Gebet

Der Herr hat Großes an mir getan, des bin ich fröhlich. Bis hierher hat der Herr geholfen. So spreche ich billig, mein Gott und Herr, da ich nun den Schluß dieser Woche glücklich erlebt habe. Herr, wie teuer ist deine Güte, daß Menschenkinder unter dem Schatten deiner Flügel trauen. Du beschirmst, erhältst und bewahrst sie, alle Morgen ist deine Güte neu. Ach mein Gott, du hast in dieser Woche deine Flügel über mich gebreitet, du hast mich gesund erhalten, hast mich gesegnet, begleitet, bewahrt, mir an Leib und Seele viel Gutes getan, hast auch die Meinen deinen Schutz und deine Gnade genießen lassen. Darum: „Lobe den Herrn, meine Seele, und was in mir ist, seinen heiligen Namen; lobe den Herrn, meine Seele, und vergiß nicht, was er dir Gutes getan hat." Ach ja, wie viele sind diese Woche gefallen, und ich stehe durch deine Gnade aufgerichtet; wie viele haben eine betrübte Woche gehabt, aber mich hast du sie in Frieden und Ruhe zurücklegen lassen: wie viele haben Elend und Jammer erfahren müssen, aber ich bin unter deinem Schutz unverletzt geblieben! Dafür sei hoch geliebt und gepriesen! Habe Dank für deinen Schutz und Gnade, für deine Liebe und mächtigen Beistand, für alles Gute, was du mir an Leib und Seele erwiesen hast. Mein Gott, verzeihe mir auch aus Gnaden, was ich diese Woche unrecht getan habe. Um der blutigen Wunden Jesu

Christi willen schone, und lohne nicht nach Werken! Ich will durch deines Geistes Kraft mit der neuen Woche mich befleißigen, die verübten Sünden zu meiden und dir in Heiligkeit und Gerechtigkeit all mein Leben lang zu dienen.

Sei Lob und Preis mit Ehren, Gott Vater, Sohn und heil'gem Geist, / Der woll in uns vermehren, was er aus Gnaden uns verheißt, / Daß wir ihm fest vertrauen, von Herzen auf ihn bauen. Amen.

Gesang

Mel.: Werde munter, mein Gemüte

Nun die Woche ist verflossen, Seele, so bedenke dich, / Was du Gutes hast genossen, da dein Gott so mildiglich / Aufgetan die Vaterhand und viel Guts dir zugewandt, / Und auch jetzt in großem Segen sie dich läßt zurücklegen.

Danke ihm für seine Gaben, die er reichlich ausgestreut / Und die auf dein Bitten haben diese Woche dich erfreut; / Wer ist, der erzählen kann, wieviel Gott ihm Guts getan? / Schau, wie Gottes Brünnlein fließen, die sich reichlich auf dich gießen.

Preise seine große Güte nun bei diesem Wochenschluß / Und ermuntre dein Gemüte, da du noch in dem Genuß / Seiner großen Wohltat stehst und noch täglich mehr empfähst; / Ist doch keine Stund vergangen, da du nicht hast Guts empfangen.

Bitte, daß dir Gott verzeihe alle deine Sündenschuld / Und aus Gnaden dir verleihe ferner seine Vaterhuld; / Sprich: Mein Vater, sieh nicht an, was ich Böses hab getan; / Laß die Sünd und Straf der Sünden auch mit dieser Woch verschwinden.

Laß mich deine Gnad auch spüren, wenn die neue Woch anbricht; / Ach, du wollest selbst mich führen, o du meiner Seele Licht! / Leib und Seel und was ist mein, laß dir stets empfohlen sein; / Deine Gnad laß bei mir bleiben und das Unglück von mir treiben.

Sollt auch mit der neuen Wochen meine letzte Woch und Tag / Sein zugleich mit angebrochen, oder daß ein Kreuz und Plag / Mich empfindlich treffen soll, ach, so mache alles wohl. / Bei dir kann ich nicht verderben, in dir kann ich selig sterben.

Um Vergebung aller Schuld

Gott, sei mir gnädig nach deiner Güte und tilge meine Sünde nach deiner großen Barmherzigkeit. Wasche mich wohl von meiner Missetat und reinige mich von meiner Sünde. Psalm 51, 3—4.

Gebet

Heiliger, dreieiniger Gott, Vater, Sohn und Heiliger Geist, ich armer Sünder komme allhier vor dein allerheiligstes Angesicht und bitte dich herzlich und demütig um Vergebung aller meiner Sünden. Ach, mein Gott, ich erkenne, daß ich dich leider vielfältig mit bösen Gedanken, Worten und Werken erzürnt habe. Herr, das betrübt mich und ist mir von Herzen leid. Du hast mich durch die heilige Taufe zum Schäflein deiner Weide und zum Glied an deinem Leibe gemacht, darum ich deine Stimme allein hören und dir gehorsam sein sollte. Ja, ich sollte als dein Eigentum meine Glieder zum Opfer begeben, das da lebendig, heilig und dir wohlgefällig ist. Aber ach, was soll ich sagen? Ich habe mehr der Welt und meines Fleisches als deine Stimme gehört und habe oft getan, was dir zuwider ist. O der Blindheit meines Herzens! O der Torheit meiner jungen Jahre! Willst du nun mit mir ins Gericht gehen, willst du nach deiner Gerechtigkeit mit mir handeln, so bin ich ewig verloren; denn mein Gewissen zeugt wider mich, und meiner Sünden sind mehr als Sand am Meer. Ach, nach deiner großen Barmherzigkeit erbarme dich über mich. Mein Vater, rechne mir nicht zu, was ich Böses getan, sondern rechne mir zu, was Jesus Christus, mein Heiland, für mich getan. Ich will hinfort ein neues, frommes Leben anfangen und wider dich, dreieiniger Gott, nicht mehr mutwillig und vorsätzlich sündigen.

O Jesu voller Gnad, auf dein Gebot und Rat / Kommt mein betrübt Gemüte zu deiner großen Güte.

Wasch ab all meine Sünde, mit Trost mein Herz verbinde, / Der Sünden nicht mehr denke, ins Meer sie tief versenke. Amen.

Gesang

Mel.: O Gott, du frommer Gott

Herr, geh nicht ins Gericht mit deinem armen Kinde, / Ach Vater, schone doch, hilf, daß ich Gnade finde; / Hab ich gesündiget und Übels oft getan, / Ach Herr, nimm doch dein Kind in Gnaden wieder an.

Herr, laß in Jesu Blut mich Gnad um Gnade finden, / Laß deines Zornes Grimm durch ihn getilgt verschwinden, /

Schau mich in Jesu an und schenk mir deine Huld, / Vergib mir meine Sünd, erlaß mir alle Schuld.

O werter guter Geist, der du mir Kraft gegeben / Zur Buß und Besserung, ach, ändre ganz mein Leben, / Daß ich mit solchem Fleiß Gott diene immerdar, / Wie ich ein Sündenknecht mit großem Eifer war.

Ich will durch deine Gnad der Sündenlust absterben, / Ich will durch Jesu Blut die Seligkeit ererben; / Solang der Atemhauch noch gehet aus und ein, / So lang soll Herz und Geist nur dir gewidmet sein.

Um Kraft wider die Sünde

So lasset nun die Sünde nicht herrschen in euerm sterblichen Leibe, ihr Gehorsam zu leisten in seinen Lüsten. Auch begebet nicht der Sünde eure Glieder zu Waffen der Ungerechtigkeit, sondern begebet euch selbst Gott, als die aus den Toten lebendig sind, und eure Glieder Gott zu Waffen der Gerechtigkeit.   Röm. 6, 12—13.

Gebet

Starker und allmächtiger Gott, der du alles weißt, was in dem Menschen ist: du siehst, was ich für einen heftigen Kampf habe wider die Sünde; ich wollte gern von Herzen fromm sein und bleiben, dich nicht mehr erzürnen, nach deinem heiligen Wort mein Leben einrichten und deinen heiligen Willen allein vollbringen; aber ich fühle ein anderes Gesetz in meinen Gliedern, das da widerstrebt. Wenn ich meine, ich stehe nun ganz fest auf dem guten Vorhaben, so muß ich oft erfahren, daß auf einmal sich in mir Stolz und eigene Ehre,

Neid und Widerwille gegen den Nächsten regen,
daß sündliche Gedanken sich in meinem Herzen
erheben, ja, daß ich sündige mit unbedachten Wor=
ten und Werken. Ich betrübe mich, daß ich so voll
Unreinigkeit bin; reinige du mich, Herr, so werde
ich rein. Ich erkenne in deinem Licht, daß Sünde=
tun ein großes Übel ist, davon ich gern frei werden
wollte. Was will doch endlich aus mir werden,
wenn ich bald fromm, bald böse bin und wenn
meine Frömmigkeit keinen Bestand hat? Du siehst
ja, mein Gott, wie ich über mich selbst erschrecke,
wie ich mir aber nicht helfen kann aus eigener
Kraft; darum komme ich zu dir und bitte dich:
Gib mir Kraft, der Sünde zu widerstehen; laß
deinen Heiligen Geist in mir wohnen und mein
Herz reinigen! Herr, du hast mir das Wollen ge=
geben, gib mir auch das Vollbringen; stärke mich
am inwendigen Menschen, daß ich durch deine
Kraft eine Sünde nach der andern ablegen und
über sie herrschen kann. Mache mich stärker, die
Welt in mir und außer mir zu überwinden. Ich
vermag alles durch den, der mich mächtig macht,
Christus; ach hilf mir dazu, mein Gott.

Ein reines Herz, Herr, schaff in mir, schleuß zu der Sünde
Tor und Tür, / Vertreibe sie und laß nicht zu, daß sie in
meinem Herzen ruh.

Gesang
Mel.: Alle Menschen müssen sterben

Alle Sünden will ich hassen durch des Heilgen Geistes
Kraft / Und die böse Welt verlassen, die nur an der Sünde

haft't; / Gott will ich mein Herz ergeben und in ihm be=
ständig leben; / Mein Herz soll sein eigen sein, ihm gehört
es auch allein.

Wer so von der Welt ausgehet, bei dem gehet Jesus ein; /
Was von Welt entleeret stehet, wird mit Gott erfüllet sein; /
Bleibet gleich der Leib auf Erden, wird die Seel doch himm=
lisch werden; / So ist meinem Leibe wohl und die Seele
freudenvoll.

Ach, mein Gott, verleih aus Gnaden, daß ich gehe aus der
Zeit, / Damit ich nicht leide Schaden an der Seelen Selig=
keit; / Wer der Welt Gewohnheit liebet und den Ausgang
stets aufschiebet, / Den erhascht zuletzt der Tod und er stirbt
so ohne Gott.

Drum will ich der Welt entfliehen, sondre du mich selber
ab, / Eh der Tod mich heißet ziehen aus dem Leben in das
Grab; / Ja, ich will der Welt absterben und entgehen dem
Verderben, / So komm ich ins Himmelszelt, wann ich gehe
aus der Welt.

Übergabe an Gott

Ich ermahne euch, liebe Brüder, durch die Barmherzigkeit
Gottes, daß ihr eure Leiber begebet zum Opfer, das da
lebendig, heilig und Gott wohlgefällig sei, welches sei
euer vernünftiger Gottesdienst. Röm. 12, 1.

Gebet

**Herr Gott, der du deinem Volke Israel befohlen
hast, dir täglich Opfer zu bringen, siehe, ich bringe
dir mein gläubiges, bußfertiges Herz, das wirst
du nicht verachten. Du hast mich, himmlischer
Vater, erschaffen, daß ich dein Eigentum sein soll.**

Du hast mich, liebster Jesu, erlöst mit deinem Blute, daß ich in deinem Reiche leben soll und dir dienen in Heiligkeit und Gerechtigkeit. Du hast mich, werter Heiliger Geist, geheiligt, daß ich deine Wohnung sein soll und daß Christus in mir lebe. Darum will ich mich dir auch wieder ganz und gar ergeben. Ich opfere dir meinen Willen und will nicht mehr vollbringen, was ich, sondern was du willst. Ich opfere dir meinen Mund, damit will ich dich loben und preisen und ihn niemals mehr zu schandbaren Worten mißbrauchen. Ich opfere dir mein Herz, das erfülle mit lebendigem Glauben, mit Gnade und Liebe und mit wahrer Frömmigkeit. Laß dir meine Gabe gefallen! Ist es ein unreines, zum Opfer untüchtiges Herz, so wasche es mit dem Blute Jesu Christi, reinige du es selbst durch deinen Geist und heilige es dir zur Wohnung, daß du darinnen regierest und herrschest. Ich opfere dir mein Leben, das will ich nach deinem heiligen Wort führen. Ich opfere dir meine Glieder, hilf, daß sie Waffen und Werkzeuge der Gerechtigkeit werden, daß ich sie nicht zur Sünde und Schande mißbrauche, sondern daß sie dir geheiligt bleiben. Ja, ich will mich dir aufopfern, solange ich lebe und noch gesund bin, und nicht erst auf meinem Krankenbette, denn da möchte es vielleicht zu spät sein. Herr, der du zu allen Zeiten Opfer angenommen hast, siehe auch in Gnaden mein Opfer an. Bringe ich es dir erst um den Mittag meines Lebens, oder ist der Abend vielleicht nahe, habe ich die Morgen- und Jugendzeit versäumt, so wirst du deswegen mein Opfer nicht verachten; ich bringe es dir im Glauben; schaue doch darauf nach deiner Barmherzigkeit, ich will die übrige Zeit meines Lebens dein Eigentum verbleiben.

Herr, mein Hirt, Brunn aller Freuden, / Du bist mein, ich bin dein, niemand kann uns scheiden. / Ich bin dein, weil du dein Leben / Und dein Blut mir zugut in den Tod gegeben. / Ich bin dein, weil ich dich fasse / Und dich nicht, o mein Licht, aus dem Herzen lasse. / Laß mich, laß mich hingelangen, / Da du mich und ich dich ewig werd umfangen. Amen.

Gesang

Mel.: Wer nur den lieben Gott läßt walten

Mein Gott, laß mich den Wunsch erreichen, danach ich seufze für und für, / Daß ich nicht möge von dir weichen, und du auch nimmermehr von mir: / Hilf, daß ich also leb auf Erd, daß ich hier fromm, dort selig werd.

Gib, daß ich Jesu Blut und Wunden ergreif in wahrer Zuversicht / Und mit ihm bleibe fest verbunden, bis einst erlischt mein Lebenslicht: / Hilf, daß ich also leb auf Erd, daß ich hier fromm, dort selig werd.

Und daß ich, weil ich lebe, wandle beständig in der Frömmigkeit, / Nie wider mein Gewissen handle und nicht versäum die Gnadenzeit: / Hilf, daß ich also leb auf Erd, daß ich hier fromm, dort selig werd.

So kann ich endlich selig sterben und fröhlich gehen in mein Grab, / Weil ich im Sterben werde erben, was ich hier schon im Vorschmack hab: / Hilf, daß ich also leb auf Erd, daß ich hier fromm, dort selig werd.

Vor dem heiligen Abendmahl

Sooft ihr von diesem Brot esset und von diesem Kelch trinket, sollt ihr des Herrn Tod verkündigen, bis daß er kommt. 1. Kor. 11, 26.

Gebet

Mein Jesu, wie kann ich genug deine große Liebe preisen, daß du nicht allein für mich armen Sünder dich in den Tod gegeben hast, sondern auch deinen heiligen Leib und Blut zu meiner Seelenspeise in dem heiligen Abendmahl eingesetzt hast! O Liebe, dein Tod bringt mir das Leben, dein Leib und Blut stärkt mich zum ewigen Leben. Dadurch bleib ich in dir und du in mir; du lebst in mir; und in dir erlange ich Gerechtigkeit und Stärke; daher kann mich meine Sünde nicht schrecken und Satan nicht verdammen; denn in deinem Gnadenmahl empfange ich das Lösegeld für meine Sünden. Hier empfange ich den Leib, der für mich in den Tod dahingegeben ist; hier empfange ich das Blut, das für mich vergossen worden ist zur Vergebung der Sünden. So gewiß ich beides empfange, so gewiß bin ich mit Gott versöhnt und habe Vergebung aller meiner Sünden. Du hast in der heiligen Taufe mir den Heiligen Geist zum Pfand und das neue Leben gegeben. In dem heiligen Abendmahl aber gibst du mir das Pfand deines Leibes und Blutes, wodurch du das neue geistliche Leben in mir erhalten und stärken willst. Ach mein Gott, heilige meine Seele, stärke meinen Glauben, reinige mein Herz, damit ich dieses Liebesmahl würdig und selig empfange.

Jesu, wahres Brot des Lebens, hilf, daß ich ja nicht vergebens / Oder mir vielleicht zum Schaden sei zu deinem Tisch geladen. / Laß mich durch dies Seelenessen deine Liebe recht ermessen, / Daß ich einst wie hier auf Erden mög dein Gast im Himmel werden.   Amen.

Gesang nach dem Abendmahl
Mel.: Allein Gott in der Höh sei Ehr

O Jesu, meiner Seele Licht, mein Trost und mein Verlangen, / Ich hab vor deinem Angesicht dein Liebesmahl empfangen; / Ach, wohne doch hinfort in mir, damit ich möge stets vor dir / In wahrem Glauben prangen.

O Liebe, die du mich so liebst und schenkst mir deine Liebe, / Da du dich mir zur Speise gibst, ach, daß ich ewig bliebe / Mit dir, o Lebenslicht, vereint und durch dein teures Blut geeint, / Daß mich nichts von dir triebe.

Der Vater hat mir heut geschenkt den Frieden meiner Seelen, / Ich bin gespeiset und getränkt, was kann mir Gutes fehlen? / Weil ich nunmehr in Jesu bin, so ist die Sündenangst dahin / Und kann mich nicht mehr quälen.

Mein Jesus hat mein Herz erfüllt mit seiner süßen Freude; / Mein Hunger ist durch ihn gestillt auf dieser Seelenweide. / Dein Leib, o Jesu, und dein Blut sind das gewisse Pfand und Gut, / Daß ich nicht von dir scheide.

Der Heilge Geist gibt mir dabei den Trost, der mich erfreuet, / Daß ich nun in der Gnade sei, dieweil der Bund erneuet; / Ja, daß ich bin ein Gotteskind, das bei Gott Trost und Gnade find't, / Das keine Ungnad scheuet.

Gott Lob, der meine Seele hat so herrlich wollen speisen, /
Um dadurch neue Lieb und Gnad mir Armen zu erweisen, /
Den ich dafür will allezeit, auch in der frohen Ewigkeit, /
Mit stetem Lobe preisen.

Um ein frommes Herz

Bleibe fromm und halte dich recht, denn solchen wirds zuletzt wohl gehen. Psalm 37, 37.

Gebet:

Heiliger Gott, ich weiß nicht, ob ich vor deinem heiligen Angesicht erscheinen darf, wenn ich mein sündliches Wesen bedenke. Du rufst auch mir zu: Wandle vor mir und sei fromm, und wenn du fromm bist, so bist du mir angenehm; ja, bleibe fromm und halte dich recht, denn solchen wird's zuletzt wohlgehen. Aber meine Frömmigkeit ist leider noch nicht weit gekommen, ich bin in die Welt und ihr Wesen bisher versunken; wo aber die Welt eingeht, da geht Christus aus, wo die Weltliebe sich findet, da hört die Frömmigkeit auf. Weil ich aber in solchem verderbten Zustande dir nicht gefallen kann, so gib mir ein frommes Herz. Verleih mir Gnade, daß ich mich wahrer Frömmigkeit befleißige, nicht etwa nur zum Schein und äußerlich, sondern daß meine Frömmigkeit im Herzen anfangen möge, daß ich dich über alles liebe, dir diene und, was dir gefällt, vollbringe; ja, daß ich allezeit wie ein frommes Kind möge erst in dein heiliges Wort und Gebot schauen, ob, was ich vorhabe, mir als einem frommen Christen ansteht. Ist mein Herz fromm, so wird auch mein Mund fromm werden, daß er nichts Unrechtes rede; Werke und Taten werden dir alsdann auch gefallen. Mein Gott, ich habe diesen Entschluß in deinem Namen gefaßt; gib mir dazu Gnade, Kraft, Stärke und Barmherzigkeit. Habe ich in den verflossenen Jahren nicht nach diesem Kleinod getrachtet, so verzeihe es mir um Christi willen. Was ich aus Unverstand oder Blindheit versäumt, will ich nun mit größerem Eifer ersetzen. So will ich, mein Gott, von Herzen und im ganzen Leben fromm werden und bleiben, damit ich als ein frommer Christ dereinst auch selig sterben kann. Dazu gib mir deines Heiligen Geistes Kraft um Jesu Christi willen!

Gib mir ein frommes Herz, du Geber aller Gaben, / Das soll mein Reichtum sein, den ich begehr zu haben, / Das soll sein meine Zier, mein Ruhm und schönste Pracht; / Denn fromm sein wird bei Gott und Engeln hoch geacht. Amen.

Gesang

Mel.: Wer nur den lieben Gott läßt walten

Mein allergrößter Fleiß auf Erden soll künftig nur darin bestehn, / Daß ich von Herzen fromm mög werden und auf den Himmelswegen gehn; / Ist Frömmigkeit der Bösen Spott, so ist sie doch geliebt von Gott.

Die Frommen haben Gott zum Freunde; ist dieses nicht ein gutes Glück? / Drum schaden ihnen keine Feinde mit ihrem Haß und Neid und Tück, / Denn Gott weiß wohl, was sie anficht, der treue Freund verläßt sie nicht.

Die Frommen sind bei Gott in Gnaden, der Zutritt stehet ihnen frei, / Nichts kann den Kindern Gottes schaden, Gott stehet ihnen treulich bei; / Gott weichet von den Frommen nicht, der Herr ist selbst ihr Heil und Licht.

Die Frommen können sich getrösten, daß keine Not sie stürzen wird; / Ist gleich die Not am allergrößten, so bleibt doch Gott ihr Schutz und Hirt; / O Schäflein, habe guten Mut, du bist in deines Hirten Hut.

Die Frommen werden nicht verlassen, Gott ists, der ihnen helfen kann; / Drum wissen sie sich wohl zu fassen, er nimmt sich seiner Kinder an; / Spricht man: nun ist das Unglück da, so sprechen sie: Und Gott ist nah.

Die Frommen können selig sterben, sie sterben ja auf Jesum Christ; / Sie werden Kron und Himmel erben, die ihnen längst bereitet ist, / Sie sind schon selig in der Zeit und kommen dort zur Herrlichkeit.

Gebet der Eltern für ihre Kinder

Siehe, hier bin ich und die Kinder, die mir der Herr gegeben hat. Jes. 8, 18.

Gebet

Herr, allmächtiger Gott, du Vater der Barmherzigkeit, du hast mir Kinder gegeben, wofür ich dich herzlich lobe und dir danke, welche ich aber ansehe als teure Pfänder, die du mir anvertraut hast und welche du von meiner Hand wieder fordern wirst; ich sehe sie an als Seelen, die Jesus mit seinem heiligen Blut erkauft und in der heiligen Taufe geheiligt hat und welche du zu deinen Kindern angenommen hast. Darum bin ich in

Sorge, daß ich ja keines durch meine Schuld ver=
lieren möge. Du sagst zu mir und allen Eltern:
Nimm dieses Kind in acht; wo man sein missen
wird, so soll deine Seele statt seiner Seele sein.
Darum, Vater aller Gnaden, komme ich zu dir
und trage in meinem herzlichen Gebet meine
Kinder dir vor; ich will tun, was ich kann; ich
will sie zu deinen Ehren erziehen, sie ermahnen,
strafen, unterrichten und für sie beten; aber, Herr,
tue du das Beste. Ich habe sie in der heiligen
Taufe in die Arme deiner Barmherzigkeit gelegt;
siehe, solches tue ich auch jetzt in meinem Gebet.
Segne und begleite meine Kinder, wenn sie aus-
und ein gehen, erhalte sie, Herr, in deiner heiligen
Furcht, daß sie ihr Gewissen nimmermehr mit
Sünden beladen, dich nie beleidigen oder gar aus
deiner Gnade fallen. Gib ihnen ein gläubiges,
demütiges, gehorsames, frommes Herz, daß sie,
wie das Kind Jesus, zunehmen an Alter, Weis=
heit und Gnade bei Gott und den Menschen. Drücke
ihnen das Bild Jesu ins Herz, auf daß sie allezeit
einen gnädigen Gott und ein unverletztes Gewissen
bis an ihr seliges Ende behalten. Laß meine Kinder in ihrem Gebet andächtig, im Glauben be=
ständig, beim Gottesdienst eifrig, in ihrem Leben
keusch, in ihrem Umgang gottselig sein, damit sie
niemand mit ihren Reden und Tun ein Ärgernis
geben und dadurch ein schweres Gericht auf sich
ziehen. Behüte sie vor Verführungen und böser
Gesellschaft, erinnere sie allezeit durch deinen Geist

an deine allerheiligste Gegenwart. Dein Engel begleite sie, wenn sie aus und ein gehen; dein Engel bewahre sie, wenn sie auf Reisen und in der Fremde sind; gib ihnen deine heiligen Engel zu Gefährten; führe sie durch deinen heiligen Engel aus der Gefahr, laß sie der Engel Schutz und Wacht genießen. Sollte dir aber gefallen, mir auch ein Kinderkreuz zuzuschicken durch Krankheit oder ihr Sterben oder ein Unglück, das ich an ihnen sehen muß, so verleihe mir in solchem Leiden Geduld, daß ich gedenke, daß ohne dich nichts geschieht und daß die Kinder eher dein gewesen, als sie mein geworden, und daß du auch freie Macht habest, sie wieder zu dir zu nehmen. Willst du aber mich durch meiner Kinder Leiden, Unglück oder Tod zu dir ziehen, daß ich auch an ihnen die Vergänglichkeit der sichtbaren Gaben erkennen soll, so erhalte mich auf diesem Dornenweg im festen Vertrauen und Hoffnung auf deine Allmacht, daß du alles, auch meiner Kinder Kreuz, enden und wenden kannst. Schenke ihnen auch im Leiblichen den Segen, versorge sie, pflege sie, gib ihnen Nahrung und Kleidung, tue wie ein mächtiger himmlischer Vater an ihnen; sei ihr Helfer in Gefahr und Unglück, ihr Arzt in Krankheit, ihr Ratgeber, wenn sie guten Rats bedürftig sind. Gib meinen Kindern eine fromme Seele, gesunden Leib, guten Verstand und laß sie so vor dir leben, daß sie dich allezeit ehren und preisen. Laß mich am Jüngsten Tage mit allen meinen Kindern zu deiner Rechten stehen und zu deinem Preis sagen: Siehe, hier bin ich, mein Gott, und die Kinder, die du mir gegeben hast, ich habe ihrer keines verloren.

Ach Gott, segne meine Kinder, nimm dich ihrer treulich an, / Tu an ihnen auch nicht minder, als du hast an mir getan. / Segne ihren Schritt und Tritt, teil den Segen ihnen mit, / Laß es ihnen wohlergehn, die in deiner Gnade stehn. Amen.

Gesang
Mel.: O Gott, du frommer Gott

Du hast, o großer Gott, die Kinder mir gegeben, / Und du erhältst sie auch im Wohlsein und beim Leben; / Ach, dafür dank ich dir als eine liebe Gab, / Die ich von deiner Hand, mein Gott, empfangen hab.

Ach, pflanz die Gottesfurcht in ihrer aller Seelen, / Daß sie, was dir gefällt, in ihrem Tun erwählen; / Erfülle ihren Geist mit wahrer Frömmigkeit, / Mit Keuschheit, Glaub und Lieb und mit Zufriedenheit.

Und wenn sie in der Welt viel Böses sollten sehen, / So laß sie nimmermehr auf bösen Wegen gehen; / Wend ihre Augen ab von Sünd und Eitelkeit, / Bewahre ihre Seel vor Stolz und Sicherheit.

Erhalte sie gesund, und zeigen sich Gefahren / Bei Tage oder Nacht, so lasse sie bewahren / Der Engel himmlisch Heer und immer auf sie sehn, / Daß sie in deiner Gnad und mildem Segen stehn.

Und noch eins bitt ich dich, das wollest du mir geben: / Laß mich ja nimmermehr an ihnen Schand erleben, / Auch nicht nach meinem Tod; ach Gott, erhöre mich, / Verleihe solches mir und ihnen väterlich.

Laß mich an jenem Tag auch meine Kinder sehen, / Daß
sie vor dir verklärt zu deiner Rechten stehen, / Auf daß ich
sagen kann: hier bin ich und die Gab, / Die Kinder, die ich
längst von dir empfangen hab.

Gebet der Kinder für ihre Eltern.

Ihr Kinder, seid gehorsam euern Eltern in dem Herrn,
denn das ist billig. Ehre Vater und Mutter, das ist das
erste Gebot, das Verheißung hat: auf daß dirs wohl gehe
und du lange lebest auf Erden.   Epheser 6, 1—3.

Gebet

Ach du gnädiger und barmherziger Gott, ich lobe
dich von Grund meines Herzens, daß du mich
von frommen und christlichen Eltern in diese Welt
hast lassen geboren werden. War meiner Eltern
erste Sorge nach meiner Geburt, daß ich, himm=
lischer Vater, durch die heilige Taufe in deine
Arme gelegt würde, so laß deinen guten Geist
mich immerdar leiten und führen, daß ich meine
Pflichten gegen dich und meine Eltern wohl in
acht nehme. Ich liege allhier mit meinem Gebet
vor deinem allerheiligsten Angesicht und bitte
dich: erhalte meine Eltern gesund, bewahre sie
vor Unglück, segne ihre Nahrung, ihre Arbeit und
ihren Beruf, gib ihnen ein langes Leben, vergilt
ihnen die mir erwiesene Treue mit geistigen und
himmlischen Gaben. Gib mir, himmlischer Vater,
ein gehorsames Herz, daß ich meine Eltern nicht
beleidige oder mit Wissen und Willen betrübe.
Gib, daß mir immer das Vorbild meines Jesu

vor Augen steht, der dir, seinem himmlischen Vater, gehorsam war. Bewahre mich, daß ich nicht durch Ungehorsam und Widerspenstigkeit den Fluch und Unsegen auf mich bringe, der den bösen Kindern angedroht ist, sondern daß es mir hier zeitlich und dort ewig wohl gehe. Gib mir ein ehrerbietiges Herz, daß ich in Demut ihnen begegne und mit Freundlichkeit ihren Befehl annehme. Behüte mich, daß ich nicht den bösen Kindern gleich werde, welche ihre Eltern verhöhnen, verachten und ihnen lauter Herzeleid und Verdruß machen, welche aber auch den Fluch anziehen werden wie ihr Gewand und alles Segens, den du frommen Kindern verheißen hast, auf ewig beraubt bleiben. Gib mir deine Gnade, daß ich mich an meinen Eltern nicht versündige, sondern fleißig erwäge, wie sauer ich meiner Mutter geworden und mit welcher Mühe ich erzogen bin, damit ich mit dankbarem Herzen solches zeit meines Lebens erkenne und meine Eltern an mir keine Schande, sondern lauter Freude erleben mögen. Habe ich in meinen Kinderjahren meinen Eltern etwas zuwider getan, das bitte ich dir, Gott, und meinen Eltern in Demut ab und verspreche, daß ich durch deine Gnade trachten will, sie mit meinem Gehorsam zu erfreuen. Verleihe mir deinen Heiligen Geist, daß ich in Glauben und Frömmigkeit, in Keuschheit und Gottesfurcht wandeln möge, damit ich mit meinen Eltern am Jüngsten Tage zu deiner Rechten stehen und mit ihnen zu deiner Herrlichkeit eingehen möge.

Du sollst ehren und gehorsam sein dem Vater und der Mutter dein; / Wird deine Hand sie treulich laben, so wirst du langes Leben haben. Amen.

Gesang

Mel.: O Gott, du frommer Gott

Ich will, o großer Gott, vor deinen Thron jetzt treten / Und als ein frommes Kind für meine Eltern beten; / Der du die Kinder pflegst in Gnaden anzusehn, / Ach, laß auch meine Bitt und Herzenswunsch geschehn.

Laß mich für ihre Lieb sie wieder herzlich lieben; / Laß ihre Liebe mir ins Herze sein geschrieben, / Damit ich dankbar sei, soviel ich immer kann, / Und bleibe eingedenk, was sie an mir getan.

Ach laß sie viele Jahr zu meinem Trost erleben, / Du wollest auch dabei Gesundheit ihnen geben; / Erhalte sie, o Gott, auf lange, späte Jahr, / Damit ich sie noch seh in ihrem grauen Haar.

Ach schenke ihnen doch, o Vater, deinen Segen; / Laß deinen Segen sein auf allen ihren Wegen; / Erhalte, was du gibst und was du hast beschert, / Das segne, daß es werd durch deine Gnad vermehrt.

Laß sie an mir viel Freud und keine Schand erleben; / Ach laß mir deine Furcht, mein Gott, vor Augen schweben. / Schenk mir ein frommes Herz, daß ich die Sünde scheu / Und bleibe dir, o Gott, in Glauben, Liebe treu.

Laß mich an jenem Tag auch meine Eltern sehen / In großer Herrlichkeit zu deiner Rechten stehen; / Und laß mich auch dann dort durch Jesu Blute rein / Mit Himmelsglanz geschmückt bei meinen Eltern sein.

Der Wettersegen

Sein Gezelt um ihn her war finster und schwarze, dicke
Wolken, darin er verborgen war. Vom Glanz vor ihm
trennten sich die Wolken mit Hagel und Blitzen. Und der
Herr donnerte im Himmel, und der Höchste ließ seinen
Donner aus mit Hagel und Blitzen. Psalm 18, 12—14.

Gebet

Du starker, allmächtiger Gott, ich höre deine
Stimme in den Wolken. Stark ist dein Arm, groß
deine Gewalt, und wenn du wolltest, so könntest
du mich und alle Menschen in einem Augenblick
zu Boden schlagen. Aber Herr, gedenke an deine
Barmherzigkeit und Güte, die von der Welt her
gewesen ist; gedenke nicht der Sünden meiner
Jugend noch meiner Übertretung, gedenke aber
meiner nach deiner Barmherzigkeit, um deiner
Güte willen. Strafe mich nicht in deinem Zorn und
züchtige mich nicht in deinem Grimm. Gott, sei mir
gnädig nach deiner Güte und tilge meine Sünde
nach deiner großen Barmherzigkeit; es reuet mich
und ist mir herzlich leid, daß ich dich bisher so oft
beleidigt und mit Gedanken, Worten und Werken
erzürnt habe; ich bitte um Gnade und Vergebung
aller meiner Sünden und Übertretungen. Siehe
doch an, himmlischer Vater, daß ich dein Geschöpf
und dein Kind bin, wo sollen aber Kinder in ihren
Ängsten und Nöten hin als zu ihrem Vater? Dar=
um komme ich auch zu dir, mein Vater, und bitte
dich: sei deinem Kinde gnädig! Beschütze, bedecke

und bewahre mich; unter dem Schatten deiner
Flügel habe ich Zuflucht; verbirg mich heimlich in
deinem Gezelt; stelle deiner Engel Wacht um mich
her, daß mich kein Unglück rühre, kein Strahl ver=
letze, kein Schlag treffe. Ach Herr Jesu, du Sohn
Gottes, mein einziger Mittler, Fürbitter und Hei=
land, sei nicht ferne von mir, denn Angst ist nahe;
eile zu mir, sei mir ein starker Schutz, verlaß mich
nicht und tue nicht von mir die Hand ab, Gott, mein
Heil! Siehe, ich stehe von allen Kreaturen und Men=
schen verlassen, aber verlaß du mich nicht, erbarme
dich mein und errette mich. Ich halte mich an dich,
o Jesu, ich schreie mit den Jüngern: Herr, hilf uns,
wir verderben. Du werter Heiliger Geist, erwecke
mein Herz zum Gebet und Andacht, damit ich durch
dieses Ungewitter möge erweckt werden. Hilf, daß
ich hinfort achtgebe, wenn du durch dein heiliges
Wort an mein Herz schlägst. Du heilige Dreieinig=
keit, erbarme dich über mich und über alle from=
men Christen; bedecke mit deiner allmächtigen Hand
meinen Leib und Leben, Haus und Hof; bewahre
die Früchte auf dem Felde, laß den Blitz nicht mein
Haus entzünden und deine Donnerschläge mir nicht
schaden; sei du mein Beistand in der Not, denn
Menschenhilfe ist nichts nütze. Ach, du mächtiger
Schutzherr deiner Kinder, schau auf mich und laß
mich unter deinem Schutz und Schirm sicher wohnen.
Ach Herr, wer ist dir gleich, der du so majestätisch,
allmächtig und erschrecklich, aber auch so barm=
herzig und gnädig bist, daß du uns weckest und

deckest? Verschone meiner und laß mich auch dies=
mal Gnade und Errettung finden. Gott Vater im
Himmel, erbarm dich über uns! Gott Sohn, der
Welt Heiland, erbarm dich über uns! Gott Heiliger
Geist, erbarm dich über uns! Sei uns gnädig, ver=
schone uns, lieber Herre Gott! Sei uns gnädig,
hilf uns, lieber Herre Gott! Vor Feuer und Wassers=
not behüt uns, lieber Herre Gott! Vor einem bösen
schnellen Tod behüt uns, lieber Herre Gott!

Du heilige Dreieinigkeit! / Nimm Leib und Seel in deine
Hut, bewahr auch Häuser, Hab und Gut. / Verschon uns,
lieber Herre Gott, und wende von uns diese Not, / So wollen
wir zu aller Zeit stets rühmen deine Gütigkeit. Amen.

Dankgebet nach dem Gewitter

Mein Gott und Erretter! In Demut und von
ganzer Seele sagen wir dir billig Dank, daß du
durch deine große Güte dem Gewitter in Gnaden
ein Ende gemacht hast. Du sahest nicht auf die
Schwachheit und Unvollkommenheit unseres Ge=
betes. Du hast uns das Leben erhalten und vor
jedem Unfall uns bewahrt. Du hast die Früchte
des Feldes verschont. Was zur Nahrung unseres
Lebens dient, hast du segnend erhalten. Möchten
wir doch unsers Versprechens und deiner Befrei=
ung nicht wieder vergessen, gleich den ungetreuen
Knechten, die ihren Herrn nur dann fürchten,
wenn sie ihn erzürnt sehen. Möchten wir uns durch
deine Wohltaten antreiben lassen, dich von Herzen

zu lieben! Du hast unsern Schrecken gebannt. Schütze
uns ferner vor jeder Gefahr; reiße uns von dem
Irdischen los, damit wir uns nach dem Himmlischen
sehnen, um da, von aller Furcht befreit, deinen
Frieden mit Leib und Seele zu genießen durch
unsern Herrn und Heiland Jesum Christum.

Kein Sperling fällt, Herr, ohne Deinen Willen. / Sollt
ich mein Herz nicht mit dem Troste stillen, / Daß Deine
Hand mein Leben hält? Amen.

Vor der Reise

Der Herr behüte dich, der Herr ist dein Schatten über deiner
rechten Hand, daß dich des Tages die Sonne nicht steche
noch der Mond des Nachts. Der Herr behüte dich vor allem
Übel, er behüte deine Seele. Der Herr behüte deinen Ausgang und Eingang von nun an bis in Ewigkeit. Psalm
121, 5—8.

Gebet

Gnädiger und barmherziger Gott, ich habe mir
vorgenommen, auf einige Zeit mich von den Meinen
zu entfernen. Darum komme ich zu dir und bitte
dich: segne meinen Aus= und Eingang. In deinem
Namen will ich die Reise antreten, unter deinem
Geleite laß sie mich ausführen, und unter deinem
Schutze wollest du mich wieder nach Hause bringen.
Laß mich der Engel Heer und Schutz umgeben,
damit ich vor allem Unglück bewahrt bleibe. Du
Hüter Israel, der du weder schläfst noch schlum=
merst, sei bei Tag und Nacht eine feurige Mauer
um mich her, damit sich kein Unglück und Verder=

ben zu mir nahe. Begleite mich früh und spät mit deiner heiligen Engel Wacht. Begleite mich, wenn ich reise; bleibe bei mir, wenn ich ruhe; wache für mich, wenn ich schlafe; hab acht auf mich, wo ich mich hinwende, und laß mich deiner heiligen Obhut empfohlen sein. Bewahre mich, daß ich auf der Reise mich nicht lasse des Bösen gelüsten. Hilf, daß ich mit unbeflecktem Gewissen wieder nach Hause zurückkehre. Wende meine Augen ab, wenn sie etwas Böses sehen; wende mein Herz ab, wenn in ihm böse Lüste entstehen, bewahre mich, daß ich weder meinen Leib noch meine Seele auf dieser Reise beflecken möge. Ich befehle dir all das Meine, das ich zu Hause hinterlasse; bewahre es vor Dieben, vor Feuer= und Wassersnot und laß mich alles unverstört und unversehrt wieder antreffen. Ich befehle dir auch die Meinen, bleibe du bei ihnen; wende Gefahr, Schaden, Unglück und Krankheit in Gnaden von ihnen ab; laß mich sie gesund wiedersehen! Sei ihr Schutzherr; erhalte sie, begleite sie, bewahre sie und laß nicht eine traurige Botschaft vor meine Ohren kommen, sondern laß sie vor dir leben und deines Schutzes und deiner Gnade genießen. Herr Jesu, der du unter der Gestalt eines Wanderers mit den zwei Jüngern gereist bist, sei auch bei mir auf meiner Reise und erfülle mein Herz mit guten Gedanken. Gib mir fromme Gefährten! Mein Gott, in deinem Namen habe ich die Reise angetreten, in deinem Namen laß mich sie auch glücklich vollenden, so will ich dich mit den Meinen dafür herzlich loben und preisen unser Leben lang.

Send deinen Engel vor mir her, den Weg mir zu bereiten; / Befiehl, daß er dem Satan wehr und allen bösen Leuten. / Nimm mich, o Herr, in deinen Schutz, daß ihre List, Gewalt und Trutz mir nimmer könne schaden. Amen.

Gesang in der Fremde
Mel.: Wer nur den lieben Gott läßt walten

Mein Gott, ich bin in fremden Landen, entfernt von meines Vaters Haus; / Wer gehet mir allhier zuhanden? Wer hilft mir nun in Nöten aus? / Mein Gott, du meine Zuversicht: Verlaß mich in der Fremde nicht!

Mit dir bin ich von Haus gegangen auf meiner guten Freunde Rat; / Mit dir hab ich es angefangen und sprech derhalben früh und spat: / Bleib in der Fremde stets bei mir! Ich weiche nicht, mein Gott, von dir.

Beschere mir viel gute Freunde, an welchem Ort ich kehre ein, / Und lasse mir auch meine Feinde durch deine Gnad gewogen sein. / Du bist mein Freund, dich halte ich; auch in der Ferne lieb ich dich.

Behüte mich vor Sünd und Schanden, bewahre mein Gewissen rein / Und laß mir auch in fremden Landen, Herr, deine Furcht vor Augen sein, / Daß ich gedenk, dein Angesicht sieht, was in fremdem Land geschicht.

Hilf, daß ich dir getreu verbleibe in der erkannten Glaubenslehr, / Daß mich nichts von der Wahrheit treibe, nicht Reichtum, Wollust, Glück und Ehr; / Wer dich verleugnet in der Zeit, der bringt sich um die Seligkeit.

Gib mir, o Gott, auch deinen Segen, Beschere mir mein täglich Brot, / Sei stets bei mir auf meinen Wegen und sei mein Beistand in der Not; / Laß mich in deinem Segen stehn, ach Vater, laß mir's wohlergehn.

Ach segne mich im Schlaf und Wachen; ach segne meine Schritt und Tritt; / Ach segne mich in allen Sachen; ach, teil mir deinen Segen mit; / Gib mir ein frommes Herz dabei, damit ich recht gesegnet sei.

Um ein unverletztes Gewissen

Unser Ruhm ist dieser: das Zeugnis unseres Gewissens, daß wir in Einfalt und göttlicher Lauterkeit, nicht in fleischlicher Weisheit, sondern in der Gnade Gottes auf der Welt gewandelt haben, allermeist aber bei euch. 2. Korinther 1, 12.

Gebet

Herr, mein Gott, wie groß ist deine Güte und Liebe, die du an uns beweisest! Du gibst uns Leben und Gesundheit und lässest es uns wohlgehen nach deiner Barmherzigkeit. Dieses alles sind deine Geschenke und Gaben, aber sie werden uns wie ein bitterer Wermut werden, wenn in dem gesunden Leibe und bei allen Gaben und Gütern nicht ein reines und unverletztes Gewissen ist. Darum, mein Gott, erbarme dich über mich und erhalte mich in deiner Furcht, daß ich mein Gewissen nicht verletze. Das Gewissen ist wie das Auge; wenn nur das geringste Stäublein hineinkommt, ist es unruhig, es wird rot und man kann es nicht recht auftun; so geht's auch mit dem Gewissen: hat man etwas dagegen getan, so wird es unruhig, es verklagt, verdammt, und wenn es recht aufwacht, traut man sich nicht, seine Augen gen Himmel aufzuheben. Mein Gott, ich möchte gerne eine unver=

letzte Seele und ein reines Gewissen vor dein heiliges Angesicht bringen, darum regiere mich durch deinen Heiligen Geist, daß ich mit meinem Gewissen wie mit meinen Augen umgehen möge. Wie ist ein gutes Gewissen ein so edles Kleinod! Wer will mich verklagen, wenn mich mein Gewissen lospricht? Denn so uns unser Herz nicht verdammt, so haben wir eine Freudigkeit zu Gott durch unsern Herrn Jesum Christum. Wer kann mich betrüben, wenn mein Gewissen mich erfreut? Wer kann mich ängsten und kränken, wenn mich mein Gewissen tröstet und aufrichtet? Mein Gott, laß mich diesen Schatz wohl bewahren. Hilf mir, daß ich niemals etwas reden möge, was mir eine Gewissensangst bringen könnte. Gib, daß ich mir allezeit vorstelle deine allerheiligste Gegenwart und vor dir Böses zu tun mich scheue und daran denke, daß du ein Herzenskündiger bist, vor dem nichts verborgen ist; wenn ich mich schon nicht vor meinem Gewissen verbergen kann, wieviel weniger werde ich mich vor dir, allwissender Gott, verbergen können! Gib, daß ich aufsehe auf Jesum, meinen Heiland, und seinen heiligen Fußstapfen folge. Gib, daß ich dein Wort als meine Richtschnur nimmer von meinem Munde kommen lasse, daß ich durch Verleugnung meines Glaubens mein Gewissen nicht verwunde. Laß dein Wort meine Lebensregel sein, damit ich nicht vorsätzlich dawider sündige, sondern mich in allem meinem Tun danach richte. Herr Jesu, reinige mein Gewissen mit deinem heiligen Blut, verzeihe mir alle meine Sünden und schenke mir die stille und wahre Herzens- und Gewissensruhe. Dein Heiliger Geist führe mich allezeit auf ebener Bahn, so wird mein Gewissen unverletzt und deine Wohnung in meinem Herzen ungestört bleiben.

O Gott, du frommer Gott, du Brunnquell guter Gaben, Ohn den nichts ist, was ist, von dem wir alles haben: / Gesunden Leib gib mir, und daß in solchem Leib / Ein unverletzte Seel und rein Gewissen bleib. Amen.

Gesang
Mel.: O Gott, du frommer Gott

Ist mein Gewissen frei, so laß die Leute sagen, / Was ihnen nur beliebt; was darf ich danach fragen, / Was man mir falsch nachsagt und übel von mir spricht? / Weiß doch mein Gott recht wohl, wie unrecht mir geschicht.

Ist mein Gewissen frei, so kann es mir nicht schaden. / Ob man mich schon verdammt; bin ich bei Gott in Gnaden, / Was frag ich nach der Welt? Mein Richter ist ja Gott, Drum ficht mich gar nicht an der Widersacher Spott.

Ist mein Gewissen frei, so kann ich fröhlich beten / Und darf vor meinen Gott in Freudigkeit hintreten; / Gott sieht und kennt mein Herz, dem ist es aufgedeckt, / Der weiß, daß ich nicht bin mit dieser Sünd befleckt.

Ist mein Gewissen frei, so kann ich stilleschweigen, / Weil meine Unschuld sich wird mit der Zeit schon zeigen. / Ihr Richter, denkt daran, Gott kennet euch und mich, / Drum sprecht hinfort nicht mehr von mir so freventlich.

Verleihe mir Geduld, daß ich es kann ausstehen, / Wenn man läßt über mich ein schnödes Urteil gehen; / Ach, rechne keinem doch die Missetaten zu und gib mir Freudigkeit und innre Seelenruh.

Am Geburtstag

Wie soll ich dem Herrn vergelten alle seine Wohltat, die er an mir tut? Psalm 116, 12.

Gebet

Ewiger, gütiger und barmherziger Gott, ich habe heute durch deine Gnade wieder meinen Geburtstag erlebt. Darum soll dieser Tag mein Lob-, Bet- und Danktag sein. „Lobe den Herrn, meine Seele, und was in mir ist, seinen heiligen Namen; lobe den Herrn, meine Seele, und vergiß nicht, was er dir Gutes getan hat." „Preiset mit mir den Herrn und lasset uns miteinander seinen Namen erhöhen! Ich will den Herrn loben allezeit, sein Lob soll immerdar in meinem Munde sein." Sollte ich dich nicht loben und preisen, mein Gott, dafür, daß du mich mit gesunden Gliedern und von christlichen Eltern hast geboren werden lassen. Ich bin in deinen Armen auferzogen, du hast mich in den folgenden Jahren begleitet, hast mir Nahrung und Kleidung gegeben und mich bis auf diesen Tag gnädiglich erhalten. Mein Gott, ich bin zu gering aller Barmherzigkeit und Treue, die du an mir getan hast. Kommt her, höret zu, ich will erzählen, was der Herr an meinem Leib und an meiner Seele getan hat. Aber ich kann es nicht alles erzählen; die Sterne am Himmel kann man eher zählen als die Gnadengaben, die ich von dir empfangen habe. Aus wieviel Gefahren hast du mich errettet, wieviel Unglück abgewendet! Dein Geist hat mich gelehrt, regiert, geführt, und wenn ich sündigen wollte, mich gewarnt und zurückgehalten. Meine Sünden verzeihe mir um Jesu willen; tilge sie mit seinem heiligen Blute und laß mich um seinetwillen Gnade finden. Verleihe mir deine Barmherzigkeit, daß ich die übrigen Tage meines Lebens in wahrer Gottesfurcht und Frömmigkeit hinbringe, auf daß dir all mein Tun und Leben wohlgefalle! Und weil ich nicht weiß, wieviel meiner Tage auf Erden werden sollen, hingegen aber gewiß bin, daß du mir ein Ziel gesetzt hast, welches ich nicht übergehen kann, so bewahre mich, daß ich mein Leben nicht selbst verkürze durch Zorn, Unmäßigkeit, Sünden, Verwegenheit und Freveltaten, vielmehr laß mich die mir bestimmten Lebensjahre in Gesundheit, in deinem Segen, unter deinem Schutz glücklich erreichen, bis du mir für dieses irdische und vergängliche Leben das ewige und himmlische geben wirst. Bis dahin will ich diesen Tag, sooft ich ihn erleben darf, dir zu Ehren mit Lob und Dank feiern.

Nun lob, mein Seel, den Herren, was in mir ist, den Namen sein; / Sein Wohltat tut er mehren, vergiß es nicht, o Herze mein! / Hat dir dein Sünd vergeben und heilt dein Schwachheit groß, errett't dein armes Leben, nimmt dich in seinen Schoß; / Mit reichem Trost beschüttet, verjüngt, dem Adler gleich, / Der Herr schafft Recht, behütet, die leiden in sei'm Reich.   Amen.

Gesang

Mel.: O Gott, du frommer Gott

Auf, jauchze heut, mein Herz, laß deine Stimm erklingen, / Ich will dir, treuer Gott, ein Freudenopfer bringen, / Der meinen Leib bewahrt und meinen Geist erquickt / Und mich bis diese Stund mit seinen Gaben schmückt.

Du wollest auch zugleich, mein Vater, mir vergeben, / Womit ich dich betrübt in meinem ganzen Leben; / Lösch aus mit Christi Blut die Schuld und Missetat, / Womit dich Herz und Mund gar oft erzürnet hat.

Ich will durch deine Gnad hinfort nicht von dir weichen; / Laß mich des Lebens Ziel in dieser Welt erreichen, / Das du bestimmet hast, daß ich in Frömmigkeit / Hinbringe dir zum Preis die künftge Lebenszeit.

Sooft ich diesen Tag werd wiederum erleben, / So will ich Herz und Mund zu dir, mein Gott, erheben, / So fang ich jedes Jahr wie neugeboren an; / Es ist doch lauter Gnad, was du an mir getan.

Nun, ich befehle dir bis an mein letztes Ende / Mein' Leib und meine Seel in deine Vaterhände. / Bleib doch mein Lebenslicht, mein Tröster, Helfer, Stab, / Bis ich mit deiner Hilf, den Lauf vollendet hab.

Und weil ich weiß, daß ich nicht ewig werde leben, / So wollest du aus Gnad den Himmel dort mir geben; / So bin ich reich genug und glücklich auf der Erd, / Wenn ich bei dir, mein Gott, im Himmel leben werd.

II

Für Betrübte

Gottes Allmacht

Fürchte dich nicht, ich bin bei dir; weiche nicht, denn ich bin
dein Gott! Ich stärke dich, ich helfe dir auch, ich erhalte
dich durch die rechte Hand meiner Gerechtigkeit. Jesaias 41, 10.

Gebet

Du gütiger, freundlicher Gott, du weißt und
siehst, wie mein Herz betrübt ist; es liegt auf ihm
ein schwerer Stein, den ich nicht abwälzen kann,
eine harte Last, die ich kaum tragen kann. Darum
komme ich zu dir, allmächtiger Gott! Ich schütte
mein Herz vor dir aus, der du meine Zuversicht
bist; ich werfe meine Anliegen von mir auf dich
und bitte dich, du wollest mich versorgen, mich
erretten und mir beistehen. Das von Wellen gejagte Schifflein hält sich an dem Anker, und ich
halte mich an dich, lebendiger und starker Gott!
Das gejagte Wild eilt zu den Bergen, und ich hebe
meine Augen auf zu dir, du mein Fels, mein Erretter und mächtiger Schutzherr! Ich will nicht verzagen; ich weiß, daß du ein allmächtiger Gott
bist, du kannst helfen. Darum, Herr, hilf mir,
so ist mir geholfen, sprich nur ein Wort, so erlange

ich Hilfe. Mein Gott, ich weiß, du bist barmherzig, darum erbarme dich jetzt auch über mich Elenden. „Du weißt mein Schmerz, erkennst mein Herz, hast du mirs aufgelegt, so hilf mirs tragen." Ich weiß, du bist ein weiser Gott, du wirst Mittel und Wege wissen, die mir jetzt unbekannt sind. Ach zeige mir ein Trostbrünnlein; sage mir Hilfe zu, beweise deine große Güte an mir! Laß die Bande meines Elends und Jammers von meinem Herzen fallen. Laß dein Freudenlicht in mir aufgehen, dadurch du mich versicherst: Ich will dich nicht verlassen noch versäumen; ich habe dich einen kleinen Augenblick verlassen, aber mit ewiger Gnade will ich mich über dich erbarmen. Ich weiß, du bist ein treuer Gott, der noch keinen verlassen hat, darum wirst du mich auch nicht verlassen. Siehe, Herr, mein Gott, wie hier eine elende und hilflose Seele vor deinem Gnadenthron liegt; sende mir Hilfe vom Heiligtum und stärke mich aus Zion. Herr, ich lasse dich nicht, du segnest mich denn. Mein Gott und Vater, wenn du mir nicht hilfst, wer soll mir denn helfen? Auf dich bin ich geworfen von Mutterleibe an, da hast du mich in die Arme deiner unermüdeten Barmherzigkeit genommen und bisher darin getragen; ach, darum laß mich auch jetzt darin Hilfe finden.

Ach Gott, erhör mein Seufzen und Wehklagen, laß mich in meiner Not nicht gar verzagen, / Du weißt mein' Schmerz, erkennst mein Herz, / Hast du mir's aufgelegt, so hilf mir's tragen. Amen.

Gesang

Mel.: O Gott, du frommer Gott

Ach, wo ist nun mein Gott?, so muß ich heute fragen, / Weil ich von nichts als Kreuz und Trübsal weiß zu sagen; / Weil tausend Kreuz und Leid sich stellet bei mir ein, / So scheint es, ich muß gar von Gott verlassen sein.

Ach, wo ist nun mein Gott? hat er mir doch verheißen, / Er wolle bei mir sein und mich der Not entreißen; / Warum verzieht er denn, verbirgt sein Angesicht, / Als wär es nicht mein Gott, als kennt' er mich jetzt nicht?

Ach, wo ist nun mein Gott in diesen meinen Nöten, / Die an das Leben gehn und mich fast wollen töten? / Zwar seine Allmacht ist mir allzuwohl bekannt, / Und doch empfind ich nicht die starke Helfershand.

Ach, wo ist nun mein Gott? Will er sich nicht erbarmen? / Sieht er nicht meine Not? Kennt er nicht mehr mich Armen? / Ach ja, ich bin gewiß, daß die Barmherzigkeit / Mich einst erfreuen wird; allein wann kommt die Zeit?

Doch was betrübst du dich, mein Herz, mit solchen Fragen? / Gott lebet ja jetzt noch, was willst du immer klagen? / Der dich mit seiner Hilf erfreuet ohne Zahl, / Der hilft gewißlich dir, glaub's nur, auch dieses Mal.

Verzage nicht an Gott; willst du den nicht mehr kennen, / Der ja dein Vater ist und den du pflegst zu nennen / Den allerbesten Freund? Drum stell dein Trauern ein / Und zweifle nicht, er wird dein Freund und Vater sein.

Mein Gott, ich hoff auf dich, ach, laß die Stunde kommen, / Da meine große Last mir werde abgenommen; / Indessen steh bei mir und hilf mir gnädiglich, / Ach Gott, erbarme dich, ach Gott, erhöre mich.

Gottes Liebe

Ich habe dich einen Augenblick verlassen, aber mit großer
Barmherzigkeit will ich dich sammeln. Ich habe mein An=
gesicht im Augenblick des Zorns ein wenig vor dir ver=
borgen, aber mit ewiger Gnade will ich mich dein erbar=
men, spricht der Herr, dein Erlöser. Jes. 54, 7—8.

Gebet

Der Herr ist bei mir, darum fürchte ich mich nicht.
Du bist mein Hort, mein Fels, meine Burg und mein
Erretter! Also seufze ich, mein Gott, in meiner
jetzigen Betrübnis und Angst. Herr, du weißt ja
wohl, wie wehe mir ums Herz ist. Aber ich weiß
auch, daß mich diese Not nicht unterdrücken wird,
wenn du mir beistehst. Verbirg doch dein Ange=
sicht nicht länger vor mir! Du hast mir von Jugend
auf viel Gutes erwiesen, mit solcher Liebe um=
fasse mich auch jetzt in der Betrübnis meiner Seele.
Ein Schäflein flieht, wenn es gejagt wird, zu
seinem Hirten, ein Kind, wenn es geängstigt wird,
zu seinem Vater. Darum komme auch ich, mein
Hirte und Vater, zu dir. Großer Gott, du hast mir
versprochen: „Ich bin bei dir in der Not, ich will
dich herausreißen; fürchte dich nicht, ich bin bei
dir, weiche nicht, ich bin dein Gott; ich stärke dich,
ich erhalte dich durch die rechte Hand meiner
Gerechtigkeit. Ich will dich nicht verlassen noch
versäumen." Nun, großer Gott, jetzt habe ich Hilfe
nötig, jetzt stehe mir bei, jetzt weiche nicht von mir,
jetzt verlaß mich nicht. Du hast mich je und je ge=

liebet und aus großer Liebe haſt du mich zu dir gezogen. Umfaſſe mich auch jetzt mit deinen Liebesarmen; erhalte mich, daß ich nicht ſinke; erquicke mich in meinen Leiden; laß mich hören Freud und Wonne, daß die Gebeine fröhlich werden, die du zerſchlagen haſt. Beweiſe auch an mir, was andere von deiner Liebe und Güte rühmen, damit ich mit ihnen deinen großen Namen preiſen möge. Du Gott der Liebe, verſiegle den Troſt in meinem Herzen, du habeſt mein nicht vergeſſen, ſowenig wie ein Vater ſeines Kindes vergeſſen kann. Treuer Vater, ſiehe, dein Kind iſt betrübt, erfreue es, es iſt voller Angſt, erbarme dich und hilf ihm.

Ich will, ſolang ich lebe noch, das Kreuz dir fröhlich tragen nach, / Mein Gott, mach mich dazu bereit, / Es dient zum Beſten allezeit.   Amen.

Geſang
Mel.: Wer nur den lieben Gott läßt walten

Mich ſoll kein Kreuz von Gott abtreiben, und wär es noch ſo ſchwer und groß; / Mein Vater, du wirſt bei mir bleiben, ach nimm mich auf in deinen Schoß; / In Trübſal Kreuz und aller Not verlaß ich mich auf meinen Gott.

Ich weiß, es ſteht in Gottes Händen, was mich betrübt und heftig quält; / Ich weiß, er kann es leichtlich wenden, weil es ihm nicht an Mitteln fehlt; / In Trübſal, Kreuz und aller Not verlaß ich mich auf meinen Gott.

Ich weiß, Gott wird nicht von mir weichen; wo Kreuz iſt, da iſt Gott nicht weit; / Er wird mir ſeine Hand darreichen, der Vater hilft zur rechten Zeit; / In Trübſal, Kreuz und aller Not verlaß ich mich auf meinen Gott.

Ja, ja, wenn Gottes Stund wird schlagen, so höret auch mein Elend auf; / Indessen will ich's willig tragen, Gott hemmt der wilden Wellen Lauf; / In Trübsal, Kreuz und aller Not verlaß ich mich auf meinen Gott.

Der Vater wird sein Kind erhören, drum halt ich ihm im Glauben still; / Er wird mir meine Bitt gewähren, daß ich ihm ewig danken will; / In Trübsal, Kreuz und aller Not verlaß ich mich auf meinen Gott.

Gottes Hilfe

Ich hebe meine Augen auf zu den Bergen, von welchen mir
  Hilfe kommt; meine Hilfe kommt vom Herrn, der Him=
  mel und Erde gemacht hat.   Psalm 121, 1–2.

Gebet

Wenn ich betrübt bin, denke ich an Gott. Wohin soll ich mich anders wenden, an wen soll ich anders denken in meinem Leiden als nur an dich, mein Gott? Du hast mich noch nie betrübt von deinem allerheiligsten Angesicht weggehen lassen. Darum höre auch jetzt mein Gebet, vernimm mein Schreien, mein König und mein Gott! Wenn ich rufe, so schweige mir nicht, sondern erhöre mich bald. Von deiner Hand ist mir das Leiden, das ich trage, zugeschickt worden, du kannst mich auch nach deiner Barmherzigkeit wieder davon befreien. Du, Herr, tötest und machst lebendig, du führst in die Hölle und wieder heraus. Du, Herr, machst arm und reich, du erniedrigst und erhöhst. Du erhebst den

Dürftigen aus dem Staub, darum spreche ich im Glauben: Herr, hilf mir! Du kannst helfen, du bist ja ein allmächtiger Gott, du willst mir helfen, denn du hast es mir verheißen. Vater, willst du dein Kind verlassen? Du hast gesagt: „Ehe sie rufen, will ich antworten, und wenn sie noch reden, will ich hören; mein Herz bricht mir gegen dich, daß ich mich dein erbarmen muß." Ach, erhöre mich auch, höre das Geschrei meines Herzens. Jedoch, mein Vater, ich weiß, daß du mich allezeit erhörst, darum will ich dir auch nicht Zeit und Stunde vorschreiben, wann du helfen sollst, ich will gerne auf deine Hilfe warten. Stärke mich indessen durch deinen Heiligen Geist; stärke meinen Glauben, meine Hoffnung, mein Vertrauen; gib mir Geduld und Kräfte, mein Leiden zu tragen. Ach, mein Vater, du hast noch keinen verlassen, verlaß mich auch nicht; du hast Betrübte allezeit erfreut, erfreue mich auch; du hast den Elenden geholfen, hilf auch mir! Wann, wie und wo du willst, das alles sei deiner Weisheit und Gnade gänzlich anheimgestellt. So sei denn wieder zufrieden, meine Seele! Was betrübst du dich und bist so unruhig in mir? Harre auf Gott, denn ich werde ihm noch danken, daß er meines Angesichts Hilfe und mein Gott ist.

Herr Jesu Christe, Gottes Sohn, zu dir steht mein Vertrauen, / Du bist der rechte Gnadenthron, wer nur auf dich wird bauen, / Dem stehst du bei in aller Not, hilfst ihm im Leben und im Tod, / Darauf ich mich verlasse. Amen.

Gesang

Mel.: Zion klagt mit Angst und Schmerzen

Hat mich Gott denn gar verlassen jetzt in meiner Traurigkeit? / Ich weiß keinen Trost zu fassen in dem bittern Kreuz und Leid; / Ach, wo ist doch nun mein Gott in der großen Angst und Not? / Ach, wo soll ich ihn doch finden, Da die Not nicht will verschwinden?

Willst du meiner nicht gedenken? Denk doch, daß du Vater bist; / Soll das Leiden nicht versinken, das so hart und heftig ist? / Siehe, was ich von dir such, ist ja nichts als dein Verspruch; / Wirst du diesen mir erfüllen, so wird sich mein Jammer stillen.

Doch was will ich mich betrüben? Ich weiß, Gott verläßt mich nicht; / Er will meinen Glauben üben und auch meine Zuversicht; / Scheint er fern von mir zu sein, so gedenkt er dennoch mein; / Seine Lieb kann mich nicht hassen noch mich in der Not verlassen.

Darum will ich nicht verzagen, geht es mir gleich wunderlich; / Meine Not will ich ihm klagen, er wird helfen väterlich. / Meine Not ist ihm bekannt und mir seine starke Hand; / Diese kann mein Leiden wenden und mir seine Hilfe senden.

Es wird schon die Stunde kommen, kommt sie auch noch nicht gleich heut, / Da mein Leid wird weggenommen, da mein Vater mich erfreut. / Vielleicht ist die Stunde nah, ja, vielleicht ist sie schon da, / Da es heißt: Du bist erhöret, dir ist deine Bitt gewähret.

Sei getrost, o meine Seele, fasse dich in deinem Gott, / Sage, klage und befehle ihm alleine deine Not; / Und dann schweige gänzlich still, es geschehe Gottes Will, / Er wird mit den Gnadenblicken dich zu seiner Zeit erquicken.

Gottes Barmherzigkeit

Barmherzig und gnädig ist der Herr, geduldig und von großer Güte. Er wird nicht immer hadern noch ewiglich Zorn halten. Wie sich ein Vater über Kinder erbarmet, so erbarmet sich der Herr über die, so ihn fürchten.

Psalm 103, 8—9. 13.

Gebet

Du gnädiger Gott, dessen Barmherzigkeit kein Ende hat, dessen Güte alle Morgen neu wird; siehe, ich bekümmerte und betrübte Seele trete vor dein allerheiligstes Angesicht und schütte meinen großen Kummer vor dir aus. Dir ist mein Jammer und großes Elend wohl bekannt; meine Seele ist betrübt, mein Geist ist geängstet, und Leiden haben mich umgeben ohne Zahl. Ich sehe mich nach Helfern um, aber ich finde keine. Aber dir, Gott, klage ich es mit betrübtem Herzen; ich weiß, du bist barmherzig und lässest dich unser Elend jammern. Es jammerte dich der betrübten Witwe, die da weinte um ihr Kind; es jammerte dich des Volkes, welches nichts zu essen hatte, und dein Jammer war mit Erbarmen und Helfen verbunden. Darum komme ich zu dir und spreche: Erbarme dich über mich! Ich bin dein Geschöpf, darum wirst du das Werk deiner Hände nicht lassen. Ja, ich bin mehr, ich bin auch dein Kind, das du in der heiligen Taufe in die Arme deiner Barmherzigkeit genommen hast, darum spreche ich: Ach, mein Vater, erbarme dich deines armen und ver=

lassenen Kindes. Mein Jesu, ich bin ja mit deinem heiligen Blut erkauft, darum wirst du dich deines Eigentums erbarmen. Du werter Heiliger Geist, lege das Zeugnis in meine Seele, daß ich bei allem meinem Leiden dennoch ein Kind Gottes bin, und wenn ich im Beten matt werde und fast nicht mehr beten kann, so schreie du in mir das Abba, lieber Vater! Siehe, ich sinke, ach biete mir deine Hand! Herr, hilf mir, Herr, stehe mir bei! Laß deine Barmherzigkeit groß an mir werden und gib mir Freudigkeit des Herzens! Nach deiner großen Barmherzigkeit stärke meinen Glauben, erhalte mich in meinem Elend, gib mir alle Tage neue Kräfte, daß mein Glaube nicht aufhöre, meine Hoffnung nicht sinke, mein Vertrauen auf dich nicht schwach werde. Du hast mich ja noch niemals verlassen; so verlaß mich auch jetzt nicht, hilf deinem Kinde, das zu deiner Barmherzigkeit allein seine Zuflucht nimmt.

Ach, ich kenn sein Vaterherz, es ist schon auf Hilf bedacht, / Meine Trübsal, Angst und Schmerz, und was mich sonst traurig macht, / Es wird alsogleich sich wenden, wenn er mir wird Hilfe senden; / Drum, mein Vater, komm zu mir, Herz und Auge sieht nach dir.   Amen.

Gesang

Mel.: O Gott, du frommer Gott

Wohl dem, der Gott vertraut in allen seinen Sachen /
Und alles dem heimstellt, der es weiß wohl zu machen; /
Wohl dem, der da sein Haupt nur legt in Gottes Schoß, /
Der wird ganz ruhig sein und vieler Sorgen los.

Wohl dem, der Gott vertraut: Kannst du kein Mittel finden / Und meinest, deine Not wär nicht zu überwinden, / So trau dem weisen Gott, der alle Hilfe hat, / Bei dem ist Rat und Tat, wenn du bist ohne Rat.

Drum will ich immerdar dir, meinem Gott, vertrauen, / Auf deine Vaterhand in meiner Trübsal schauen; / Ach Gott, ich komm zu dir, ach sorge du für mich, / Ach nimm dich meiner an und hilf mir gnädiglich!

Wohlan, ich traue Gott, es mag mir nun auch gehen, / Wies meinem Gott gefällt; ich bleib darauf bestehen, / Daß Gott den nicht verläßt, der feste auf ihn baut, / Weil dem geholfen wird, der seinem Gott vertraut.

Gottes Verheißungen

Er begehrt mein, so will ich ihm aushelfen, er kennt meinen Namen, darum will ich ihn schützen. Er ruft mich an, so will ich ihn erhören. Ich bin bei ihm in der Not, ich will ihn herausreißen und zu Ehren bringen. Ich will ihn sättigen mit langem Leben und will ihm zeigen mein Heil.

Psalm 91, 14—16.

Gebet

Herr, mein Gott, mein Herz hält dir vor dein Wort: Ihr sollt mein Antlitz suchen; darum suche ich auch, Herr, dein Antlitz. Ich weiß in meiner Bekümmernis nirgends Trost, Rat und Hilfe zu finden als bei dir, wo es mein Herz allezeit gefunden hat; besonders suche ich meinen Trost in deinen herrlichen Verheißungen. Darin finde ich die wahre und lebendige Quelle, mich in meiner Seelenangst zu erquicken. Ich gehe in dein Heilig=

tum und suche in deinem heiligen Wort lebendiges Wasser für meine durstige Seele. Du hast gesagt: „Ich bin bei dir in der Not, ich will dich herausreißen." Herr, die Angst meines Herzens ist groß, führe mich aus meinen Nöten. Du hast gesagt: „Fürchte dich nicht, ich bin bei dir, weiche nicht, ich bin dein Gott, ich stärke dich, ich erhalte dich durch die rechte Hand meiner Gerechtigkeit. Es sollen wohl Berge weichen und Hügel hinfallen, aber meine Gnade soll nicht von dir weichen." Herr, so erbarme dich doch meiner, weiche nicht von mir, verwirf mich nicht von deinem heiligen Angesicht, dein freudiger Geist erhalte mich. Dein heiliges Wort stellt dich vor als einen mächtigen Gott, einen liebreichen Vater, einen starken Helfer, einen gnädigen Beistand, einen gewissen Erretter; darauf verlasse ich mich, des tröste ich mich. Darum sei wieder zufrieden, meine Seele, der Herr verstößt nicht ewiglich, er betrübt wohl, aber er erbarmt sich wieder nach seiner großen Güte. „Was betrübst du dich, meine Seele, und bist so unruhig in mir? Harre auf Gott!" „Meine Seele wartet auf den Herrn von einer Morgenwache zur andern, meine Seele wartet auf den Herrn bis er uns gnädig werde."

Auf ihn will ich vertrauen in meiner schweren Zeit, / Es kann mich nicht gereuen, er wendet alles Leid. / Ihm sei es heimgestellt, / Mein Leib, mein Seel, mein Leben, sei Gott dem Herrn ergeben, / Er machs, wies ihm gefällt. Amen.

Gesang

Mel.: Alle Menschen müssen sterben

Wann wird Gottes Stunde kommen? Ach, wann endlich kommt die Zeit? / Ach, wann wird mir abgenommen meine Klage, Kreuz und Leid? / Seufz ich doch danach von Herzen, wart ich doch darauf mit Schmerzen, / Es spricht oft mein matter Mund, ach, wann schläget Gottes Stund?

Ja, ich zähle Tag und Stunden und fast jeden Glockenschlag, / Bis ich habe Hilf gefunden. In der Nacht, wie an dem Tag / Sprech ich öfter noch mit Weinen: Ach, wann wird die Stund erscheinen, / Die zur Hilfe ist bestimmt, die mein Leiden von mir nimmt?

Herr, laß deine Stund anbrechen, deine Stund, o lieber Gott! / Laß mich einmal fröhlich sprechen: Nunmehr hört er meine Not; / Nach dem Jammern, nach dem Schreien laß mir Hilfe angedeihen, / Alle Not bricht gleich entzwei, wenn die Stunde kommt herbei.

Du, mein Vater, hör mein Flehen, sieh, es betet Herz und Mund, / Laß mich bald voll Freude sehen die ersehnte Hilfestund; / Wirst du deine Stunde schicken, so wird sich mein Geist erquicken. / Ach, mein Vater, höre mich, höre mich doch gnädiglich.

Gottes Absichten im Kreuz

Alle Züchtigung aber, wenn sie da ist, dünkt uns nicht Freude, sondern Traurigkeit zu sein, aber darnach wird sie geben eine friedsame Frucht der Gerechtigkeit denen, die dadurch geübt sind. Hebr. 12, 11.

Gebet

Mein Gott, der du mich jetzt in so große Traurigkeit und Betrübnis setzest, daß mein Herz ge=

ängstet, mein Mund voll Seufzen, meine Augen voll Tränen sind; ich weiß nicht, wohin ich mich wenden soll. War ich nicht glücklich? Hatte ich nicht Ruhe? Woher kommt solche Unruhe? Ach, mein Jammer ist groß, aber ich will nicht von dir fliehen, mein Hirte! Hast du mich durch diesen harten Schlag niedergeworfen, so richte mich wieder auf mit deinem kräftigen Wort, damit ich erwägen möge, warum du mir dieses Elend zugeschickt hast. Ich weiß ganz gewiß, daß dieses Kreuz mich nicht zu meinem Verderben betroffen hat oder damit es meiner Seele Schaden bringen soll; nein, du Liebhaber des Lebens, das ist dein Wille nicht, mich zu verderben. Sondern da du mich in solch traurigen Zustand setzest, willst du meine Liebe prüfen, ob ich dich auch in bösen wie in guten Tagen lieben will. Du willst meinen Glauben prüfen, ob ich auch glaube, du seiest ein allmächtiger, weiser, barmherziger Gott, der mich aus diesem Elend erretten und im Elend erhalten kann. Du willst meine Geduld prüfen, ob ich dir zu Ehren das Kreuz gerne tragen will. Du willst mein Vertrauen prüfen, ob ich auf dich und deine Gnade und Barmherzigkeit vertraue. Du willst meine Hoffnung prüfen, ob ich hoffen will, wo nichts zu hoffen ist, und deinem Wort und deinen Verheißungen Glauben schenke. Gnädiger Gott und Vater, du willst mich dadurch von der Welt, ihren Lüsten, Sünden und Gewohnheiten abziehen, daß ich mich allein zu dir wenden und zu dir halten soll. Mein Gott, ich will so werden, wie du mich haben willst, ich will das tragen, was du mir auferlegst; gib mir deinen Heiligen Geist, der mir dazu Kraft und Vermögen mitteile. Ich will gerne geduldig sein und dir stillehalten, es währe so lang, als es wolle. Ich will mich auch der Welt entschlagen und dir allein anhangen, daß ich ein Geist mit dir werde; so wird dieses Kreuz mich reinigen und meiner Seele nütze sein. Die Hilfe wird schon anbrechen zu rechter Zeit.

Gott wird mich nicht verlassen, ob ich verlassen bin; / In Gott will ich mich fassen, mein Herz, Gemüt und Sinn / Soll treulich an ihm halten und ihm vertrauen fest, / Und den nur lassen walten, der mich niemals verläßt.   Amen.

Gesang
Mel.: Wer nur den lieben Gott läßt walten

Ich gebe mich in Gottes Willen, wenn Kreuz und Trübsal mich anficht; / Mein Jesus kann den Jammer stillen, ob man mir alle Hilf abspricht, / Und ob es mir gleich weh tut, so ist doch dieses Kreuz mir gut.

Das Kreuz gehört mit zu den Dingen, die anfangs gehen bitter ein / Und gleichwohl großen Segen bringen, wenn sie nun ausgestanden sein; / Fühl ich gleich oft die scharfe Rut, so ist doch dieses Kreuz mir gut.

Wenn meine Feinde mich verlachen, dazu ich keinen Anlaß geb, / So will mich Gott demütig machen, daß ich mich nicht zu hoch erheb; / Ich achte nicht der Feinde Wut, vielleicht ist dieses Kreuz mir gut.

Weiß ich gleich nichts von guten Tagen, hingegen viel von Herzeleid, / So führt mich Gott, das kann ich sagen, auch dadurch zu der Frömmigkeit; / Zwar kränkt es heftig Fleisch und Blut, jedoch ist dieses Kreuz mir gut.

Ich sehe wohl in allem Leiden, und wenn sich's noch so hart erweist, / Daß es mich nicht von Gott will scheiden, vielmehr zu ihm mich fliehen heißt; / Er reißt mich aus der Höllenglut, drum ist auch dieses Kreuz mir gut.

Um Geduld und Stärke

Werfet euer Vertrauen nicht weg, welches eine große Belohnung hat. Geduld aber ist euch not, auf daß ihr den Willen Gottes tut und die Verheißung empfangt. Hebr. 10, 35—36.

Gebet

Herr, mein Gott, mein Seufzen ist dir nicht verborgen, mein Elend ist dir wohlbekannt; dies ist mein Trost, daß ich weiß, es kommt von deiner Hand; ich habe es mir nicht gemacht, sondern du hast es mir auferlegt; "hast du mir's aufgelegt, so hilf mir's tragen." Und weil die Geduld auch unter die guten Gaben gehört, die von oben kommen, so verleihe mir diese nach deiner Barmherzigkeit. Wenn du mich stärkst, wenn du mir hilfst, so vermag ich alles, so wird es mir nicht zu schwer werden; "ich vermag alles durch den, der mich mächtig macht, Christus". Greife mich auch nicht zu heftig an, damit ich es ertragen kann. Habe Geduld mit meiner Schwachheit, stärke die müden Hände, erhalte die strauchelnden Knie, sage meinem verzagten Herzen: Dein Gott ist König, dein Jesus ist bei dir, dein König kommt zu dir, ein Gerechter und ein Helfer. Ja, wenn

du mir hilfst, so ist mir geholfen; darum hilf mir, mein Heil. Stelle doch meiner Seele vor, es sei dein heiliger Wille, daß ich so leiden und mein Kreuz tragen soll; stelle mir deine Liebe vor, daß du mich unter dem Kreuz und in der Betrübnis dennoch liebst, daß mein Leiden nur eine kleine Zeit dauern werde, ja, daß dieser Zeit Leiden nicht wert sei der Herrlichkeit, die an uns soll offenbar werden. Hilf, daß ich erkenne, daß du mein gnädiger Gott und liebreicher Vater bist, daß dieses Kreuz nicht ein Zeichen des Zorns, sondern der Gnade ist. Gib, daß ich meinem Jesus in solcher Stille und Gelassenheit durch deine Gnade nachfolge; gib, daß ich mit ihm dulde und leide, damit ich mit ihm zur Herrlichkeit erhoben werde. Laß mein Kreuz dein Wort nicht aus meinem Herzen reißen, meinen Glauben nicht schwächen, noch das Gebet verhindern, sondern gib mir neue Kraft und neuen Mut, wenn ich einen Sturm bestehen muß. Stelle mir vor, daß mich deine Hilfe bald erfreuen und dein kräftiger Beistand mich erquicken werde.

Du bist mein Stärk, mein Fels, mein Hort, / Mein Schild, mein Kraft, sagt mir dein Wort, / Mein Hilf, mein Heil, mein Leben, / Mein starker Gott in aller Not; / Wer mag dir widerstreben? Amen.

Gesang
Mel.: O Gott, du frommer Gott

Mein Gott, verzieh doch nicht, ach sieh, wie ich muß weinen; / Wann willst du, o mein Licht, zu meinem Trost erscheinen? / Zu Hause hab ich Kreuz, und geh ich ein und aus, / So geht mein Leiden mit und kommt mit mir nach Haus.

Durch langes Leiden will mir die Geduld verschwinden, / Weil sich die Linderung so gar nicht will einfinden: / Ich warte von dem Tag bis zu der stillen Nacht, / Und in der Nacht bin ich schon auf den Tag bedacht.

Willst du denn länger noch, mein Gott, die Hilf verziehen? / Wie wird es mir ergehn? Ach, wohin soll ich fliehen? / Ach, Gott, verzieh doch nicht, ach, eile bald herbei! / Ach, Herr, wann machst du mich von meinen Banden frei?

Die Hilfe steht bei dir, sie steht in deinen Händen, / Du kannst mit einem Wort mein Leiden schleunig wenden. / Ach, wende dich zu mir, komm und errette mich, / Erleichtre mir mein Kreuz, ach Gott, erbarme dich.

Das Leiden ist nicht schwer, wenn du mir hilfest tragen; / Ich will, wenn du mich trägst, von keinem Leiden sagen; / Denn trägest du mit mir, so trägst du das Gewicht, / Ich habe zwar das Kreuz und fühl die Last doch nicht.

Ach ja, mein Herr und Gott, laß mich die Stund erblicken, / Daß du nach meinem Leid mich endlich wirst erquicken; / Ach, schenke mir dereinst die lang erwünschte Stund, / Danach das Herze seufzt und der betrübte Mund.

Wirst du mir diese Gnad, o großer Gott, erweisen, / So will ich, weil ich leb, dafür dich herzlich preisen; / Mein Freudenwort soll sein nach ausgestandner Not: / Wie gnädig ist doch Gott, der Herre Zebaoth!

Um Wegnahme der Trübsal

Ich winselte wie ein Kranich und Schwalbe und girrete wie eine Taube, meine Augen wollten mir brechen! Herr, ich

leide Not, lindere mir's. Siehe, um Trost war mir sehr
bange, du aber hast dich meiner Seele herzlich angenom=
men, daß sie nicht verdürbe. Denn du wirfst alle meine
Sünden hinter dich zurück. Jes. 38, 14. 17.

Gebet

Du gnadenreicher Gott, der du die Betrübten
und Elenden ansiehst und dich erbarmst aller
deiner Werke, siehe, ich stehe hier vor der Tür
deiner Gnade und flehe dich um Hilfe an. Du
weißt ja, wie du mich betrübt hast, aber du weißt
auch wohl, daß es mir niemand abnehmen kann
denn du allein. Die Vaterhand, die mich verwundet,
die muß mich auch heilen; der mich getötet, muß
mich wieder lebendig machen; der mich in die
Hölle geführt hat, muß mich wieder herausführen.
Darum, du gnadenreicher Gott, komme ich zu dir
und spreche: Herr, hilf mir, erbarme dich mein!
Laß mein Bitten, Suchen und Anklopfen bei dir
Gnade finden. Nimm meine Trübsal von mir;
doch nicht mein, sondern dein Wille geschehe. Ich
will dir nicht Zeit und Stunde, Art und Weise
vorschreiben, sondern deine Hilfe mit Geduld er=
warten. Laß mich doch deine Erquickung emp=
finden; willst du mein Elend noch nicht ganz von
mir nehmen, so nimm doch einen Teil von mir.
Du willst dich vor deinen Gläubigen nur einen
kleinen Augenblick verbergen und sie mit großer
Barmherzigkeit wieder sammeln. Mein Gott, wie
lange wirst du mein so gar vergessen? Wie lange

verbirgst du dein Angesicht vor mir? Ists denn ganz und gar aus mit deiner Güte, und hat die Verheißung ein Ende? Laß mich doch erfahren, daß du noch mein Vater bist, der sich über mich erbarmt; laß mich doch innewerden, daß mein eifriges Gebet dir angenehm gewesen sei! „Ach, wie lang, ach lange ist dem Herzen bange, es verlangt nach dir!" Dir ist ja nichts unmöglich; Herr Zebaoth ist dein Name, groß von Rat und mächtig von Tat. Hilf mir, errette mich und sei mir gnädig; erquicke mich nun wieder, nachdem du mich so lange geplagt, nachdem ich so lange mein Leiden ausgestanden, und tue nicht die Hand von mir ab, Gott, mein Heil! Ist aber deine Stunde noch nicht da, so stärke mich inwendig und gib mir solche Kraft, daß ich es dir zu Ehren weiter tragen kann; denn wenn du, lieber Vater, es mit mir trägst, wenn ich in deiner Kraft einhergehe, so will ich es auch für ein Abnehmen halten, darüber mich freuen und dir danken. Willst du mir es aber in diesem Leben nicht abnehmen und ist es dein heiliger Rat, daß ich es bis in den Tod tragen soll, so geschehe dein Wille.

Soll ich noch mehr nach Deinem Willen leiden, / So steh mir, Herr, mit deiner Kraft zur Seiten, / Fein ritterlich, beständiglich / Hilf mir mein Widersacher all bestreiten. Amen.

Gesang

Mel.: Alle Menschen müssen sterben

Wann wird mich mein Gott erhören? Ach, wie lang verzieht er doch! / Will er sich nicht zu mir kehren, wegzutun das schwere Joch? / Ach, ich muß ja fast vergehen, wenn er mich nicht will ansehen. / Nimmt sich Gott nicht meiner an, so ist es um mich getan.

Hat mir's Gott ja doch versprochen, daß er mich erhören woll', / Wenn die Stund ist angebrochen, die mir Hilfe bringen soll. / Bei dem Wort will ich ihn fassen und darauf mich fest verlassen; / Was er mir verheißen hat, kann er leisten in der Tat.

Ich will dennoch eifrig beten: Schaue, Vater, auf dein Kind; / Ich will immer vor ihn treten wie die, so verlassen sind; / Ich will seufzen, weinen, flehen, allerorten ihm nachgehen; / Ihm schick ich die Seufzer zu, bis ich habe Hilf und Ruh.

Nun wohlan, ich bin vergnüget, es geh, wie es gehen soll, / Wie es mein Gott mit mir füget, so tut es der Seele wohl. / Endlich werd ich noch lobsingen und ihm meine Opfer bringen, / Ja, erzählen jedermann, was er hat an mir getan.

Der Segen des Kreuzes

Der Herr verstößt nicht ewiglich, sondern er betrübt wohl und erbarmt sich wieder nach seiner großen Güte; denn er nicht von Herzen die Menschen plagt und betrübt. Klagl. Jerem. 3, 31—33.

Gebet

Du großer Gott, wie ist doch mein Leid so schwer und groß! Aber doch sollen mein Glaube, meine Hoffnung, mein Vertrauen deswegen nicht aufhören, sondern ich will mitten in der Trübsal meine Augen aufheben zu den Bergen, von welchen mir Hilfe kommt, nämlich zu dir, allmächtiger, gütiger, barmherziger Gott! Ich weiß, du wirst endlich nach der Trübsal mich erfreuen, ja nach dem Ungewitter mir die Sonne wieder scheinen lassen. Du hast versprochen, daß du die Mühseligen und Beladenen erquicken willst. Nun, ich warte auf die Erfüllung dieser gnädigen Verheißung; gib mir, wenn es zu deiner Ehre und meiner Seligkeit dient, meines Herzens Wunsch und was mein Mund bittet. Denn du bist meine Zuversicht, Herr, von meiner Jugend auf. Ich weiß, deine rechte Hand kann alles ändern. So ändere, wenn es dein heiliger Wille ist, meine Not. Nun sehe ich deinen heiligen Rat, du hast mich demütig, sanftmütig und fromm machen wollen, mich zu dir ziehen, daß ich meine Freude allein an dir haben und meine Hoffnung auf dich stellen soll; und wenn nun dies ausgerichtet ist, so nimmst du meine Trübsal wieder von mir und lässest mein Gemüte wieder stille und zufrieden werden. Welch herrliche Frucht hat diese bittere Wurzel getragen! Davids Verfolgungen gaben ihm Gelegenheit, Lob= und Danklieder zu singen. Meine Tränen sollen ein Same werden, daraus gute Früchte wachsen. Auf meinen Kampf soll der Sieg, auf mein Leiden die Errettung, auf die traurige Nacht der fröhliche Morgen folgen. Dafür danke ich dir und preise dich. „Lobe den Herrn, meine Seele, und vergiß nicht, was er dir Gutes getan hat!" Wie herrlich wird einst am Jüngsten Tage die fröhliche Erlösung sein, wenn ich von allem

Übel befreit in das himmlische Freudenleben eingehen werde!

Ist dieses denn das erste Mal, daß wir betrübet werden? / Was haben wir, als Angst und Qual, bisher gehabt auf Erden? / Wir sind wohl mehr und hoch gekränkt, / Und doch hat Gott uns drauf geschenkt / Ein Stündlein voller Freuden. Amen.

Gesang

Mel.: O Gott, du frommer Gott

„Wann kommt mein Jesus doch? Will er mich gar verlassen? / Mein Heil, wann werd ich dich zu meinem Trost umfassen? / Ach, wenn mein Seelenfreund so ferne von mir weicht, / Wer ist, der in dem Kreuz mir seine Hand darreicht?

Wann kommt mein Jesus doch? Sieh, andre sind beglücket; / Sie stehn in Herrlichkeit, mit Wohlergehn geschmücket; / Nur ich muß traurig gehn, ja, ich muß ganz allein / In meinem Jammerstand von Gott verlassen sein.

Wann kommt mein Jesus doch? Ach höre doch mein Klagen! / Wie lange soll ich noch: Wann kommt mein Jesus, sagen? / O Jesu, komm doch bald, die Zeit wird mir zu lang, / O Jesu, komm doch bald, mir wird sonst angst und bang."

„Dein Jesus kommet bald; o Seele, sei doch stille / Und stell dein Trauern ein, es ist so Gottes Wille; / Weil Jesus sich nicht zeigt, so schmeckst du Bitterkeit, / Doch bald erquickt er dich mit süßer Seelenfreud.

Dein Jesus kommet bald, er wird dich nicht verlassen, / Denn du bist ja sein Kind; wie könnt er dich denn hassen? / Schau doch auf andre nicht, die da beglücket stehn; / Bald wird dir auch sein Licht nach trüber Nacht aufgehn.

Dein Jesus kommet bald, er wird sich zu dir nahen, / Sein Mund und Arm wird dich aufs freundlichste empfahen. / Auf, Seele, sei getrost, dein Heiland ist dir nah, / Nun ist dein Wunsch erfüllt; dein Jesus, sieh, ist da."

Die Not der Witwe

Ihr sollt keine Witwen und Waisen beleidigen. Wirst du sie beleidigen, so werden sie zu mir schreien, und ich werde ihr Schreien erhören. 2. Mose 22, 22–23.

Gebet

Barmherziger, gnädiger Gott, der du bist die Zuflucht aller Verlassenen und Elenden, es hat dir nach deinem unerforschlichen Rat gefallen, mich in den Witwenstand zu setzen. Meine Sonne ist am hellen Mittag untergegangen und die Krone meines Hauses ist abgefallen; ich bin ein Weib, das Leid trägt, mein Mann ist mir gestorben. Wohin soll ich mich wenden? Wo soll ich Rat und Tat suchen? Mein Gott, ich komme zu dir. „Mein Herz hält dir vor dein Wort: Ihr sollt mein Antlitz suchen; darum suche ich auch, Herr, dein Antlitz." Du hast in deinem heiligen Wort verheißen, du wollest der Witwen Richter und der Waisen Vater sein. So sei auch jetzt mein Richter, mein Helfer, mein Erretter, meine Zuflucht und der Vater der Meinen. Siehe meine Tränen an, siehe mein Seufzen an, erbarme dich mein. Ich glaube von Herzen, daß du mich und die Meinen ohne Mann schützen und versorgen kannst; stärke diesen meinen Glauben nach deiner Gnade und Barmherzigkeit. Herr, beschere mir mein tägliches Auskommen, segne meinen Aus= und Eingang, bewahre mich vor Unglück, versorge mich und die Meinen nach deiner Verheißung. Ich setze alle meine Zuversicht auf dich, lebendiger Gott. Dir vertraue ich von ganzem Herzen und von ganzer Seele; du bist weise genug, mich zu erhalten, mächtig genug, mich zu schützen, reich genug, mich zu versorgen, barmherzig genug, mir alles zu geben, was ich nötig habe, allgegenwärtig genug, in allen Nöten mir beizustehen und mich zu erretten. Warum sollte ich dir, allmächtiger Gott, nicht vertrauen und mich nicht auf dich verlassen? Hilf mir, Gott meines Heils, um deines Namens willen. Vater und Mutter verlassen mich, aber du, Herr, nimmst mich auf. Siehe, um Trost ist mir sehr bange, du aber hast dich allezeit meiner Seele herzlich angenommen, daß sie nicht verderbe. Gib, daß ich diesen einsamen Stand in Glauben und Frömmigkeit führe, meine Freude an dir habe, an dir mich ergötze, niemand ein Ärgernis gebe; denn ich weiß fürwahr, wer Gott dient, der wird nach der Anfechtung getröstet, aus der Trübsal erlöst, und nach der Züchtigung findet er Gnade. So laß mich auch vor dir, mein Gott, Gnade nach dem Leiden, Hilfe nach der Betrübnis, Freude nach dem Weinen, Trost nach der Traurigkeit finden. Mache mir alle meine Feinde zu Freunden und gib mir Huld und Gnade bei jedermann. Erhöre mein Gebet, gib mir deinen Segen, führe mich an deiner Hand, sorge für mich und die Meinen nach deiner gnädigen Verheißung.

Er ist der Fremden Hütte, die Waisen nimmt er an, / erfüllt der Witwen Bitte, wird selbst ihr Trost und Mann. Amen.

Gesang

Mel.: O Gott, du frommer Gott

Ihr Witwen seid getrost, laßt ab von euerm Weinen, / Es will der starke Gott zu euerm Trost erscheinen. / Er ist der Witwen Mann: verzagt vor Trauern nicht / Und setzet auf dies Wort all eure Zuversicht!

Der Herr ist euer Mann, der wird euch schon versorgen; / Ist euer Angstgeschrei dem Vater auch verborgen? / Er weiß, was euch gebricht, den Jammer, der euch quält, / Er aber ist der Herr, der euch im Kreuz erhält.

Der Herr ist euer Mann, der wird euch reichlich geben, / Was ihr noch nötig habt in eurem ganzen Leben; / Gott, der nach seinem Rat zu Witwen euch gemacht, / Der ist auf euer Heil und Unterhalt bedacht.

Der Herr ist euer Mann, der wird euch reichlich trösten, / Er reißet euch heraus, wenn eure Not am größten; / Er wischt die Tränen ab, drum sprecht: Du bist mein Gott, / Mein Gott, ach, steh mir bei in aller meiner Not.

Nur dienet euerm Gott mit Singen, Danken, Beten, / Kommt jede Stund und Tag vor seinen Thron getreten / Und klagt ihm eure Not, bleibt in der Frömmigkeit, / Und steht im Glauben fest und in Zufriedenheit.

Gott, frommer Witwen Gott und Vater frommer Waisen! / Du wollest gnädiglich sie schützen, kleiden, speisen; / Sie wissen nirgends hin denn nur zu dir allein, / Drum wollest du ihr Gott und treuer Vater sein.

Die Not der Waisen

Mein Vater und meine Mutter verlassen mich, aber der
Herr nimmt mich auf.   Psalm 27, 10.

Gebet

Du gnädiger, barmherziger Gott und Vater, ich
armes, verlassenes Kind werfe mich nieder vor
deinem erhabenen Thron und bitte dich in Demut:
nimm dich meiner als ein Vater an. Es hat dir
gefallen, mich meiner Eltern Fürsorge und Pflege
zu berauben; wo soll ich nun hin? Ich bin eine
Waise geworden, wer will sich jetzt meiner an=
nehmen? Deswegen, Vater, komme ich zu dir,
nimm dich meiner an, erbarme dich mein. Siehe,
mein Vater und Mutter verlassen mich, Herr, nimm
du mich auf. Du gibst ja Speise den Vögeln, du
kleidest die Blumen, so wirst du auch als ein treuer
Vater für mich sorgen und dich mein erbarmen.
„Ich hebe meine Augen auf zu den Bergen, von
welchen mir Hilfe kommt, meine Hilfe kommt von
dem Herrn, der Himmel und Erde gemacht hat."
Ich weiß, ich bin darum nicht von dir verlassen,
ob ich gleich von Menschen verlassen bin. Wie viele
Beispiele stehen mir vor Augen von Kindern, welchen
du Vater und Mutter hast sterben lassen, welche du
aber dennoch herrlich geführt und versorgt hast.
Weise mir, Herr, deine Wege, leite mich in deiner
Wahrheit, erhalte mein Herz bei dem einen, daß
ich deinen Namen fürchte. Du dreieiniger Gott,

sei mein Erhalter, der mich schützt, mein Helfer, der mir beisteht, mein Geleiter, wenn ich aus= und eingehe. Gib mir gute Freunde, erwecke mir Gönner und Wohltäter, laß meine Pfleger und Vormünder mit Liebe gegen mich erfüllt sein; tu ihnen auch Gutes nach deiner Gnade, bewahre sie vor Unglück und vergilt ihnen mit zeitlichem und himmlischem Segen, was sie Gutes an mir tun. Gib mir ein demütiges und gehorsames Herz, daß ich nicht durch Widerspenstigkeit und liederliches Leben mich der Gunst meiner Gönner beraube. Behüte mich vor Verführung, daß ich nicht aus Armut dich verleugnen möge, sondern hilf mir, daß ich in deiner Erkenntnis und Liebe immer zunehme. Laß deinen guten Geist mich allzeit regieren und bewahren, daß ich durch böse Gesellschaft nicht zu mutwilligen Sünden verführt werde. Laß mich nicht in Unkeuschheit geraten und behüte mich vor verkehrtem Herzen. Du gnädiger Gott und Vater, schrecke mich von den gottlosen Wegen ab, warne mich, wenn ich sündigen will; halte mich, wenn ich falle; hole mich herum, wenn ich irren will; stärke mich, wenn ich schwach bin; mache mich gesund, wenn ich krank bin. Treuer Gott und Vater, ich ergebe mich dir ganz und gar, laß meinen Aus= und Eingang dir befohlen sein. O wie will ich dir danken, wie will ich dich loben, daß du mir so wohl tust! Meine Zunge soll sagen: Das hat Gott getan, Gott hat mich gesegnet, erhalten, begleitet, versorgt, ja, ich will jedermann erzählen, wie du als ein gnädiger Vater dich gegen mich erwiesen hast. Herr, höre das Gebet des verlassenen Waisen, höre die Stimme deines Kindes. Ich weiß, du kannst mir helfen und willst mir helfen; Herr, so hilf mir um deiner Güte willen, daß ich einmal zu deinem Preis sagen kann: Der Herr hat Großes an mir getan, des bin ich fröhlich.

Sein Aufsicht ist der Fremden Trutz, / Witwen und Waisen hält er Schutz. Halleluja.   Amen.

Gesang
Mel.: O Gott, du frommer Gott

Ihr Waisen, weinet nicht! Wie, wollt ihr euch nicht fassen? / Verlasset euch auf Gott, der wird euch nicht verlassen; / Sind gleich die Eltern tot, so lebet dennoch Gott, / Dieweil Gott aber lebt, so habt ihr keine Not.

Gott ist und bleibet stets der Vater frommer Waisen, / Der will sie Tag für Tag beschützen, kleiden, speisen; / Dem übergebet euch, der nimmt sich euer an; / Seht, Gott ist euer Schutz und euer Helfersmann.

Gott ist ein reicher Gott, der wird euch schon versorgen; / Er kennet eure Not, sie ist ihm nicht verborgen; / Ob ihr schon wenig habt, der Vorrat ist sehr klein, / So will Gott euer Gott und treuer Pfleger sein.

Habt einen guten Mut, Gott hat es ja verheißen, / Daß er Verlassene aus Trübsal wolle reißen; / Das gehet euch auch an, ihr werdet es bald sehn, / Das Wort wird auch an euch noch in Erfüllung gehn.

Ja, glaubet, bleibet fromm und geht auf Gottes Wegen, / Erwartet mit Geduld den euch verheißnen Segen / Und weichet nicht von Gott, vertraut ihm allezeit, / So blühet euer Glück in Zeit und Ewigkeit.

In Glaubensmattigkeit

Das zerstoßene Rohr wird er nicht zerbrechen und den glimmenden Docht wird er nicht auslöschen. Jef. 42, 3.

Gebet

Du gnadenreicher Gott, ich weiß aus deinem heiligen Wort, daß man ohne Glauben dir nicht gefallen kann. Weil ich aber dir gerne gefallen und selig werden möchte, so erschrecke ich über mich selbst, wenn ich so wenig Glauben in meinem Herzen finde. Darum zünde in meinem Geiste das Licht des wahren Glaubens an, dadurch ich dich als den einigen, wahren Gott recht erkennen und deine Verheißungen mit festem Vertrauen annehmen möge. Denn mich dünkt zuweilen, ich bete nicht recht, ich glaube gar nicht oder ich werde doch nicht im Glauben bis an mein Ende verharren. Dies klage ich dir, mein Gott, weil ich weiß, daß alle guten Gaben und alle vollkommenen Gaben von oben herabkommen. Weil denn nun der Glaube nicht jedermanns Ding, sondern deine Gabe ist, so bitte ich dich, stärke meinen schwachen Glauben. Schreibe den Trost in mein Herz, daß ein schwacher Glaube, der sich fest an dich, dreieiniger Gott, hält, auch ein Glaube sei, der dir gefalle und selig mache. Mein Jesus, bitte auch für mich, wie du für Petrus gebeten hast, daß mein Glaube nicht aufhöre; versiegle in mir den Trost, daß ich durch dein heiliges Blut erkauft und in der heiligen

Taufe dein Kind geworden sei; daß mein schwaches Gebet Gott gefalle, um deiner heiligen Fürbitte willen; daß dein Blut mich auch angehe und daß ich dadurch gerecht und selig werden soll. Du werter Heiliger Geist, wirke in mir die wahren Früchte des Glaubens, regiere mich und wohne in mir; gib Zeugnis meinem Geist, daß ich wahrhaftig ein Kind Gottes sei. Mehre und erhalte in mir diese Glaubensfrüchte und mache sie mir alle Tage süßer; wirst du dieses mir, dreieiniger Gott, verleihen, so will ich gerne mit meinem schwachen Glauben zufrieden sein.

O mein Gott, vor den ich trete jetzt in meiner großen Not, / höre, wie ich sehnlich bete, laß mich werden nicht zu Spott; / Mach zunicht des Teufels Werk, meinen schwachen Glauben stärk, / Daß ich nimmermehr verzage, Christum stets im Herzen trage. Amen.

In Anfechtung

Auf daß ich mich nicht der hohen Offenbarungen überhebe, ist mir gegeben ein Pfahl ins Fleisch, nämlich des Satans Engel, der mich mit Fäusten schlage, auf daß ich mich nicht überhebe, dafür ich dreimal den Herrn gefleht habe, daß er von mir wiche; und er hat zu mir gesagt: Laß dir an meiner Gnade genügen, denn meine Kraft ist in den Schwachen mächtig. 2. Korinther 12, 7–9.

Gebet

Du heiliger Gott, welchen alle heiligen Engel und Auserwählten ohne Unterlaß loben und preisen: ich betrübte Seele klage dir von Grund des

Herzens, wie ich von deinem Lobe gewaltig abgehalten werde durch garstige, lästerliche Gedanken, welche in meinem Herzen so oft aufsteigen. Du allwissender Gott weißt ja wohl, daß sie mich wie feurige Pfeile überfallen, daß sie mich quälen und ängstigen; aber du weißt auch, daß ich darüber erschrecke. Mein Gott, rechne mir doch nicht zu, was wider meinen Willen geschieht; du siehst, wie ich kämpfe, wie ich ringe, wie ich seufze und einen Abscheu habe und sie gerne aus dem Herzen vertreiben möchte. Herr, laß deine Hand nicht zu schwer über mir werden, daß ich nicht vergehe. Sei mir gnädig, denn ich bin schwach. Wie erschrecke ich, wenn ich merke, daß das böse Stündlein angehen will. Verstoße mich deswegen nicht, weil ich es nicht ändern kann; sondern ich muß das leiden, aber deine Rechte kann alles ändern. Erquicke mich, du dreieiniger Gott, und wenn das böse Stündlein und die Angst vorüber sind, so laß mich deine heilige Gegenwart und reichen Trost wieder empfinden; ja, gib mir mitten in der Angst einen Trostspruch in mein Herz, daran ich mich halten kann. Soll mein Jammer lange währen, so gib mir auch große Geduld, viel Kraft und Stärke. Laß meinen Glauben nicht aufhören, sondern gib Zeugnis meinem Geist, daß ich dennoch dein Kind und ein Erbe des ewigen Lebens bin. Du hast gesagt: Es sollen nicht zuschanden werden, die auf Mich harren. Herr, auf dich traue ich, laß mich nimmermehr zuschanden werden, errette mich durch deine Gerechtigkeit, hilf mir eilend. „Sei mir ein starker Fels und eine Burg, um deines Namens willen wollest du mich leiten und führen." Du hast gesagt: deine Gnade soll nicht von mir weichen; mir soll eine ewige Gnade aufgehen. Herr, laß auch jetzt dieses Licht mir aufgehen, daß ich noch meine Lust an deiner Gnade sehe. Mein Vater, laß deine Stunde kommen, da du die Seelenangst mir wieder abnimmst; stärke mich, hilf mir, bewahre mein Herz wie mit einer Mauer. Du getreuer Gott, du wirst mich ja nicht lassen versuchen über mein Vermögen, lindere meine Angst, so will ich es auch als eine Hilfe annehmen, bis du mich endlich zu deiner Zeit ganz davon befreien wirst.

Jesu, du Brunn aller Gnaden, der du niemand von dir stößt, / Der mit Schwachheit ist beladen, sondern deine Jünger tröst't; / Sollt ihr Glaube noch so klein wie ein kleines Senfkorn sein, / Wollst du ihn doch würdig schätzen, große Berge zu versetzen. Amen.

Gesang
Mel.: O Gott, du frommer Gott

Weicht, weichet nur von mir, ihr sündlichen Gedanken, / Ich bleibe Gott getreu, von dem will ich nicht wanken; / Ich achte euer nicht und eurer Lästerung, / Ihr dienet mir vielmehr zur Seelenreinigung.

Gott rechnet mir nicht zu, was gegen mich geschiehet, / Ja, was mein Will nicht ist und was mein Herze fliehet / Und davor Abscheu hat; Gott kennet meinen Sinn, / Daß ich hier nicht im Tun, vielmehr im Leiden bin.

Solang durch Gottes Kraft ich immer widerspreche / Und
alle Lästerpfeil durch seinen Geist zerbreche, / So schad't der
Pfeil mir nicht; mein Jesus ist doch mein, / In ihm bin ich
gerecht, in seinem Blute rein.

Zwar fühle ich oftmals, wie Satans Engel schläget / Und
giftig böse Wort' mir an mein Herze leget; / Doch was
kann ich dafür, daß ich geschlagen werd, / Weil ohne Schläg
zu sein das matte Herz begehrt?

Ja, tobet immerhin, ihr lästerhaften Worte, / Ja tobet,
wie ihr wollt, in mir an allem Orte: / Gott ist dennoch mein
Freund, ich achte euer nicht, / Mein Jesus ist mein Trost und
meiner Seelen Licht.

Ach ja, ich werde schon euch einst noch überwinden, /
Ich werde Ruh und Trost in Jesu Wunden finden, / Ich seh
den Himmel schon mit Freuden wieder an, / Ich freue mich
in Gott, wie ich vorhin getan.

III

Für Kranke

Morgengebet eines Kranken

Ich will zu Gott rufen und der Herr wird mir helfen. Des Abends, Morgens und Mittags will ich klagen und heulen, so wird er meine Stimme hören. Psalm 55, 17—18.

Gebet

Du heiliger, dreieiniger Gott, ich komme jetzt, da nun der Tag angebrochen, vor deinen allerheiligsten Thron und danke dir, daß du mich diesen Tag wiederum hast erleben lassen. Du weißt, Herr, wie ich die Nacht auf meinem Krankenbett hingebracht habe; dennoch kann ich nicht genug deine Güte preisen, daß du das Licht der Sonne mich wieder sehen und alle Schmerzen und Ungemach glücklich hast vorübergehen lassen. Du Gott der Liebe, ich danke dir für deine Liebe; du starker Gott, ich danke dir für deinen Schutz und Beistand; dein Auge hat mich die Nacht bewacht, deine Hand hat mich bedeckt, deine Gnade hat mich erhalten. Mein Gott, die Sonne geht wieder auf, laß auch deine Gnade neu über mich aufgehen; gib mir mit diesem Tage neue Kraft, Gnade und Geduld, mein Leiden willig zu tragen. Es hat dir gefallen, mich aufs Krankenbett zu legen; wohlan, ich will darauf bleiben, solange es dir gefällt, vielleicht willst du mich dadurch absondern von meinen Sünden und meiner Arbeit, damit du mit mir allein reden könntest. Nun habe ich Zeit, mein bisheriges Leben zu prüfen, ob ich dir gehorcht und dich geehrt habe, daß ich vor dir mich schäme und wahre Buße tue, auch mit dir einen neuen Bund mache und also trachte, mit Furcht und Zittern selig zu werden. Gib, daß ich, Jesu, den ganzen Tag mein Herz bei dir habe, eifrig bete, an deine Wunden gedenke und das wahre Heil betrachte. Gib mir einen Trostspruch nach dem andern ins Herz, der deiner Vaterliebe mich versichere. Bewahre mich heute vor schweren Zufällen, größeren Schmerzen, betrübten Stunden. Stärke mich durch deinen Heiligen Geist in meiner Schwachheit. Willst du aber an diesem Tage mich Schmerzen und Leiden spüren lassen, so weiche nicht, sondern bleibe bei mir. Hilf mir den Tag glücklich und selig vollenden und alles mit stillem Mut tragen, was du mir auferlegen wirst. Siehe, mein Gott, hier bin ich, mach's mit mir, wie es dir wohlgefällt; du bist mein Vater, ich bin dein Kind, du kannst mein Leben mir erhalten und mich mit deiner Hilfe erfreuen. Ich will am Abend deine Güte rühmen und deine Barmherzigkeit herzlich preisen für alles, was du an mir getan hast.

Meinen Leib und meine Seele samt den Sinnen und Verstand, / Großer Gott, ich dir befehle unter deine starke Hand. / Herr, mein Ehre und mein Ruhm, nimm mich auf, dein Eigentum. / Deinen Engel zu mir sende, der des bösen Feindes Macht, / List und Anschlag von mir wende und mich halt in guter Acht, / der auch endlich mich zur Ruh trage nach dem Himmel zu. Amen.

Gesang

Mel.: Freu dich sehr, o meine Seele

Unter meinem Schmerz und Weinen, nach zurückgelegter Nacht / Seh ich jetzt die Sonne scheinen, welche alles munter macht; / Darum fang ich fröhlich an, soviel ich in Schwachheit kann, / Diesen Tag mit Beten, Singen und in Andacht hinzubringen.

Dieser Tag ist angefangen, weil mich deine Gnad erhält; / Laß mich auch das End erlangen, wenn es dir, mein Gott, gefällt! / Lindre meinen Schmerz und Not, ach, mein Vater, Herr und Gott! / Jesu, meiner Seele Sonne, schenke mir heut Trost und Wonne.

Doch es soll dein Will geschehen, Herr, dein Wille nur allein; / Wie du willst, so soll mirs gehen, so will ich zufrieden sein. / Ich will leben, wenns dein Will auch im Leiden halt ich still; / Ich will mich im Tod und Leben dir hiermit, mein Gott, ergeben.

Segne meine Arzeneien, stärke mich je mehr und mehr, / Laß sie gnädig mir gedeihen, Herr, zu deines Namens Ehr; / Hör in Gnaden mein Gebet, wenn ich gläubig vor dich tret, / Daß ich dich im Glauben fasse und mich fest auf dich verlasse.

Abendgebet eines Kranken

Ich schreie mit meiner Stimme zu Gott, zu Gott schreie ich, und er erhört mich. In der Zeit meiner Not suche ich den Herrn; meine Hand ist des Nachts ausgestreckt und läßt

nicht ab, denn meine Seele will sich nicht trösten lassen.
Wenn ich betrübt bin, so denke ich an Gott; wenn mein
Herz in Ängsten ist, so rede ich.   Psalm 77, 2–4.

Gebet

Barmherziger Gott, ich habe nun wieder einen
Tag überlebt! Du hast nach deiner Güte bis auf
diese Stunde mir mein Leben gefristet, dafür sei
deiner Vatertreue herzlich Lob und Dank gesagt.
Besonders preise ich deinen Namen, daß du diesen
Tag meine Schmerzen und Krankheit mir hast
tragen helfen. Herr, du legst eine Last auf, aber
du hilfst auch tragen; „wir haben einen Gott, der
da hilft, und den Herrn, der vom Tode errettet".
Der Herr betrübt wohl, aber er erbarmt sich wieder nach seiner großen Güte. Der Herr ist gnädig,
gütig und freundlich all denen, die ihn anrufen.
Er hört das Schreien der Elenden und verweigert
nicht, was ihr Mund bittet. Großer Gott, die Nacht
bricht herein und es will Abend werden, darum
wende ich mich zu dir mit meinem Gebet und
spreche: Vater, bleibe bei mir und weiche diese
Nacht nicht von mir. „Befiehl dem Engel, daß er
komm und uns bewach, dein Eigentum, / Gib uns
die lieben Wächter zu, daß wir vorm Satan haben
Ruh, / So schlafen wir im Namen dein, dieweil
die Engel bei uns sein; / O heilige Dreieinigkeit,
wir loben dich in Ewigkeit." Wende diese Nacht
alle gefährlichen Zufälle von mir ab, lindre meine
Schmerzen, bewahre mich vor Schrecken, Angst und

Unglück. Ach himmlischer Vater, bleibe doch bei deinem kranken Kinde; wenn du mit deiner Gnadengegenwart bei mir bist, so fürchte ich mich nicht. „Der Herr ist mein Licht und mein Heil, vor wem sollte ich mich fürchten? Der Herr ist meines Lebens Kraft, vor wem sollte mir grauen?" O Jesu, die Sonne geht unter und weichet von uns, aber du, Sonne der Gerechtigkeit, weiche nicht von mir. Mein Jesus, fasse mich diese Nacht in deinen Arm, deine Rechte decke mich. Du werter Heiliger Geist, du Tröster der Betrübten und Beistand der Elenden, bleibe bei mir, stärke und erhalte mich im wahren Glauben und in christlicher Geduld. Du heilige Dreieinigkeit, nimm mich in deinen Schutz. Der Herr segne mich und behüte mich; der Herr lasse sein Angesicht leuchten über mir und sei mir gnädig; der Herr erhebe sein Angesicht auf mich und gebe mir Frieden.

Soll diese Nacht die letzte sein in diesem Jammertal, / So nimm mich, Herr, in Himmel ein, zu deinem Freudensaal. / Und also leb und sterb ich dir, du starker Zebaoth, / Im Tod und Leben hilfst du mir aus aller Angst und Not. Amen.

Gesang
Mel.: Wer nur den lieben Gott läßt walten

Ich will mich nach der Ruh umsehen, weil mich die Krankheit müd gemacht; / Ich will mit Jesu schlafen gehen, der selber bei den Kranken wacht; / Ich denk dabei an meinen Gott, ja auch zugleich an meinen Tod.

Das Bett ist gleich dem stillen Grabe, mein Bett und Grab liegt mir im Sinn; / Doch wenn ich Jesum bei mir habe,

wenn ich mit ihm vereinigt bin, / So schlaf ich aller Sorgen
los und ruhe sanft in seinem Schoß.

Wenn ich mich deck, denk ich: die Erde wird einst auch so
bedecken mich, / Wenn ich darein geleget werde; allein hab
ich, mein Jesu, dich, / So ruh ich wohl in meinem Bett und
auch wohl in der Grabesstätt.

Ich denke, wenn ich mich entkleide: so kleidet man mich
einst auch aus, / Wenn ich von dieser Welt abscheide und
gehe in des Grabes Haus; / Fahrt hin, ihr Kleider, fahrt
nur hin, weil ich in Gott gekleidet bin.

Pflegt man die Kammer zuzuschließen und zu verriegeln
Haus und Tür, / Damit ich mög der Ruh genießen, und
mich kein frecher Feind berühr: / So schließt mein' Augen
zu der Ruh mein liebster Jesus selber zu.

Ich werde aus dem Bett aufstehen, wenn nun die Morgenröt anbricht, / Und freudig aus dem Grabe gehen, wenn
Jesus, meiner Seelen Licht, / Mich auferweckt zur Herrlichkeit und führet mich zur Himmelsfreud.

Dies sind die seligen Gedanken; Sieh, damit schlaf ich
fröhlich ein; / Mein Herz soll nicht von Jesus wanken; ich
will im Schlaf auch bei ihm sein. / O süßer Schlaf, o helle
Nacht, da Jesus in dem Herzen wacht!

Um Geduld

Was betrübst du dich, meine Seele, und bist so unruhig in
mir? Harre auf Gott, denn ich werde ihm noch danken,
daß er meines Angesichts Hilfe und mein Gott ist.

Psalm 43, 5.

Gebet

**Barmherziger Gott, gnädiger Vater, ich armer
Mensch liege hier auf meinem Krankenbett und**

kann nicht aufstehen; aber zu dir komme ich und
trete vor deinen Gnadenthron. Es hat dir gefallen,
mir dieses Leiden aufzulegen. Nun, mein Gott
und Vater, es geschehe dein Wille; gib mir nur
Geduld, daß ich alles ohne Murren tragen möge.
„Gott hat mich in guten Tagen oft ergötzt; sollt ich
jetzt nicht auch etwas tragen? Fromm ist Gott und
schärft mit Maßen sein Gericht, kann mich nicht
ganz und gar verlassen." Hast du mich in gesunden
Tagen oft erfreut, so will ich auch diese Krank=
heits= und Leidenstage durch deine Kraft mit Ge=
duld annehmen und mich in Demut erinnern, wie
viele gute und gesunde Tage ich in meinem Leben
genossen, wogegen diese wenigen Leidensstunden
wie nichts zu rechnen sind. Ich weiß, mein Gott,
daß du liebreich und gnädig bist: darum wirst du
mir auch nicht mehr auflegen, als ich ertragen kann.
Ich halte mich an dein Wort, das da spricht: „Gott
ist getreu, der euch nicht läßt versuchen über euer
Vermögen, sondern macht, daß die Versuchung so
ein Ende gewinnt, daß ihrs könnt ertragen."
Sieh an dein schwaches und krankes Kind und handle
mit mir nach deiner Vaterliebe. Ich weigere mich
nicht, zu leiden, weil ich weiß, daß du es nicht böse
mit mir meinst. Mein Gott, hier bin ich, machs mit
mir, wie du willst; gib mir deinen heiligen Rat
zu erkennen, daß diese Krankheit ein Feuer sein
soll, welches mich reinigen soll; eine Bußglocke,
die mich aufwecke aus meinen Sünden; eine Bet=
glocke, daß ich die Vergebung suche; eine Stimme,

die mir zuruft: Bestelle dein Haus; gedenke an deinen Tod, bereite dich zur Ewigkeit! Wohlan, so mache mich fertig und bereit, wie du mich haben willst in der Ewigkeit. Denn ich weiß, daß auf das zeitliche Leiden eine ewige und über alle Maßen wichtige Herrlichkeit folgen wird. Darum sei stille, meine Seele, „was betrübst du dich und bist so unruhig in mir? Harre auf Gott, denn ich werde ihm noch danken, daß er meines Angesichts Hilfe und mein Gott ist".

Was willst du dich betrüben, o meine liebe Seel? / Du sollst den einzig lieben, der heißt Immanuel. / Vertraue ihm allein, / Er wird gut alles machen und fördern deine Sachen, / Wie dirs wird nützlich sein.

Denn Gott verlässet keinen, der sich auf ihn verläßt, / Er bleibt getreu den Seinen, die ihm vertrauen fest; / Läßt sichs an wunderlich, / Laß du dir gar nicht grauen, mit Freuden wirst du schauen, / Wie Gott wird retten dich. Amen.

Gesang

Mel.: Zion klagt mit Angst und Schmerzen

Seele. Herr, wie lang soll ich noch kämpfen? Herr, wie lange währt der Streit? / Wer will doch die Feinde dämpfen? Herr, wann bricht doch an die Zeit, / Daß ich nach dem Streit und Krieg trage davon Kron und Sieg? / Ach, ich werde unterliegen, ach, ich werde doch nicht siegen.

Gott. „Kämpfe nur getrost, o Seele! Kämpfe, ich will bei dir sein; / Fürchte dich nicht, daß dirs fehle, du bist nicht im Kampf allein; / Ich bin allezeit bei der, halt du dich nur fest zu mir; / Du sollst meine Hilfe finden, du sollst herrlich überwinden."

Seele. Aber, Herr, es währt zu lange, meine Kräfte sind dahin, / Herr, es wird mir angst und bange, weil ich so entkräftet bin;/ Mein Leib ist von Schmerzen schwach, mein Mund schreiet Weh und Ach! / Herz und Mund kann nicht mehr beten, ach, wer will mich noch erretten?

Gott. „Weißt du nicht, daß ich den Schwachen, welchem aller Trost entgeht, / Kann gar leichtlich stärker machen, ob er gleich entkräftet steht? / Nun wohlan, ich stärke dich, helfe dir auch gnädiglich; / Siehe, du sollst herrlich siegen und mitnichten unterliegen."

Seele. O mein Gott, in deiner Stärke hab ich einen guten Mut, / Ich kenn deiner Allmacht Werke, wie sie große Wunder tut; / Nun wohlan, so steh mir bei, daß ich überzeuget sei, / Daß du werdest mich erretten und auf meine Seite treten.

Gott. „Sieh, die Kron ist aufgestecket, eil, vollende deinen Lauf; / Meine Hand ist ausgestrecket, sieh, der Himmel tut sich auf; / Sonne, Wonne, Trost und Freud in der frohen Ewigkeit, / Weiße Kleider, Licht und Krone sind der treuen Kämpfer Lohne."

Seele. Nunmehr hab ich überwunden alle Not mit meinem Gott. / Gott. „Und ich bleib mir dir verbunden in der schwersten Todesnot." / Seele. Und wo führest du mich hin, wenn ich nun gestorben bin? / Gott. „In den Himmel zu der Wonne, wo ich selber bin die Sonne."

Um Gottes Beistand

Siehe, Gott steht mir bei, der Herr erhält meine Seele.
  Psalm 54, 6.

Gebet

Du getreuer Gott, du siehst, wie ich jetzt in elendem, betrübtem Zustande mich befinde, meine

Kräfte nehmen ab, meine Gestalt verschwindet, und des Kreuzes Last drückt mich immer heftiger. Herr Gott, der du hörest mein Flehen und weißt mein Leiden, ich bitte dich herzlich, bleibe doch bei mir und verlaß mich nicht; ich halte dir deine Verheißung vor: "Fürchte dich nicht, ich bin bei dir, weiche nicht, denn ich bin dein Gott; ich stärke dich und erhalte dich, ich helfe dir auch durch die rechte Hand meiner Gerechtigkeit"; und wiederum: "Ich will dich nicht verlassen noch versäumen." Mein Gott, auf dein Wort verlasse ich mich. Dein Beistand ist mir bitter not, ich kann das Leiden nicht tragen, wenn du nicht bei mir bleibst und mir hilfst. Die Krankheit wird mich bald ersticken und erdrücken, wenn mich deine Hand nicht erhält. Ach, wie bald ist die Hülle meines Leibes zerbrochen und ich versinke; wie bald ist mein Leben dahin, wenn du durch deine göttliche Macht und durch deine Vaterhand mich nicht hältst. Dein Beistand ist mir tröstlich, denn bist du, mein Gott, bei mir, so fürchte ich mich nicht. Ist mirs tröstlich, wenn Freunde des Tages um mich stehen und des Nachts bei mir wachen, wie viel tröstlicher ist mirs, wenn du, mein Gott, bei mir bist. Menschen können mich wohl bedauern und beklagen; wenn du bei mir bist, habe ich den besten Helfer, Erretter und Arzt bei mir. Deine allerheiligste Gegenwart wird mich erquicken und erhalten, meine Schmerzen lindern und meine Angst stillen. Darum verlaß mich nicht und wende nicht die Hand von mir ab, Gott, mein

Heil! Weicht eine liebreiche Mutter nicht von ihrem kranken Kind, so wirst du, mein Gott, auch nicht von mir weichen. Laß mich deine gnädige Gegenwart allezeit verspüren und tröste mich in meinem Leiden, wie einen seine Mutter tröstet. Mein Gott, stärke meinen Glauben, erhalte meine Kräfte, hilf mir kämpfen und überwinden; durch deinen Beistand werde ich stark, wenn ich schwach bin; ich vermag alles durch den, der mich mächtig macht, Christus.

Herzlich lieb hab ich dich, o Herr, ich bitt, wollst sein von mir nicht fern / Mit deiner Güt und Gnaden; / Die ganze Welt nicht freuet mich, nach Himmel und Erde nicht frag ich, / Wenn ich nur dich kann haben; / Und wenn mir gleich mein Herz zerbricht, so bist du doch mein Zuversicht, / Mein Teil und meines Herzens Trost, der mich durch sein Blut hat erlöst. / Herr Jesu Christ, mein Gott und Herr, mein Gott und Herr, / In Schanden laß mich nimmermehr.   Amen.

Gesang

Mel.: O Gott, du frommer Gott

Mein Gott, verlaß mich nicht, so will ich eifrig flehen, / Bis ich von meinem Kreuz mich werd errettet sehen; / Ich kenn dein Vaterherz: Wenn der Betrübte schreit, / So bleibest du von ihm mit deiner Hilf nicht weit.

Mein Gott, verlaß mich nicht! Ohn dich bin ich verlassen / Und weiß auf dieser Erd sonst keinen Trost zu fassen; / Ach, wende doch zu mir dein süßes Gnadenlicht, / Ach, eile doch herbei, du meine Zuversicht.

Mein Gott, verlaß mich nicht in diesen großen Schmerzen! / Ich schrei, mein Gott, zu dir aus fast zerbrochnem herzen; / Du weißt und siehest wohl, wie wehe mir jetzt ist, / Und ich weiß auch gar wohl, daß du mein Helfer bist.

Mein Gott, verlaß mich nicht, ach, hilf mir überwinden / Und laß, mein Vater, doch mich deine Hände finden; / Erscheine mir, mein Heil, so schreiet Herz und Mund, / Ach, eile doch herbei mit deiner Hilfestund!

Ich will für diese Gnad dich, weil ich lebe, preisen / Und dankbar allezeit mich gegen dich erweisen / Mit Ruhm und Lobgesang, und sagen jedermann: / Ach, preiset Gott mit mir, der mir viel Guts getan.

Keine bleibende Statt

Der Mensch, vom Weibe geboren, lebet kurze Zeit und ist voll Unruhe, geht auf wie eine Blume, und fällt ab, flieht wie ein Schatten, und bleibt nicht. Hiob 14, 1—2.

Gebet

Mein Gott, es hat dir nach deinem heiligen Rat und Willen gefallen, mich aufs Krankenbett zu legen und mich nicht allein von meinen Geschäften und meinen Sünden abzusondern und zur wahren Buße zu ermuntern, sondern mich auch an meinen Tod zu erinnern. „Siehe, meine Tage sind eine Handbreit bei dir, und mein Leben ist wie nichts vor dir. Ach, wie gar nichts sind doch alle Menschen, die doch so sicher leben." Mein Gott, sind Krankheiten Vorboten des Todes, so erinnere ich mich gar wohl, daß ich ein Mensch und sterblich bin. Ich bin Erde und muß wieder zur Erde werden. Darum sehe ich mein offenes Grab als der Mutter Schoß an, da mein Leib sanft ruhen und schlafen soll. Ich weiß auch, daß dem Menschen gesetzt ist, einmal zu sterben, danach das Gericht, deswegen ich auch oft in gesunden Tagen gebetet: Herr, lehre mich doch, daß es ein Ende mit mir haben muß und mein Leben ein Ziel hat und ich davon muß. Ich weiß auch, daß ich alles verlassen muß, meine Habe, Gut, Ehre, Glück und was ich in der Welt besitze. Wir haben hier keine bleibende Statt, sondern die zukünftige suchen wir. Willst du durch diese Krankheit mich an mein Ende erinnern wie den König Hiskia: „Bestelle dein Haus; denn du mußt sterben", so verleihe, daß ich freudig an mein Ende denke und mir vorstelle: Siehe da, dieses ist vielleicht mein letztes Lager und mein letztes Jahr, diese Krankheit zeigt vielleicht an, daß die Lebenstage, die du in dein Buch geschrieben, verflossen sind, damit ich mich mit Gebet, Buße und Glauben zum seligen Sterben bereiten möge. Siehe, mein Gott, hier bin ich, nimm meine Seele hin, aber bereite mich vorher recht in der Zeit, daß, wenn ich sterbe, ich in deiner Gnade selig sterben möge.

Mein Zeit und Stund ist, wann Gott will, ich schreib ihm nicht vor Maß noch Ziel, / Es sind gezählt die Haare mein, beid, groß und klein, / Fällt keines ohne den Willen sein. Amen.

Gesang
Mel.: O Gott, du frommer Gott

Wie sind wir so gar nichts! Wer dieses wird betrachten, / Der wird nur Gott allein, der alles ist, hoch achten; / Denn wer sein lauter Nichts beleucht't in Gottes Licht, / Der ist es, der mit mir demütig also spricht:

Ich bin nichts, denn von Gott empfing ich Leib und Leben, / Das hat er mir und nicht ich selber mir gegeben; / Vorher noch war ich nichts, bis seine Schöpferhand / Mich machte, da ward ich den Menschen erst bekannt.

Ich habe nichts von mir, denn nackend bin ich kommen, / Wie konnte aus dem Nichts was werden mitgenommen? / Von Gott kommt alles her, es ist auch alles sein, / Ich hab nichts ohne Gott, und ohn Gott ist nichts mein.

Ich weiß nichts von mir selbst; von Gott ist mir entzündet / Des wahren Glaubens Licht und bleibt auf ihn gegründet; / Entzieht er mir sein Licht und seiner Weisheit Schein, / So muß ich ohne Licht und ohne Weisheit sein.

Ich kann nichts von mir selbst; von Gott hab ich die Kräfte, / Er gibt mir Mut und Stärk, erhält die Lebenssäfte; / Durch ihn kann ich allein mich regen, hören, sehn; / Trüg mich nicht seine Hand, so würd ich bald vergehn.

Du armer Mensch, du Nichts, was willst du dich erheben? / Kannst du auch etwas sein, das Gott dir nicht gegeben? / Wer da will etwas sein, der wird zu nichts gemacht; Wer aber nichts will sein, der wird emporgebracht.

Ergebung in Gottes Willen

Und Jesus ging ein wenig hin, fiel nieder auf sein Angesicht, betete und sprach: Mein Vater, ist's möglich, so gehe dieser Kelch von mir; doch nicht wie ich will, sondern wie du willst. Matth. 26, 30.

Gebet

Du gnädiger, gütiger und barmherziger Gott, ich komme jetzt mit meinem Gebet und Seufzen vor deinen allerheiligsten Thron. Ich sehe, liebster Gott, es ist dein heiliger Wille, daß ich krank liegen und eine Zeitlang der edlen Gabe der Gesundheit entbehren soll. Wohlan, es ist dein Wille, so soll es auch mein Wille sein. Ich bin geboren nach deinem Willen und sterbe auch, wann du willst. Nach deinem Willen bin ich lange gesund gewesen und will nun auch krank sein nach deinem Willen. Mein Gott, wenn ich gegen deinen Willen gesund werden könnte, so wollte ich nicht. Darum will ich mit meinem Jesu sprechen: Vater, nicht mein, sondern dein Wille geschehe! Des Herrn Wille geschehe: soll ich noch länger auf der Welt leben, so will ich dich loben; die Jahre, die du mir schenken willst, die will ich zu deiner Ehre und in wahrer Frömmigkeit hinbringen. Gefällt dir's aber, daß ich von diesem Lager nicht aufkomme und an dieser Krankheit sterbe, so mache mich zum seligen Sterben bereit. Ich weiß, daß ich diese Hütte des Leibes ablegen muß, und ich weiß auch, daß du deinen Gläubigen einen Bau bereitet hast, der nicht mit Händen gemacht ist, der ewig ist im Himmel. Im Himmel ist mein Erbteil, mein Vaterland, mein Bürgerrecht; sollte ich mich nicht freuen, das mir erworbene Erbe einzunehmen, in mein Vaterland zu eilen und Gottes Herrlichkeit zu genießen? Habe ich Ursache, um Verlängerung meines Lebens zu bitten, so liegt mir beides hart an, ob es nicht besser wäre, aufgelöst und bei Christo zu sein. Drum, mein Gott, ich überlasse dir alles, du weißt am besten, was mir heilsam ist. Siehe, hier bin ich, der Herr tue mit mir, was ihm wohlgefällt.

Herr, wie du willst, so schicks mit mir im Leben und im Sterben. / Allein zu dir steht mein Begier, laß mich doch nicht verderben; / Erhalt mich nur in deiner Huld, sonst wie du willst, gib mir Geduld, / Dein Will, der ist der beste. Amen.

Gesang
Mel.: O Gott, du frommer Gott

Ich will, was Jesus will, das soll mein Wahlspruch werden, / Den wiederhol ich stets, solang ich leb auf Erden; / Mein Will ist gar verkehrt und trifft das Beste nicht, / Drum soll er nur allein auf Jesum sein gericht't.

Ich will, was Jesus will; will er, daß ich soll leben, / Wohlan, ich will es auch, er wird auch Kräfte geben; / Ich bin in seiner Hand, ihm leb und sterbe ich, / Er führ und leite mich, ich folge williglich.

Ich will, was Jesus will; will er, daß ich soll leiden, / Wohlan, ich will es auch, ich bin bereit zu beiden; / Geht Jesus nur voran, so geh ich gerne mit, / Denn seine Gegenwart versüßt die schweren Tritt.

Ich will, was Jesus will; will er, daß mich soll plagen / Die Bosheit meiner Feind und mir ins Antlitz schlagen, / Wohlan, ich will es auch, er gebe mir den Mut, / Und sein Geist stärke mich, wenn man mir Unrecht tut.

Ich will, was Jesus will; soll ich ein Kranker werden, / Wohlan, ich will es auch, ich bin ja Staub und Erden. / Wie bald zerbricht ein Glas; ihm ist ja alles leicht, / Weil auf sein Wort so bald die Krankheit wieder weicht.

Ich will, was Jesus will; will er, daß ich soll sterben, / Wohlan, ich will es auch, durch ihn werd ich ererben / Das

mir versprochne Reich, ich geh zur Erbschaft ein / Und bleib
im Vaterland, wo ich soll ewig sein.

Das Kreuz aus Gottes Hand

Der Herr tötet und macht lebendig, führt in die Hölle und
 wieder heraus. 1. Sam. 2, 6.

Gebet

Herr Gott, barmherzig, geduldig und von großer
Güte und Treue, der du Missetat, Übertretung und
Sünde vergibst, der du deinen Zorn nicht ewiglich
hältst, sondern die Elenden ansiehst und richtest
auf, die geschlagenen Herzens sind: siehe, ich
armer Mensch liege vor dir und bitte: schaue auf
mich von deinem hohen Thron und erhöre mich.
Ich weiß und glaube, daß mein Leiden und Trüb=
sal von dir kommt; deine Hand schlägt, aber sie
heilt auch. Wenn meine Krankheit vom Himmel
kommt, so schaue ich auch zum Himmel nach der
Hilfe. „Ich hebe meine Augen auf zu den Bergen,
von welchen mir Hilfe kommt, meine Hilfe kommt
vom Herrn, der Himmel und Erde gemacht hat."
Ich habe von dir Gesundheit, Leben und Wohl=
ergehen empfangen, sollte ich denn auch nicht die
Krankheit annehmen? „Haben wir Gutes von Gott
empfangen, sollten wir das Böse nicht auch an=
nehmen?" Die Bäume auf dem Felde sind herrlich
mit Blättern und Früchten geziert; allein im Win=
ter sehen sie erstorben aus, müssen Sturm und Frost
leiden, und dieses alles kommt von dir, Gott!
Darum will ich auch denken, daß das die Zeit meiner

Leiden und Trübsal sei, die du mir zugedacht und
bestimmt hast. Du weißt, ob ein Stern hoch oder
niedrig am großen Himmel steht, so weißt du auch,
wie es jetzt um mich steht. Du weißt, wie schwer
ich trage, wie lang ich leide und wieviel Kräfte
ich habe, das alles zu bestehen. Darum, lieber
Gott, lege auf, soviel du willst, nur gib mir Kraft
und Stärke, daß ichs auch tragen kann. Ohne deinen
Willen fällt kein Sperling auf die Erde und kein
Haar von meinem Haupte, viel weniger können mich
Krankheit, Schmerzen und Unglück treffen und
werde ich ohne deinen Rat und Willen sterben.
Kommt mein Leiden von dir, Vater, so kommt es
von geliebten Händen, nicht zu meinem Verderben,
sondern zum Besten meiner Seele. Du betrübst
mich, aber erfreust mich auch wieder; verbirgst du
dein Angesicht, so laß es wieder leuchten, so genese
ich. Ich will gerne in die Hand meines Vaters
fallen, wenn ich Strafe verdient habe. Denn sein
Zorn währet einen Augenblick, und er hat Lust zum
Leben. Er wird sich erbarmen und seinem Kinde
gnädig sein.

Ohn deinen Willen kann mir nichts begegnen, / Du
kannst verstoßen und auch wieder segnen, / Bin ich dein
Kind und habs verdient, / Gib wieder Sonnenschein nach
trübem Regnen.   Amen.

Gesang
Mel.: O Gott, du frommer Gott

Ein Gotteskind zu sein und doch mit Kreuz gedrücket, /
Kann wohl zusammenstehn; es bleibet doch geschmücket /

Inwendig an der Seel mit Glaub und Frömmigkeit, / Obs
gleich auswendig steht in lauter Kreuz und Leid.

Wer hier die Dornen trägt, wird dort die Krone tragen; /
Wer hier viel seufzt und weint, wird dort von Freuden sa-
gen. / Du bleibst ein Gotteskind auch mitten in der Not, /
Auch mitten in dem Kreuz bist du geliebt von Gott.

Sieh, Jesus, Gottes Sohn, trug eine Dornenkrone / Und
blieb doch Gottes Sohn; er hatte Spott und Hohne / Und
blieb bei Gott geehrt; drum reimet sich gar wohl, / zu
sein ein Gotteskind und doch des Leidens voll.

Bleib deinem Gott getreu im Glauben und Vertrauen, /
So wirst du seine Hilf gar bald mit Freuden schauen, / Und
sollst du in der Welt in lauter Trübsal sein, / Was schadets,
wenns am End geht in den Himmel ein.

Drum sei getrost in Gott, die Stunde wird noch kommen, /
In welcher dir dein Kreuz wird endlich abgenommen; / Ob
deiner Leiden schon gar viel und heftig sind, / So bist und
bleibst du doch ein wahres Gotteskind.

Sinn und Segen der Krankheit

Die Krankheit ist nicht zum Tode, sondern zur Ehre Gottes,
daß der Sohn Gottes dadurch geehrt werde.   Joh. 11, 4.

Gebet

Lieber Gott und Vater, ich merke wohl, welches
dein heiliger Rat über mich ist, nämlich, daß dieses
mein Leidensjahr sein soll, darin die Glückssonne
eine Zeitlang verdunkelt und meine Leibeskräfte
geschwächt werden sollen. Ich danke dir, mein Gott,
daß du, ehe du mich so heimgesucht, vorher deine
Wege hast erkennen lassen, nämlich daß des

Kreuzes Weg auch der Himmelsweg sei und daß
du in Krankheit auch unserer Seele Gutes tust.
Ich sehe wohl, mein Gott, daß du mich von der
Welt abziehen willst, daß ich verleugnen soll das
ungöttliche Wesen und die weltlichen Lüste und
züchtig, gerecht und gottselig leben in dieser Welt.
Freilich, wenn wir von keiner Trübsal wissen,
dünkt uns, wir seien auf der Welt, daß wir irdisch
Gut sammeln und mit der Welt sündigen sollen;
weil das unserer Seele Verderben und ewige Ver=
dammnis wäre, pflegst du nach deiner Treue uns
bisweilen besonders zu führen, um allein mit uns
zu sprechen. Mein Gott, es scheint, du wollest mit
mir jetzt auch allein sprechen und mir sagen, ich
solle mich hüten vor der Welt Sünde und Bosheit;
du willst mir sagen, ich soll die begangenen Sünden
bereuen, ich soll mich der Welt nicht mehr gleich=
stellen, sondern durch Veränderung meines Sinnes
erkennen, welches der gute und wohlgefällige, ja
der vollkommene Gotteswille sei. Nun, mein Gott,
dieses will ich auch tun; willst du mich gesund
werden lassen, so will ich frömmer werden, eifri=
ger beten, das Böse meiden, ein neuer Mensch
werden. Wer die Welt lieb hat, in dem ist nicht die
Liebe des Vaters. Weil du gesehen, mein Gott, daß
ich in meinem Christenleben träge bin, im Gebet nach=
lässig, hingegen zur Sünde willig, so willst du durch
diese Krankheit mich aufwecken, an mein Heil zu
denken und vom Sündenschlaf aufzustehen. Wache
auf, der du schläfst, sprichst du zu mir, ich will

dich reinigen. Ja, ich sehe, daß du mich durch diese Krankheit an das Ende meines Lebens erinnern willst, daß ich, wenn ich gesund werde, deine Allmacht, Liebe und Güte erkennen und preisen soll, welches nicht geschehen wäre, wenn du mich nicht auf diese Weise heimgesucht hättest. Nun Herr, so führe das gute Werk an mir aus, welches du in mir angefangen hast, zu deiner Ehre und zu meiner Seele Heil!

Mach immer süßer mir den Himmel und immer bitterer diese Welt, / Gib, daß mir in dem Weltgetümmel die Ewigkeit sei vorgestellt.   Amen.

Gesang
Mel.: Alle Menschen müssen sterben

Krankheit, Leiden, Angst und Schmerzen und was sonsten mich anficht, / Reißen mir aus meinem Herzen Gott und seine Liebe nicht; / Will mein Gott mich gleich betrüben, will ich ihn doch herzlich lieben, / Er verbleibet doch mein Gott in der größten Angst und Not.

Er will durch das Kreuz mich ziehen von der Welt und Sicherheit, / Daß ich alle Sünd soll fliehen und nicht meine Seligkeit / Mög durch eigne Schuld verlieren; er will meinen Geist so zieren, / Daß er ewig soll allein seine reine Wohnung sein.

Wenn ich recht mein Kreuz ansehe, so ist es ein Liebeszug, / Daß ich Gottes Wege gehe und vermeid den Selbstbetrug, / Daß ich ihn erkennen lerne und mich von der Welt entferne; / Hier seh ich, wie Gottes Treu wird mit jedem Morgen neu.

Jesu, schließ in deine Wunden meine matte Seele ein, / Laß in meinen Jammerstunden darin ihre Wohnung sein; /

Es sei'n Seele, Leib und Leben, treuer Vater, dir ergeben, / Schütze, stärk, erquicke mich in dem Leiden gnädiglich.

Ich befehl in deine Hände, liebster Jesu, meinen Geist, / Stärke mich bis an das Ende; wenn das Lebensband zerreißt, / So laß mich mit Freuden schauen jene schönen Himmelsauen, / Führe mich durch Kampf und Streit zu der Seelen Seligkeit.

Voll Gottvertrauen

Herr, mein Gott, da ich zu dir schrie, machtest du mich gesund. Herr, du hast meine Seele aus der Hölle geführt, du hast mich lebendig erhalten, da jene in die Grube fuhren. Psalm 30, 3—4.

Gebet

Mein Herr und Gott, du siehst, wie mich Schmerz und Leid umgeben haben und wie meine Plage alle Morgen neu ist; meine Krankheit weicht nicht, und ich weiß nicht, ob dieses Lager nicht mein letztes ist. Dies stelle ich in deinen heiligen Willen; ich will leben und sterben, wenn es dir gefällt. Meine Jahre sind eine Hand breit vor dir. Meine Tage stehen in deinen Händen, du hast mir ein Ziel gesetzt, das werde ich nicht übergehen. Du hast in dein Buch geschrieben, wieviel meiner Tage werden sollen, als ihrer noch keiner da war. Ich lasse deswegen den Mut nicht sinken, sondern hebe meine Augen auf zu den Bergen, von welchen mir Hilfe kommt; meine Hilfe kommt von dem Herrn, der Himmel und Erde gemacht hat. Ich weiß, daß du ein allmächtiger Gott bist, daß Leben und Tod in deiner Hand stehen, daß du durch deine Allmacht auch Tote erwecken und das größte Elend lindern und aufheben kannst. Des Herrn Hand ist nicht verkürzt, der Helfer in Israel kann allen Jammer wenden, ja, er kann überschwänglich tun über alles, das wir bitten und verstehen. Ich schaue von meinem Lager nicht auf schwache Menschen, nicht auf mich, denn ich bin krank und elend, sondern über mich, zu dir, meinem Gott und Herrn. Ich weiß, bei dem Herrn ist kein Ding unmöglich. Herr, deine Allmacht hat kein Ende. Wo ist ein solcher Gott, wie du bist? Mein Gott, der du den Gichtbrüchigen geheilt, den Jüngling erweckt, siehe auch mich in Gnaden an, du mächtiger Schutzherr deiner Gläubigen! Hilf mir auch, erbarme dich meiner, tue ein Zeichen an mir, daß es mir wohlgehe. Doch wie es dir wohlgefällt, ich weiß, du kannst es tun nach deiner Allmacht und du wirst es auch tun nach deiner Güte, wenn es meiner Seele nütze ist.

Auf meinen lieben Gott trau ich in Angst und Not, / Er kann mich allzeit retten aus Trübsal, Angst und Nöten, / Mein Unglück kann er wenden, es steht in seinen Händen. Amen.

Gesang
Mel.: Schwing dich auf zu deinem Gott

Lasset doch den weisen Gott alle Dinge machen, / Überlasset eure Not, Kümmernis und Sachen / Seiner Weisheit; er weiß wohl, wie es muß ergehen, / Wann und wo und wie er soll euch in Not beistehen.

Schreibt dem weisen Gott nicht für Stunde, Zeit und Maße, / Fraget nicht mit Ungebühr, was er tu und lasse; / Er fängt ja nicht heute an erst für euch zu sorgen; / Dem Gott, der euch helfen kann, ist gar nichts verborgen.

Was der weise Vater tut auf der weiten Erden, / Das
muß uns gewißlich gut und recht heilsam werden, / Gehen
auch die Sachen nicht, wie wir gerne wollten / Und wie sie
nach unserm Licht anders gehen sollten.

O du weiser Gott, dir sei alles heimgestellet, / Stehe mir
in Gnaden bei, machs wie dirs gefället: / Mach es mit mir
gnädiglich hier auf dieser Erden, / Lieber Vater, führe mich,
laß mich selig werden.

Dank für den Taufbund

Die heilige Taufe, nicht das Abtun des Unflats am Fleisch,
sondern der Bund eines guten Gewissens mit Gott.
1. Petri 3, 21.

Gebet

Herr Gott, Vater, Sohn und Heiliger Geist, siehe,
ich, dein Kind, bin in einem solchen Elend, daß
ich in der Welt keinen Helfer mehr finde; ich sehe
umher, ich frage nach Hilfe, aber niemand nimmt
sich meiner an; und doch will ich nicht kleinmütig
werden, sondern ich will vielmehr zu meinem
himmlischen Vater gehen und ihm meine Not
klagen. Eilt in der Not das Schäflein zu seinem
Hirten, das Kind zu dem Vater, der Untertan zu
seinem König, mein König, mein Vater, mein
Hirte, so komme ich zu dir. Du dreieiniger Gott,
gedenke doch, daß ich dein Kind bin, daß du in
der heiligen Taufe einen Bund mit mir gemacht
hast. In diesem Bunde hast du mir zugesagt, du
wollest mein Vater sein, für mich sorgen und mir
helfen. Dreieiniger Gott, siehe, hier kommt dein

armes Kind zu dir; mein himmlischer Vater, nimm
du mich auf. Ich weiß, du bist ein allmächtiger,
gnädiger und liebreicher Vater; wohin soll das
Kind in seiner Not, als zu seinem Vater? Herr
Gott Vater im Himmel, erbarme dich über mich!
Herr Gott Sohn, der Welt Heiland, erbarme dich
über mich! Herr Gott Heiliger Geist, erbarme dich
über mich! „Wie sich ein Vater über seine Kinder
erbarmt, so erbarmt sich der Herr über die, so
ihn fürchten." Ach erbarme dich auch über mich!
Bin ich ein ungehorsames Kind gewesen, so bereue
ich es; bin ich gleich von dir gewichen, stell ich
mich doch wieder ein. Ließ der Vater dem ver=
lorenen Sohn Hilfe widerfahren, so nimm mich
auch in Gnaden an, der ich in Buße und Glauben
jetzt zu dir komme und spreche: „Erbarme dich,
erbarme dich, Gott, mein Erbarmer, über mich!"
Wenn du willst Sünde zurechnen, Herr, wer wird
bestehen? In solchem Vertrauen, mein Vater, warte
ich auf deine Hilfe; ich habe erkannt, daß ein
Kind Gottes sein und krank und elend sein wohl
beieinander sein können; darum soll der Satan
mich in meiner kindlichen Zuversicht nicht irre
machen. Allein laß mich auch bald dein väterliches
Herz erblicken, daß du meiner nicht vergessen
habest, laß mich deine Vaterhand spüren.

Betrübtes Herze, sei zufrieden, ob dich schon tausend
Kummer plagt, / Der Himmel bleibt dir doch beschieden, den
dir dein Jesus zugesagt; / Stellt sich schon Not und Krankheit ein, so will doch Gott dein Vater sein. Amen.

Gesang

Mel.: Wer nur den lieben Gott läßt walten

Ich bin getauft, ich steh im Bunde durch meine Tauf mit meinem Gott, / So sprech ich stets mit frohem Munde in Kreuz, in Trübsal, Angst und Not; / Ich bin getauft, des freu ich mich, die Freude bleibet ewiglich.

Ich bin getauft, ich hab empfangen das allerschönste Ehrenkleid, / Darin ich allezeit kann prangen allhier und in der Herrlichkeit, / Ich bin mit Jesu Blut erkauft, ich bin auf Jesu Tod getauft.

Ich bin getauft und eingeschrieben, mich schließt das Buch des Lebens ein, / Mein Vater wird mich ewig lieben und seinem Kinde gnädig sein; / Es ist mein Name Gott bekannt, mein Name steht in seiner Hand.

Ich bin getauft, was kann mir schaden? Ich bin und bleibe Gottes Kind, / Ich weiß, ich bin bei Gott in Gnaden, bei ihm ich Trost und Hilfe find, / Denn wenn ich weine bitterlich, so spricht mein Vater: Hier bin ich!

Ich bin getauft, ihr Feinde, weichet! Ich stehe unter Gottes Schutz, / Der seinem Kind die Hand darreichet; was acht ich eurer Macht und Trutz? / Rührt ihr ein Gotteskind nur an und glaubt, daß Gott es schützen kann.

Ich bin getauft; ob ich gleich sterbe, was schadet mir das kühle Grab? / Ich weiß mein Vaterland und Erbe, das ich bei Gott im Himmel hab. / Nach meinem Tod ist mir bereit des Himmels Freud und Ehrenkleid.

Gottes Freundlichkeit

Der Herr aber wird mich erlösen von allem Übel und wird mir aushelfen zu seinem himmlischen Reich, welchem sei Ehre von Ewigkeit zu Ewigkeit. Amen. 2. Tim. 4, 18.

Gebet

Du heiliger dreieiniger Gott, wenn ich mich jetzt schwach befinde an meinem Leibe, so will ich doch nicht schwach werden in meinem Glauben und Vertrauen zu dir. Zwar will die Länge und die Last meiner Krankheit mich kleinmütig machen, allein ich ermuntere mich wieder durch deinen Heiligen Geist, und auch damit, daß ich deine früheren Wohltaten bedenke. Solltest du mich verlassen, mein Schöpfer, der du mich aus Nichts erschaffen und bis auf diese Stunde mein Leben erhalten hast? Die Hand, die mich bisher geleitet und gestärkt hat, wird mich auch in meiner Krankheit erhalten. Liebe ist es, daß du mir bisher Gesundheit geschenkt hast. Liebe ist es, daß du Unglück und große Schmerzen von mir abgewendet. Liebe ist es, daß du mir bis auf den heutigen Tag so viel Gnade und Barmherzigkeit hast widerfahren lassen. Darum übergebe ich mich dir auch in meiner Krankheit. Solltest du mich verlassen, mein Erlöser, der du mich durch dein heiliges Blut erlöst hast? Du hast meiner Seele dich herzlich angenommen, daß sie nicht verdürbe, so wirst du auch meinem armen und kranken Leibe Hilfe angedeihen lassen. O du Lamm Gottes, das der Welt Sünde trägt, erbarme dich mein in meinem gegenwärtigen Leiden. Solltest du mich verlassen, der du Leib und Seele geheiligt und sie in der heiligen Taufe dir zum Tempel geweiht hast? Du wirst gewiß auch in meiner Schwachheit mein Beistand und mein Tröster bleiben und mir auch jetzt Zeugnis geben, daß ich ein Kind Gottes sei. Darum will ich guten Muts sein und will zu meiner Seele sagen: Es hat dich der himmlische Vater in seine ewige Liebe eingeschlossen; der Sohn Gottes hat dich zu seinem Eigentum erwählt; der Heilige Geist hat dich seines süßen Trostes versichert; der ganze Himmel mit aller seiner Herrlichkeit ist mein. Weil es denn so ist, will ich mich um meinen kranken Leib nicht bekümmern, sondern mein Anliegen auf den Herrn werfen und Gott vertrauen, der mir so viel Gutes erwiesen hat. Gott Vater, was du erschaffen hast, Gott Sohn, was du erlöst hast, Gott Heiliger Geist, was du geheiligt hast, das befehle ich dir in deine Hände; deinem heiligen Namen sei Lob, Ehre und Preis jetzt und in Ewigkeit.

Keinen hat Gott verlassen, der ihm vertraut allzeit, /
Und ob ihn schon viele hassen, geschieht ihm doch kein Leid; /
Gott will die Seinen schützen, weil er ihr starker Hort, /
Und geben, was tut nützen, hier zeitlich und auch dort. Amen.

Gesang
Mel.: Wer nur den lieben Gott läßt walten

Ist Gott für mich, so bin ich fröhlich und hab im Leiden guten Mut, / Auch in dem Tode bin ich selig durch Gottes Gnad und Jesu Blut; / Gott ist für mich, das weiß ich wohl, drum bin ich alles Trostes voll.

Ist Gott für mich in Trauertagen, wenn lauter Ungemach mich schreckt, / So will ich dennoch nicht verzagen, weil seine Vaterhand mich deckt; / Gott ist für mich, weil sich mein Leid in Freud verkehrt zu seiner Zeit.

Ist Gott für mich in meinen Nöten, wenn nun der harte Kampf angeht, / So werden sie mich doch nicht töten, dieweil mir Gott zur Seite steht; / Gott ist für mich, der treue Gott, und er hilft mir aus aller Not.

Ist Gott für mich, so wird sich enden, der Jammer, der mich heftig plagt; / Mein Gott wird sich von mir nicht wenden, die Hilfe bleibt mir unversagt: / Gott ist für mich, getrost, mein Geist! Gott ist es, der mir Beistand leist't.

Ist Gott für mich, wenn ich nun sterbe, so höret auf mein Kampf und Streit; / Es kommt die Stunde, da ich erbe die Ehrenkron und Seligkeit; / Gott ist für mich, wenns Herze bricht und wenn erblaßt mein Angesicht.

Leiden ohne Klage

Ich will schweigen und meinen Mund nicht auftun, denn du hasts getan. Psalm 39, 10.

Gebet

Du heiliger und weiser Gott, ich sehe deinen heiligen Rat und Willen an mir, daß ich diese Tage und Wochen, solange es dir gefällt, auf meinem Bett und in meinem Hause zubringen soll. Ich widerspreche deinem heiligen Willen nicht, ich will nicht wider dich murren, sondern sage: Siehe, hier bin ich, der Herr machs mit mir, wie es ihm wohlgefällt; sollte ich den Kelch nicht trinken, den mir mein Vater gegeben hat? Ich will des Herrn Zorn tragen, denn ich habe wider ihn gesündigt. Auch das bittere Leiden kann meiner Seele nicht

anders denn heilsam sein. Du bist mein Gott und
Vater von Jugend auf, so wirst du es in meiner
Krankheit auch bleiben. Soll ich also liegen und
leiden, mein Gott, machs doch nicht zu lange,
sondern gib mir zuweilen eine Erquickungsstunde,
darin du mich von meinen Schmerzen befreist
und mein Leiden linderst. Soll ich viel leiden,
so gib mir auch viel Kräfte; du weißt ja, wie schwach
ich bin, und du weißt wohl, was ich tragen kann.
Mache es mit mir wie eine Mutter mit ihrem
schwachen Kinde: trage mich und nimm mich in
deinen Arm und Schoß. Soll mein Leiden schwerer
werden, so weiche du nur nicht von mir mit deiner
Gnade und Hilfe. Soll ich noch mehr betrübte
Nächte haben, so laß mich deinen Trost empfinden,
daß du dennoch mein Vater und Freund seist. Ich
weiß wohl, wenn du deinen Kindern Leiden schickst,
so willst du sie nicht verderben, sondern zu dir
ziehen. So ziehe mich denn, mein Gott, durch diese
Krankheit zu dir, zur Heiligung, zur Frömmigkeit,
zum Himmel, zur Seligkeit. Ja, mein Gott, ob du
mich gleich leiden lässest, so will ich deswegen
nicht von dir fliehen. Mein Hirte, führst du mich
Dornenwege, die meinen Leib und Seele verwun-
den, so folge ich dir willig nach. Hat das Haupt
Dornen getragen, so können die Glieder nicht auf
Rosen gehen. Ich habe dich geliebt, da du mir
Gesundheit gabst, darum will ich dich auch lieben
in Krankheit, Leiden und Schmerzen; ich weiß,
du kannst mir helfen.

Gott hat mich in guten Tagen oft ergötzt, sollt ich jetzt nicht auch etwas tragen? / Fromm ist Gott und schärft mit Maßen sein Gericht, kann mich nicht ganz und gar verlassen. Amen.

Gesang

Mel.: Wer nur den lieben Gott läßt walten

Hat dir dein Gott ein Kreuz beschieden und fließt mit Tränen dein Gesicht, / So sei mit deinem Gott zufrieden und murre ja dagegen nicht; / Faß' deine Seel nur in Geduld und tröste dich mit Gottes Huld.

Sieh, der Gott, der dich krank kann machen und wirft dich auf das Sterbebett, / Dem sind es ja gar leichte Sachen, daß er dich wiederum errett; / Denn er macht krank und macht gesund zu dieser und zu jener Stund.

Du mußt dich deinem Gott ergeben und sagen: Siehe, hier bin ich; / Dir will ich sterben und auch leben, dir überlaß' ich gänzlich mich; / Machs mit mir in der Zeit und Welt, mein Vater, wie es dir gefällt.

Wer also ohne Murren träget und mit Geduld das auf sich nimmt, / Was Gottes Liebe ihm aufleget, dem ist die Hilfe schon bestimmt; / Der wird erquickt hier in der Zeit und drüben in der Ewigkeit.

Vor der Krankenkommunion

Der Mensch prüfe sich selbst, und also esse er von diesem Brot und trinke von diesem Kelch. 1. Kor. 11, 28.

Gebet

Herr Gott, barmherzig, gütig und von großer Treue, ich armer Mensch bin bereit, meine Sünde dir herzlich abzubitten, die ich zeit meines Lebens

begangen. Ich will in den Wunden meines Jesu Gnade und Vergebung suchen und zu einem seligen Abschied aus dieser Welt mich bereiten. Es hat dir gefallen, mein Gott, mich auf dieses Krankenbett zu legen; weil ich aber nicht weiß, ob ich wieder gesund aufstehen oder sterben werde, so will ich vor allen Dingen meine Seele versorgen und das übrige dir, meinem gütigen und barmherzigen Gott, befehlen. Ich will mich mit dir versöhnen, solange ich meinen Verstand noch habe, solange ich mich noch besinnen kann; ich will dich um Verzeihung bitten, weil ich noch beten kann. Ich weiß wohl, wer sich zum seligen Sterben bereitet, tut sich den größten Nutzen, nämlich den, daß, wenn er gesund wird, er sich vor der Sünde hüte, die er in seiner Krankheit erkannt und bereut hat, und wenn er stirbt, daß er versichert sei, er sterbe wohlvorbereitet. Dies sind auch meine Gedanken, mein Gott! Ich will nach erlangter Vergebung der Sünden das heilige Abendmahl empfangen und dann geduldig, freudig und gläubig erwarten, wie du es mit mir machen wirst. Deswegen falle ich vor dir nieder und spreche: Sei deinem Kinde gnädig, rechne mir nicht zu die Sünden meiner Jugend und die Torheiten meiner jungen Jahre. Herr, sei gnädig meiner Missetat, die da groß ist, um Jesu, meines Heilandes, willen! Mein Gott, gib Gnade zu meinem heiligen Vorhaben, stärke mich zu diesem Werke, daß ich's zu deiner Ehre und meinem Heil vollbringen möge.

Ich komme, Herr, zu dir allhie in meiner Not geschritten / Und will dich mit gebeugtem Knie von ganzem Herzen bitten: / Verzeihe mir doch gnädiglich, was ich mein Lebtag wider dich / Auf Erden hab begangen.   Amen.

Gesang

Mel.: O Gott, du frommer Gott

Ich will mich dankbar froh dem Liebesmahle nahen / Und Jesu Leib und Blut zu meinem Trost empfahen; / Herr, mein Gott, stärke mich, ach, weiche nicht von mir, / Daß ich im Andachtstrieb vereinigt bleib mit dir.

Vertreibe doch von mir die sündlichen Gedanken / Und lasse deinen Geist von meinem Geist nicht wanken; / Verbind, mein Jesu, dich mit meinem Geist und Sinn, / Daß ich der Lieb genieß, darnach ich durstig bin.

Herr, heilige mein Herz, ach, heilige die Sinnen, / Mein Jesu, nimm sie ein und wohne selbst darinnen: / Herr, mach sie allesamt recht heilig, schön und rein / Und laß sie immerdar dein Haus und Wohnung sein.

Erweck zugleich in mir die wahre Seelenstille, / Daraus die Seelenfreud und wahre Andacht quille; / Darin ich schmecken mög, Herr, deine Gütigkeit, / Die Gegenwart, den Trost und wahre Seelenfreud.

Ja, laß die Heiligung, die in mir angefangen, / Zum größern Licht und Glanz von Tag zu Tag gelangen; / Du Sündenlust, geh aus, mein Jesus gehet ein, / Denn er nimmt Leib und Seel zu seinem Tempel ein.

Um Vergebung der Sünden

Ich schuldige mich und tue Buße im Staub und in der Asche.
   Hiob 42, 6

Gebet

Du gnädiger und liebreicher Vater, ich habe mir in deinem Namen vorgenommen, dich um Gnade und Vergebung meiner Sünden zu bitten und dann auf meinem Krankenbett das heilige Abendmahl zu empfangen. Ich lebe und weiß nicht, wie lange; ich muß sterben und weiß nicht, wann; darum komme ich vor deinen Gnadenthron und bitte dich demütig um Vergebung aller meiner Sünden. Mein Gott, ich muß gestehen, daß ich dich bisher vielfältig erzürnt. Ich habe leider meine gesunden Tage nicht alle angewendet zu deiner Ehre und zu deinem Dienst, darum du auch Ursache hast, mich heimzusuchen, damit ich in mich gehe. Verzeihe mir, daß ich dich nicht eifriger geliebt, daß ich nicht frömmer gelebt habe. Gedenke nicht der Sünden meiner Jugend, gedenke aber meiner nach deiner großen Barmherzigkeit. Wie erschrecke ich, wenn ich vor deinem Richterstuhl Rechenschaft geben soll von einem jeglichen unnützen Wort, das ich geredet habe! Wie werde ich mit meinen Gedanken vor dir bestehen, wenn du auch ein Richter der Gedanken bist? Und soll ich von meinem ganzen Leben Rechenschaft geben, wer kann vor dir bestehen? Darum komme ich vor deinen Gnadenthron in gläubiger Zuversicht und bete: Um meines Jesu Wunden willen erbarme dich über mich, vergib mir alle meine Sünden, hilf mir, lieber Herre Gott! Ich schäme mich, mein Gott, die Augen vor dir aufzuheben, ich schäme mich der vorigen

Jahre und der begangenen Sünden. Hätte ich doch frommer und christlicher gelebt! Darum gelobe ich dir, Gott, ein neues Leben anzufangen. Wirst du mir meine Gesundheit wiedergeben, so will ich die Jahre, die du mich auf Erden noch leben lässest, zu deiner Ehre im Glauben zubringen und sie als ein Geschenk annehmen, und will mein Leben lang gedenken an diese Krankheit und an die Angst meiner Seele, aber auch an deine mächtige Hand. Herr, sei deinem Kinde gnädig und tilge alle meine Sünden nach deiner großen Barmherzigkeit um deiner Güte willen.

O Jesu voll der Gnad, auf dein Gebot und Rat / Kommt mein betrübt Gemüte zu deiner großen Güte; / Laß du auf mein Gewissen ein Gnadentröpflein fließen. / Wasch ab all meine Sünde, mit Trost mein Herz verbinde / Und ihrer nicht gedenke, ins Meer sie tief versenke. Amen.

Gesang
Mel.: Wer nur den lieben Gott läßt walten

Ich armer Sünder komme wieder, ich kehre um vom Sündenpfad, / Ich fall in tiefster Demut nieder und bitte herzlich dich um Gnad; / Ach Gott, denk nicht, was ich getan, ach, nimm mich armen Sünder an.

Herr Jesu, deine roten Wunden sind meine Zuflucht allezeit, / Darin ich immerdar gefunden Vergebung, Friede, Seligkeit; / Herr, denk doch nicht, was ich getan, Herr, nimm mich armen Sünder an.

Ich will ein ander Leben führen, Herr, schenk mir deines Geistes Gab; / Ein jeder soll nun sehn und spüren, daß ich mich ganz geändert hab; / Ach Gott, denk nicht, was ich getan, Herr, nimm mich armen Sünder an.

Vor dem Genuß des heiligen Mahles

Wer mein Fleisch isset und trinket mein Blut, der hat das
ewige Leben, und ich werde ihn am Jüngsten Tage auferwecken. Denn mein Fleisch ist die rechte Speise, und
mein Blut ist der rechte Trank.   Joh. 6, 54—55.

Gebet

Liebster Jesu, ich will jetzt dein Liebesmahl
empfangen, weil ich nicht weiß, wann ich von der
Welt abscheide. Damit ich aber nicht ohne dich vor
dem Gericht Gottes erscheinen möge, so will ich
mich noch einmal mit dir vereinigen, auf daß du
in mir seiest und ich in dir bleibe. Ich will das
heilige Abendmahl empfangen und bin gewiß, daß
du auch mit deiner Gnadengegenwart mich erfreuen wirst. Liebster Seelenfreund, du bist ja nahe
bei den Elenden, du erfreust die Betrübten, du
hilfst denen, die ein zerschlagenes Gemüt haben;
so laß auch jetzt mein Herz erfreut und meine Seele
durch diese himmlische Speise erquickt werden.
Liebster Jesu, da ich also in heiliger Andacht dein
himmlisches Freudenmahl auf Erden halten will,
so steure den Schmerzen und der Krankheit und
gib mir die Erquickung in dieser Stunde, daß ich
ungehindert und ungestört mein Vorhaben ausführen kann. Ich verkündige jetzt deinen Tod und
erinnere mich an dein Leben und Sterben, an deine
Marter und Pein, an deinen Kreuzestod, an alles,
was du für mich getan. „Nun, ich danke dir von
Herzen, Herr, für die gesamte Not, für die Wun-

den, für die Schmerzen, für den herben, bittern Tod, für dein Zittern, für dein Zagen, für dein tausendfaches Klagen, für dein Angst und tiefe Pein will ich ewig dankbar sein." Ich erinnere mich an die Einsetzung deines heiligen Abendmahls, in welchem du mich speisest und tränkest zum ewigen Leben. Ich glaube deinen Worten, wahrhaftiger Gott! Ich glaube, daß ich im heiligen Abendmahl deinen wahren Leib und dein wahres Blut empfange. Nun, diese himmlische Speise soll mich stärken im Glauben, daß ich mit Gott versöhnt sei, soll mich trösten, daß ich nicht verloren sei, sondern das ewige Leben habe, soll mich versichern, daß ich in deiner Gnade stehe, daß ich Vergebung der Sünden habe. Diese himmlische Speise und Trank sollen mich erinnern an die himmlische Freudentafel, an die ewige Herrlichkeit, in die du mich nach meinem Tode führen wirst. Mein Seelenhirte, führe dein Schäflein auf grüner Aue, speise mich mit dem Brot des Lebens, erquicke mich mit deinem heiligen Blut. Alsdann kann mir der Satan nicht schaden, die Sünde mich nicht verklagen und verdammen; hier habe ich ein vollkommenes Lösegeld für meine Sünden, welches du am Stamm des Kreuzes für mich bezahlt hast, dadurch ich gerecht und selig bin.

Ach, wie hungert mein Gemüte, Menschenfreund, nach deiner Güte; / Ach, wie pfleg ich oft mit Tränen mich nach deiner Kost zu sehnen; / Ach, wie pfleget mich zu dürsten nach dem Trank des Lebensfürsten, / wünsche, daß in Brot Weine Christus sich mit mir vereine. Amen.

Gesang

Mel.: Allein Gott in der Höh sei Ehr

O allerliebstes Seelenpfand, dem nichts an Hoheit gleichet / Und welches von des Höchsten Hand mir jetzt wird dargereichet; / der Seele allerhöchstes Gut, des Herren Jesu Leib und Blut / Will ich heut froh empfangen.

Der Gott der Liebe liebet mich; doch damit diese Liebe / Recht herrlich offenbaret sich und mir vor Augen bliebe, / So gibt er dieses Pfand dabei, daß er mit mir verbunden sei / Und ewig bleiben wolle.

Dies Pfand versichert mich aufs neu, daß alle Sünd vergeben / Und daß mein Gott mir gnädig sei, daß ich hinfort soll leben / In seiner Liebe, Huld und Gnad, die er mir jetzt versiegelt hat / Durch seine Seelenspeise.

Ja, dieses Pfand versichert mich, daß ich soll auferstehen / Am jüngsten Tage seliglich und zu der Freud eingehen; / Weil ich dies Pfand empfangen hab, so bleib ich nicht in meinem Grab, / Wenn ich im Glauben sterbe.

Herr Jesu, ja, dir lebe ich und dir will ich auch sterben; / Ich bin gewiß, du nehmest mich nun an zu deinem Erben, / Zum Erben hier in dieser Zeit, zum Erben dort in Ewigkeit; / So sterb ich ja mit Freuden.

Nach dem heiligen Abendmahl

Ich lebe aber, doch nun nicht ich, sondern Christus lebt in mir; denn was ich jetzt lebe im Fleische, das lebe ich im Glauben des Sohnes Gottes, der mich geliebt hat und sich selbst für mich dargegeben. Gal. 2, 20.

Gebet

Mein Jesu, mich hat herzlich verlangt, das heilige Abendmahl zu empfangen, ehe denn ich sterbe.

Dieses Verlangen ist mir jetzt erfüllt worden; du hast mich gespeist und getränkt, dafür preise ich dich von Grund meiner Seele. „Lobe den Herrn, meine Seele, und vergiß nicht, was er dir Gutes getan hat. Herr, nun lässest du deinen Diener in Frieden fahren, denn meine Augen haben deinen Heiland gesehen." Jesu, lebe in mir, schenke mir einen gelassenen Mut, eine dir ganz ergebene Seele. Erhalte mich beständig bei heiligen und guten Gedanken und laß dein liebliches, süßes An= denken immer in meinem Herzen sein. Willst du mich, Jesu, durch den Tod von diesem Leben ab= fordern, so geschehe dein Wille. Ich weiß, meine Sünde ist mir vergeben, darum darf ich mich nicht fürchten, vor dich zu treten. Ich weiß, Jesus hat mir seine Gerechtigkeit geschenkt; wenn ich in die= sem Schmuck und Ehrenkleid vor dich komme, so wirst du mich um derselben willen von dem Ge= richt lossprechen. Ich weiß, Jesus ist mein Für= sprecher bei Gott, ich sterbe in der Gnade Gottes, im Frieden mit Gott, ich bin des Beistandes des Heiligen Geistes versichert. So bin ich selig und sterbe selig, so fahre ich selig aus der Welt und werde auch ewiglich selig sein. Dies ist eine große Wohltat, die du mir, Gott, an meiner Seele getan hast, daß ich jetzt dieses himmlische Liebesmahl mit Jesus habe halten können; diese himmlische Speise stärke und erhalte mich in wahrem Glauben zum ewigen Leben. Verleihe mir auch, daß mein letztes Wort, das ich auf der Welt rede, Jesus sein möge und daß meine letzten Gedanken, die ich denke, auf Jesu Blut und Tod gerichtet seien, so weiß ich, daß ich fröhlich und selig leben und sterben werde. Ja, wer will mich scheiden von der Liebe Jesu? Ich lasse ihn nicht, bis er mich bringt zu der Gemeinschaft der Heiligen und Auserwählten im Licht.

Sei Lob und Preis mit Ehren, Gott Vater, Sohn und Heiliger Geist, / Der woll in uns vermehren, was er aus Gnaden uns verheißt, / Daß wir ihm fest vertrauen, uns ganz verlassen auf ihn, / Von Herzen auf ihn bauen, daß unser Herz und Sinn / Ihm möge fest anhangen. Drauf singen wir zur Stund: / Amen, wir werdens erlangen, wir glauben von Herzensgrund. Amen.

Gesang

Mel.: Schmücke dich, o liebe Seele

Nun ist meine Seel gespeiset, dafür sei mein Gott gepreiset; / Mit der Speis ist mir gegeben Gnade, Segen, Licht und Leben; / Jesus hat sich mir geschenket, ich hab mich in ihn versenket; / Ich hab seine Lieb empfunden; o der süßen Freudenstunden!

Dieses war auch mein Verlangen, Jesum selig zu empfangen; / Nun empfind ich Ruh und Frieden, Jesu Reich ist mir beschieden. / Wie hoch ist mein Herz geehret, da mein Jesus eingekehret, / Da er in mein Herz gekommen und hat Wohnung drin genommen.

Er soll auch mein Herz regieren, es mit Licht und Recht auszieren; / Seele, Geist und alle Sinnen, Worte, Werke und Beginnen / Sollen stets in allen Dingen, was mein Jesus will, vollbringen; / Ich will nichts mehr tun und denken, ich will Jesus ganz mich schenken.

Jesus, Jesus soll mich stärken, daß in meinem Tun und
Werken / Ich befördre seine Ehre, sonsten aber nichts be=
gehre / Und dem Bösen widerstehe, im Gehorsam ihm nach=
gehe. / Jesu, laß es mir gelingen und viel Glaubensfrüchte
bringen.

Beim Gebrauch der Arznei

Ist jemand krank, der rufe zu sich die Ältesten von der
Gemeine und lasse sie über sich beten und salben mit Öl
in dem Namen des Herrn. Und das Gebet des Glaubens
wird dem Kranken helfen, und der Herr wird ihn auf=
richten, und so er Sünden getan hat, werden sie ihm ver=
geben sein. Jak. 5, 14—15.

Gebet

Du großer Gott, du siehst den Zustand, in dem
ich stehe, denn vor deinen allsehenden Augen ist
gar nichts verborgen. Du siehst auch auf mein
Krankenbett und weißt, wie mir zumute ist. Mein
Gott, ich will die Arznei in deinem Namen ge=
brauchen; meine einzige Hoffnung aber steht auf
dich, denn du bist mein Arzt. Jedoch weil du Kräu=
ter aus der Erde wachsen lässest und die Arzneien
selbst erschaffen hast, welche zur Gesundheit die=
nen, so will ich solche unter herzlicher Anrufung
und mit Gebet auch zu mir nehmen; lege du selbst
den Segen hinein. Zwar weiß ich wohl, daß du
ohne Arznei gesund machen kannst; wenn du nur
ein Wort sprichst, so wird der Kranke gesund, wenn
du nur winkest, muß die Krankheit weichen. Doch
bitte ich dich, großer Gott, segne die Arznei, die

ich jetzt in deinem Namen empfange, laß sie mir gedeihen zur Gesundung, zur Linderung meiner Schmerzen, zur Erquickung in meiner Schwachheit. Sprichst du deinen Segen dazu, so kann auch das geringste Kräutlein mir helfen. Ich nehme die Arznei nicht, die Gesundheit zu erzwingen, sondern als ein Mittel, das du mir erlaubt hast, die Gesundheit von deiner gnädigen Hand wieder zu erlangen. Wenn du sie mir nun gedeihen lässest, so werde ich wieder genesen, denn meine Tage stehen in deiner Hand. Ohne deinen Segen kann nichts gedeihen, darum ich, Gott, um Segen zu dir schreie; was du, Herr, segnest, das ist gesegnet ewiglich. Wirst du durch die Arznei mir helfen, so will ich zwar für die Mittel dir herzlich danken, aber auch gedenken, daß mich nicht Kraut und Pflaster, sondern deine Gnade erhalten und deine Hand geheilt hat.

Hör, ach hör mein seufzend Schreien, allerliebstes Vaterherz, / Wollst all Sünden mir verzeihen, lindern meinen großen Schmerz; / Erbarme dich, erbarme dich, Gott, mein Erbarmer, über mich! Amen.

Gesang
Mel.: Zion klagt mit Angst und Schmerzen

Wer in Kreuz und Trübsal stecket, Schau den Himmel fleißig an; / Wer den bittern Kreuzkelch schmecket, welchen niemand trinken kann, / Der gedenk deswegen nicht, als ob Gott sein Angesicht / Von ihm hätte abgewendet, wenn er nicht die Hilf gleich sendet.

Großer Gott, an deinem Segen (sprech ich jetzt mit Herz und Mund) / Ist es nur allein gelegen, daß ich wieder werd gesund; / Lege deine Kraft hinein, segne meine Arzenein, / Laß die Krankheit bald verschwinden und mich Stärk und Lindrung finden.

Dir will ich mich ganz ergeben, Tod und Leben steht bei dir; / Soll ich dennoch länger leben: wie du willst, geschehe mir; / In dem schweren Leibesschmerz weiß ich, daß dein Vaterherz / Nach dem Weinen, Seufzen, Schreien mich vom Leiden wird befreien.

Um Linderung der Schmerzen

Wenn ich schon rede, so schont mein der Schmerz nicht; lasse ich's anstehen, so geht er nicht von mir. Hiob 16, 6.

Gebet

Herr, höre mein Gebet, vernimm mein Flehen, mein König und mein Gott, denn ich will vor dir beten. Ich will beten und bitten, du wollest mich in meiner Leibesschwachheit in Gnaden ansehen und meine Schmerzen und mein großes Leid lindern. Du hast ja verheißen, du wollest uns nicht über unser Vermögen versuchen lassen, sondern machen, daß die Versuchung so ein Ende gewinne, daß wirs können ertragen. Siehe, mein Gott, die Last wird mir fast zu schwer, die Schmerzen nehmen überhand, mein Leib ist matt, meine Kräfte haben abgenommen, meine Zunge klebt an meinem Gaumen, das Gesicht vergeht mir, daß ich so lange harren muß auf meinen Gott. Mich verlangt nach dir. Verziehe nicht, mein Gott, du weißt, wie weh mir ist und daß der betrübten Tage und Nächte schon viele geworden sind; du hast selbst mein Seufzen und Klagen gehört. Wohin soll ich, wohin kann ich als nur zu dir allein, mein Herr und Gott! Ich weiß, du kannst mir helfen; es steht bei dir, sprich nur ein Wort, so werde ich leben. Liebster Jesu, der du dem tobenden Meer befohlen hast, sich zu legen, befiehl auch meinen Schmerzen, daß sie sich legen müssen. Erquicke mich doch wieder, nachdem ich so lange gelitten und so vieles ausgestanden habe. Komme zu mir mit deiner Hilfe, ehe mich der Schmerz gar aufreibt. Aus der Tiefe rufe ich, Herr, zu dir, laß deine Ohren merken auf die Stimme meines Flehens; meine Seele wartet auf den Herrn und auf seine Hilfe von einer Morgenwache bis zur anderen, denn bei dem Herrn findet man Hilfe. Hilf mir, Gott meines Heils, um deines Namens willens, errette mich und vergib mir meine Sünde um deiner Güte willen; doch nicht nach meinem, sondern nach deinem Willen.

Ach Gott, erhör mein Seufzen und Wehklagen, Laß mich in meiner Not nicht gar verzagen, / Du weißt mein' Schmerz, erkennst mein Herz, / Hast du mir's aufgelegt, so hilf mir's tragen. Amen.

Gesang

Mel.: O Gott, du frommer Gott

Herr, mein Gott, hilf mir doch, du siehst wohl, wie mir's gehet; / Herr, dir ist wohl bewußt, wie schlecht es um mich stehet; / Du kennest meinen Schmerz mehr, als ich sagen kann, / Drum hilf mir gnädiglich, sonst ists um mich getan.

Herr, mein Gott, hilf mir doch, auf dich steht mein Vertrauen; / Herr, laß mich deine Hilf mit Freuden eilig schauen; / Du bists, der Hilfe leist', ja, du bists ganz allein / Drum stelle dich doch bald zu meiner Hilfe ein.

Herr, mein Gott, hilf mir doch, ich weiß, du kannst mich retten, / Drum wollest du es tun in diesen meinen Nöten; / Du kannst es, du bist Gott, dem nichts unmöglich ist, / Du willst es, weil du auch zugleich mein Vater bist.

Herr, mein Gott, hilf mir doch, daß ich dein Lob erheben / Und dich auch preisen mög, dieweil ich werde leben, / Und sagen allezeit: Getrost, Gott lebet noch! / Und währt es noch so lang, sieh, mein Gott hilft mir doch.

Um Gottes Vatertreue

Zion spricht: Der Herr hat mich verlassen, der Herr hat mein vergessen. Kann auch ein Weib ihres Kindleins vergessen, daß sie sich nicht erbarme über den Sohn ihres Leibes? Und ob sie desselben vergäße, so will ich doch dein nicht vergessen. Siehe, in die Hände habe ich dich gezeichnet. Jesaias 49, 14—16.

Gebet

Du treuer Gott und Vater, der du mich je und je geliebt und aus großer Liebe zu dir gezogen hast, siehe, ich armer Kranker komme zu dir und bitte dich demütig, du wollest mich nicht in meiner Leibesschwachheit verlassen. Du weißt ja, mein Gott, daß mir ohne dich nicht geholfen werden kann. Ich aber weiß, daß ich von dir nicht verlassen bin. „Denn Gott verlässet keinen, der sich auf ihn verläßt, er bleibt getreu den Seinen, die ihm vertrauen fest; läßt sich's an wunderlich, laß du dir

gar nicht grauen, mit Freuden wirst du schauen,
wie Gott wird retten dich."

Mein Gott, verlaß mich nicht, sieh doch, wie
mein Leiden schon lange währt. Am Abend denke
ich: morgen wird es besser, am Mittag sehne ich
mich schon wieder nach dem Abend; in der Nacht
rufe ich oft: Hüter, ist die Nacht schier hin? Meine
Seele wartet auf dich von einer Morgenwache
bis zur andern. Mein Gott, verlaß mich nicht,
siehe doch, wie mein Leiden immer schwerer wird.
Laß doch die Last mich nicht gar erdrücken, nimm
weg den Stein, der auf mir liegt. Wohin soll ich,
wenn du mich verlassen willst? Verläßt du mich,
so bin und bleibe ich ohne Hilfe. Allein ich weiß,
du verläßt mich nicht, ich halte dir deine Ver=
heißung vor, da du gesprochen: „Ich will dich nicht
verlassen noch versäumen. Die auf den Herrn
harren, werden nicht fallen, sondern fest bleiben
wie der Berg Zion." Auf dein Wort traue ich und
hoffe, du wirst deine Zusage treulich halten im
Himmel. Du kannst mich nicht verlassen, denn ich
bin ja dein Kind; ich bin doch dein ererbtes Gut,
erworben durch dein teures Blut. Ich bin dein
Eigentum, darum wirst und kannst du dein Kind
und Eigentum nicht verlassen. Ich bin gewiß, du
wirst mich nicht verlassen, du hast mich noch nie ver=
lassen in meinen Leiden und Trübsalen, so wirst du es
diesmal auch nicht tun. Darum gebe ich mich zufrieden,
darauf verlasse ich mich und bin guten Muts und
sage: Herr, ich lasse dich nicht, du segnest mich denn.

Wo soll ich mich denn wenden hin? Zu dir, Herr Jesu, steht mein Sinn, / Bei dir mein Herz Trost, Hilf und Rat allzeit gewiß gefunden hat; / Niemand jemals verlassen ist, der sich verläßt auf Jesum Christ. Amen.

Gesang

Mel.: Wer nur den lieben Gott läßt walten

Ich trage mein Kreuz nicht alleine, mein Jesus träget es mit mir; / Im Leiden bin ich auch der Seine, er stehet bei mir für und für; / Ich trag mein Kreuz nun nicht allein, dies soll mein Trost und Hoffnung sein.

Den Beistand hat er mir versprochen und auch die Hilf zu seiner Zeit; / Wenn nun die Stunde angebrochen, so weichet auch mein Herzeleid; / Drum wird mein Glaube niemals klein, ich trage mein Kreuz nicht allein.

Sieh, Gott ist es, durch dessen Gnade ich bis auf diesen Tag noch steh, / Der macht, daß mir das Kreuz nicht schade, ob ich gleich fühle Angst und Weh, / Daß ich vor großem Schmerz oft wein; doch bin ich nicht im Kreuz allein.

Nun will ich es geduldig tragen, und währet es auch noch so lang, / Sollt ich an Gottes Hilf verzagen? Um Hilfe ist es mir nicht bang; / Gott stellt sich bald zur Hilfe ein, ich trage mein Kreuz nicht allein.

Mein treuer Gott, dir will ich trauen, verlasse mich im Kreuze nicht; / Auf deine Liebe will ich schauen, bis meine Hilfestund anbricht; / Laß mich im Kreuze nicht allein, du bist ja mein und ich bin dein.

Mach End, o Herr!

Die Zeit meines Abscheidens ist vorhanden. Ich habe einen guten Kampf gekämpft, ich habe den Lauf vollendet, ich habe Glauben gehalten. Hinfort ist mir beigelegt die Krone der Gerechtigkeit, welche mir der Herr an jenem Tage, der gerechte Richter, geben wird, nicht mir aber allein, sondern allen, die seine Erscheinung lieb haben. 2. Tim. 4, 6–8.

Gebet

Herr, es ist genug, so nimm denn meine Seele, so seufze ich zu dir, mein Gott, da ich in meiner immer größeren Schwachheit wohl merke, daß meines Lebens Ziel da ist. Ich begehre aufgelöst zu werden und bei Christo zu sein. Ich fürchte mich vor dem Sterben nicht, ich habe in gesunden Tagen oft an den Tod gedacht, darum kommt er mir jetzt nicht schrecklich vor. Ich weiß, daß er einem gläubigen Christen ein sanfter Schlaf und ein Durchgang in das ewige Leben ist. „Der Herr ist mein Licht und mein Heil, vor wem sollte ich mich fürchten? Der Herr ist meines Lebens Kraft, vor wem sollte mir grauen?" Gott ist mein Vater, Jesus mein Fürsprecher, der Heilige Geist mein Führer und Tröster; zu dem komme ich, warum sollte ich mich fürchten? Wenn mein Jesus von seinem bevorstehenden Tode redete, so sprach er: Ich gehe zum Vater. Ja, liebster Jesu, ich will dir auch nachsprechen: Wenn ich sterbe, so gehe ich zum Vater, zum Himmel, zur Freude, zur Seligkeit. Was soll ich mich fürchten zu sterben? Jesus ist mein, sein Himmel ist mein, warum sollte ich nicht fröhlich sein? Der Leib kommt in die Erde, aber die Seele fährt zu Gott, aus der Eitelkeit in die Seligkeit, aus dem Trauern in die Freude, aus dem Weinen zur Herrlichkeit; ist das nicht ein seliger Durchgang? Ich gehe zur Ruhe, zur Freude, zur Wonne. Sehe ich doch schon, wie die Engel um mein Bett stehen und die Seele zu solcher Herrlichkeit begleiten wollen; wie Jesus seine Arme ausbreitet und mich als sein Kind empfangen will; wieviel tausend Gläubige mich aufnehmen wollen. Darum bin ich getrost; ich vergesse, was dahinten ist, die Erde und alles Irdische, was ich darauf habe, und strecke mich nach dem, was da vorne ist, nach dem himmlischen Kleinod, das uns aufbehalten ist im Himmel. Ich habe einen guten Kampf gekämpft, ich habe meinen Lauf vollendet, ich habe Glauben gehalten, hinfort ist mir beigelegt die Krone der Gerechtigkeit, welche mir der gerechte Richter an jenem Tage geben wird, nicht mir aber allein, sondern auch allen, die seine Erscheinung lieb haben. Wie selig werde ich sein, wenn ich in Jesu Armen bin!

Kann uns doch kein Tod nicht töten, sondern reißt unsern Geist aus viel tausend Nöten; / Schließt das Tor der bittern Leiden und macht Bahn, da man kann gehn zu Himmelsfreuden. Amen.

Gesang

Mel.: Wenn mein Stündlein vorhanden ist

Wer da will als ein frommer Christ nach Gottes Willen sterben, / Durch Jesu Blut versichert ist, den Himmel zu ererben, / Der kämpfe und bereite sich, damit er alsdann seliglich / Von hinnen möge scheiden.

Er glaube fest an Jesum Christ und flieh zu seinen Wunden, / Der da der Sünder Zuflucht ist, damit er werd entbunden / Von aller Ungerechtigkeit und nehm dies Blut zum Sterbekleid / In seinen Todesstunden.

Er halte stets mit Beten an in den gesunden Tagen; / Er bete, weil er beten kann, die Not Gott vorzutragen! / So wird Gott das Gebet ansehn, wenn seine Lippen starrend stehn / Am Ende seines Lebens.

Er klebe nicht an dieser Erd mit seinem Geist und Herzen; / Die Welt ist diese Lieb nicht wert und bringet viele Schmerzen, / Wenn er sie nun verlassen soll. / Wie tut der kluge Mensch so wohl, / Der nach dem Himmel trachtet.

Mein Gott, verleih mir deine Gnad, daß ich die Welt nichts achte / Und gerne folge diesem Rat und ihn mit Fleiß betrachte, / Auf daß, wenn es nun dir gefällt, ich wohlbereitet aus der Welt / Zum Himmel mög eingehen.

Trost der Auferstehung

Jesus spricht: Ich bin die Auferstehung und das Leben, wer an mich glaubt, der wird leben, ob er gleich stürbe; und wer da lebt und glaubt an mich, der wird nimmermehr sterben. Joh. 11, 25—26.

Gebet

Gnädiger und barmherziger Gott! Siehe, ich bin bereit, nach deinem heiligen Willen zu leben und zu sterben, ich fürchte mich nicht vor dem Tode, weil ich weiß, daß er mich nach viel Trübsal und Leiden zur Ruhe bringen wird. Vor dem Grabe fürchte ich mich nicht, denn siehe, es wird meine Schlafkammer sein; mein Elend, Krankheit

und Leiden kommt nicht mit mir ins Grab, das muß draußen bleiben. Das Grab hat mir Jesus selbst geheiligt, er hat mir's zur Ruhestätte gemacht; als er nach ausgestandenem Leiden dareingelegt wurde, da hörten seine Schmerzen und all sein Jammer auf. So hat der Herr auch meinem Leib eine Ruhekammer in der Erde und der Seele einen Erquickungsort im Himmel bereitet. Warum sollte ich mich vor dem Grabe fürchten? Ich werde nicht darin bleiben. Ich weiß, daß mein Erlöser lebt, und er wird mich hernach wieder auferwecken. Wer an mich glaubt, spricht mein Jesus, der hat das ewige Leben, und ich werde ihn auferwecken am Jüngsten Tage. So ist mein Grab nur ein kurzer Aufenthalt, darin mein Leib wird schlafen, bis Jesus kommen wird und sprechen: Stehet auf, ihr Toten, und kommt vors Gericht! Es kommt die Stunde, in welcher alle, die in den Gräbern sind, werden hören die Stimme des Sohnes Gottes und werden hervorgehen; wenn ich nun diese Stimme höre, so werde ich auferstehen aus meinem Grabe, mein Leib wird mit meiner Seele wieder vereinigt und wird verherrlicht werden und wie die Sonne leuchten, ja, alle Schwachheit um und an wird von mir sein abgetan. Wie das Weizenkorn wieder hervorgrünt, wenn es in der Erde erstorben scheint, so werden auch meine Gebeine wieder gesammelt werden. „Es wird gesäet verweslich und wird auferstehen unverweslich; es wird gesäet in Schwachheit und wird auferstehen in Kraft; es wird ge=

säet ein natürlicher Leib und wird auferstehen ein
geistlicher Leib." Was hier kranket, seufzt und
fleht, wird dort frisch und herrlich gehen.

Weil du vom Tod erstanden bist, werd ich im Grab nicht
bleiben, / Mein höchster Trost dein Auffahrt ist, Tods=
furcht kann sie vertreiben; / Denn wo du bist, da komm
ich hin, / Daß ich stets bei dir leb und bin, / Drum fahr ich
hin mit Freuden. Amen.

Gesang

Mel.: Wer nur den lieben Gott läßt walten

Ich scheue mich nicht vor dem Grabe, ich sehne mich viel=
mehr danach, / Weil ich da rechte Ruhe habe nach aus=
gestandnem Weh und Ach; / Wer sich vor seinem Grabe
scheut, der ist noch in der Welt zerstreut.

Das Grab ist meine Ruhekammer, dahin mein Leib mit
Freuden zieht, / Weil in dem Grabe aller Jammer auf ein=
mal von mir weicht und flieht; / Wer schrecklich von dem
Grabe spricht, der kennt des Grabes Ruhe nicht.

Das Grab nimmt alle meine Lasten, die Sorg und Küm=
mernis von mir / Und lässet mich da sanfte rasten; o großer
Gott, dies dank ich dir; / Auch von der Sündenangst und
Pein werd ich im Grab befreiet sein.

Das Grab ist mir ein sanftes Bette, seht, Jesus deckt
mich selber zu; / Es ist die beste Ruhestätte, da niemand
störet meine Ruh; / Dem Leibe ist im Grabe wohl, die
Seel bei Gott ist freudenvoll.

O schönes Grab und stille Erde, o stille Gruft und sanfter
Schoß, / Darinnen ich recht glücklich werde, von Leiden,
Trübsal, Unglück los. / Herr, meinen Geist befehl ich dir,
die Ruh gönn meinem Leibe hier.

Dank für die Genesung

Siehe zu, du bist gesund geworden, sündige hinfort nicht
mehr, daß dir nicht etwas Ärgeres widerfahre. Joh. 5, 14.

Gebet

Allmächtiger und gnädiger Gott, ich trete jetzt
vor dein allerheiligstes Angesicht und danke dir
von Grund meines Herzens, daß du mich von
meinem Krankenbett wieder aufgerichtet hast. Ich
denke noch an die Angst, an die betrübten Nächte,
an die große Gefahr, darin ich schwebte. Aber siehe,
deine mächtige Hand hat mich gnädig von meinem
Lager aufgerichtet, du hast mich wieder auf meine
Füße gestellt, daß ich aus= und eingehen kann.
Herr, du hast Großes an mir getan, des bin ich
fröhlich; deine Liebe und Barmherzigkeit hat mir
bisher geholfen. Das weiß ich: wer Gott dient,
der wird nach der Anfechtung getröstet und aus
der Trübsal erlöst, und nach der Züchtigung findet
er Gnade. Denn du, Gott, hast nicht Lust an unserm
Verderben; nach dem Ungewitter lässest du die
Sonne wieder scheinen, nach dem Heulen und Wei=
nen überschüttest du uns mit Freude. Diese Barm=
herzigkeit und Vatertreue habe ich auch in meiner
Krankheit erfahren; daher will ich mein Leben
lang gedenken an die Angst meiner Seele, aber ich
will auch rühmen, allmächtiger Gott, vor der gro=
ßen Gemeinde, was du an mir getan hast. Du hast
die Arznei gesegnet, du hast meine Schmerzen ge=

lindert, mir Stärke gegeben, das Leiden zu überwinden, du hast mir nach den elenden Nächten Erquickungstage beschert und dich meiner in meiner Trübsal wie ein Vater erbarmet. Darum „lobe den Herrn, meine Seele, und was in mir ist, seinen heiligen Namen; lobe den Herrn, meine Seele und vergiß nicht, was er dir Gutes getan hat". „Ich will den Herrn loben allezeit, sein Lob soll immerdar in meinem Munde sein; meine Seele soll sich rühmen des Herrn, daß die Elenden es hören und sich freuen." Preiset mit mir den Herrn, die ihr wie ich in Nöten, Krankheit und Leiden gewesen seid, und lasset uns miteinander den Namen des Herrn erhöhen. Denn da wir Elenden riefen, hörte der Herr und half uns aus allen unsern Nöten. Die den Herrn in ihrem Elend im Glauben ansehen und mit Gebet anlaufen, deren Angesicht wird nicht zuschanden, er läßt sie nicht betrübt von seinem Thron weggehen, sondern er erbarmet sich ihrer gnädiglich. Mein Gott, laß diese mir erwiesene Gnade und Barmherzigkeit allezeit vor meinen Augen und in meinem Herzen sein. Nun weiß ich und habe es erfahren, daß du ein mächtiger Gott bist, daß du kannst die Toten lebendig, die Kranken gesund, die Schwachen stark und die Betrübten fröhlich machen. War ich dem Tode nahe, so hat deine Güte diesmal mein Leben noch erhalten. Ich habe in meinen Schmerzen und Krankheit erfahren, wie Silber und Gold, Ehre und Herrlichkeit der Welt, auch gute Freunde die

Kreuzeslast mir nicht abnehmen konnten, sondern wenn du mir nicht geholfen hättest, so wäre ich in meinem Elend vergangen; darum will ich hinfort nicht mehr nach eiteln Dingen trachten, sondern meine Freude an dir haben; ich will der Welt sündliche Gesellschaft meiden und mich zu deinem Altar halten, da man hört die Stimme des Dankens und da man erzählt alle deine Wunder; ich will, da mir diese besondere Gnade erschienen ist, verleugnen das ungöttliche Wesen und die weltlichen Lüste und züchtig, gerecht und gottselig leben in dieser Welt, damit ich bereit sei, wenn das Ende meines Lebens kommen wird, zu der ewigen Freude und Herrlichkeit einzugehen.

Ich hatte viel Bekümmernis, mein Gott, in meinem Herzen, / Doch deine Tröstung war gewiß Arznei für meine Schmerzen.

Ich hatte viel Bekümmernis, wenn ich den Tod bedachte, / Da mir das finstre Grab gewiß nicht wenig Grauen machte.

Ich hatte viel Bekümmernis, du aber viel mehr Liebe, / Dein Trost war mir so engelsüß, daß er die Angst vertriebe.

Immanuel! Trost Israel! Kannst du mich hier so trösten, / Dort ist der Trost am größten.   Amen.

Gesang

Mel.: Wie soll ich dich empfangen

Wie kann ich gnugsam preisen, Herr, deine Wundertat / Und tiefsten Dank erweisen für deine Lieb und Gnad, / Weil das, was mich gedrücket, mein Leiden ist dahin, / Und da ich hochbeglücket vom Tod errettet bin?

Mein Geist ist sehr erfreuet, wenn er die Hilf erblickt, / Das Leben ist erneuet, die Seel ist auch erquickt; / Ja, Sinnen und Gemüte und was nur ist in mir, / Das preiset deine Güte, mein Vater, für und für.

Drum soll mein Mund nicht schweigen, der wieder singen kann, / Und dankbar sich erzeigen dem, der mir Guts getan; / Mein Herz stimmt ein mit Freuden und rühmet überall, / Wie Gott in meinem Leiden geholfen dieses Mal.

Ich sahe mich verlassen, und du erhobest mich; / Wie kann ichs g'nugsam fassen, daß du so gnädiglich / Von allen Trübsalsstunden, die dir und mir bekannt, / Mich väterlich entbunden durch deine starke Hand?

Ja wohl, ich hab empfunden, daß du an mich gedacht, / Denn ich hab überwunden durch deines Armes Macht; / Ach ja, ich bin genesen; lobt Gottes Herrlichkeit, / Ich bin in Not gewesen und nun daraus befreit.

Herr, ich hab recht gesehen, was du an mir getan; / Ich will es gern gestehen und sagen jedermann, / Daß deine Macht und Stärke, vor der sich alles neigt, / Sich hat an diesem Werke gar sichtbarlich gezeigt.

Mein Gott, ich werf mich nieder vor deinem Thron allhie / Und singe Freudenlieder mit tiefgebeugtem Knie; / Ich danke dir von Herzen mit meinem Geist und Mund, / Daß du mir nach den Schmerzen geschenkt die Freudenstund.

Solang ich werde leben, solang ich denken kann, / soll mir vor Augen schweben, was du an mir getan; / Dein Helfen, dein Regieren, dein Lieben hin und her, / dein Sorgen und dein Führen vergeß ich nimmermehr.

IV

Für Schwangere und Wöchnerinnen

Morgengebet der Schwangeren

Herr Gott Vater, was du erschaffen hast, Herr Gott Sohn, was du erlöst hast, Herr Gott Heiliger Geist, was du geheiligt hast, das befehle ich dir in deine Hände; deinem heiligen Namen sei Lob, Ehre, Preis und Dank gesagt in dieser Morgenstunde und in alle Ewigkeit. Amen.

Du gnädiger, gütiger und barmherziger Gott, der du selbst das Licht bist, ich danke dir von Grund meiner Seele, daß du mich in dieser Nacht so gnädig bewahrt und mich dieses fröhliche Morgenlicht hast wiederum erleben lassen. Gib auch diesen Morgen einen hellen Schein in mein Herz, daß ich dadurch in deiner Liebe, in Vertrauen und Hoffnung gestärkt werde. Heilige meine Seele, damit ich diesen Tag mit dir umgehen, an dich denken, in dir mich erfreuen und deiner Gnade mich trösten möge. Gib, daß ich an diesem Tage nicht vorsätzlich wider dich sündige, sondern in Heiligkeit dir diene und vor dir wandle. Stelle mir deine Gegenwart vor Augen, daß du allezeit bei mir seist, alles hörest, was ich rede, alles siehest, was ich tue. Ich befehle dir auch meinen Leib und Leben, jeden Schritt und Tritt. Du hast mich jetzt, du Gott aller Güte und Gnade, in einen besonderen Stand gesetzt, darin ich auch deines besonderen Schutzes bedarf. Darum behüte meinen Aus= und Eingang, laß deine Gnade mich leiten und deinen Engel mich an der Hand führen. Bewahre, stärke und erhalte mich. Vertreibe von mir alles, was mir schädlich ist, dein guter Geist führe mich auf ebener Bahn. Laß mich den Abend wieder unter deinem Schutze erleben, da ich dir fröhlich danken will für alle Wohltaten, die du mir an Leib und Seele so gnädig erwiesen hast. Der Herr segne mich und behüte mich, der Herr lasse sein Angesicht leuchten über mir und sei mir gnädig, der Herr erhebe sein Angesicht auf mich und gebe mir Frieden! Die Gnade des Vaters schütze mich, die Liebe Jesu decke mich, des Heiligen Geistes Beistand erhalte mich jetzt und allezeit.

Segne mich im Schlaf und Wachen, segne meinen Schritt und Tritt, / Segne mich in allen Sachen, teile deinen Segen mit; / Laß mich gesegnet sein von dir und nimm den Segen nicht von mir. Amen.

Morgenlied
Mel.: Freu dich sehr, o meine Seele

Ich erblick die helle Sonne, da die finstre Nacht ist hin; / Ich erblicke meine Wonne, Jesus ist mir schon im Sinn; / Mit ihm hab ich hingebracht die vergangne finstre Nacht, / Mit ihm bin ich aufgewachet, welches mich voll Freude machet.

Ich will auch den Tag hinbringen mit dir, Jesu, meine Freud; / Beten, loben, danken, singen sei auch meine Arbeit heut; / Jesus, meine Zier und Ruhm, meiner Seele Eigentum, / Du kommst nicht aus meiner Seelen, dir will ich mich anbefehlen.

Führe mich an deinen Händen, stehe mir in Gnaden bei, / Deinen Engel wollst du senden, daß er immer bei mir sei; / Wenn ich gleite, halte mich, sieh, ich halte mich an dich; / Vor Erschrecken und Gefahren wollest du mich, Herr, bewahren.

Jesus bleibt mir in Gedanken, Jesus schwebt in meinem Sinn, / Von ihm soll mein Herz nicht wanken, Er ist mein, wo ich auch bin; / Meinen Jesum laß ich nicht, Jesus, meiner Seele Licht, / Ist bei mir auf meinen Wegen und erteilt mir seinen Segen.

Hat denn, Jesu, dein Begleiten meinen Schritt und Tritt bewacht, / So will ich die Händ ausbreiten nun bei angebrochner Nacht; / Ich will danken deiner Treu, welche alle Morgen neu, / Und mit Beten, Danken, Flehen mit dir auch zu Bette gehen.

Abendgebet der Schwangeren

Gnädiger und barmherziger Gott, ich erscheine vor deinem heiligen Angesicht mit fröhlichem Herzen. Herr, wie teuer ist deine Güte, daß Menschen unter dem Schatten deiner Flügel trauen! Ja, unter dem Schatten deiner Flügel bin ich heute aus- und eingegangen und bin bewahrt worden; kein Unfall hat mich gerührt, sondern ich habe den Abend gesund erreicht. Gelobt sei die Liebe des himmlischen Vaters, der mich als sein Kind auf seinen Armen getragen hat. Gelobt sei Jesus Christus, mein Heiland, der mich an seiner Hand geleitet hat. Gelobt sei Gott der Heilige Geist, der nicht von mir gewichen ist. O du heilige Dreieinigkeit, bleibe auch diese Nacht bei mir.

Breite deine Güte, Herr, über die, die dich kennen, und deine Gerechtigkeit über die Frommen. Bewahre meinen Leib und Seele vor allem Unfall, laß mich im Schlaf immer mit dir umgehen, damit, wenn ich erwache, ich noch bei dir sei. Siehe, ich weiß keinen Helfer denn nur dich allein. Laß deinen Engel um mein Bette wachen, daß mir und dem, was du mir aus Gnaden verliehen, nichts schädlich sein könne. Treibe aus meinem Herzen alle unnötigen Sorgen, alle bösen Gedanken und alles, was mir Schaden und Unglück bringen kann. So lege ich mich denn in die Arme meines Gottes nieder; seine Linke ist unter meinem Haupt und seine Rechte decket mich. Du, dreieiniger Gott, bist mein Licht und mein Heil, vor wem sollte ich mich fürchten? Du bist meines Lebens Kraft, vor wem sollte mir grauen? Ja, mir grauet vor nichts, weil Gott bei mir ist; ich fürchte mich nicht, weil ich Jesus bei mir habe. Ists finster um mich, Jesus ist das Licht meiner Seele; will sich Furcht einfinden, der Heilige Geist ist mein Trost und Beistand. Laß diese Nacht glücklich unter deinem Schutz vorübergehen, daß ich errettet, beglückt, bewahrt die liebe Sonne erblicken möge; da soll mein Mund dich mit Freuden loben und dir danken für alles, was du Gutes an mir getan hast.

Gedenke, Herr, doch auch an mich in dieser finstern Nacht /
Und schenke du mir gnädiglich den Schirm von deiner Wacht.
Amen

Gesang

Mel.: Werde munter, mein Gemüte

Mag die Sonne von uns gehen, Jesus geht doch nicht von mir, / In der Nacht will er auch stehen bei mir an dem Bette hier; / O wie wohl bin ich bewacht, wenn auch in der finstern Nacht / Jesu Hände mich bedecken, daß kein Unfall mich kann schrecken.

Drum will ich mich ganz ergeben, Jesu, deiner Treu und Gnad; / Ach, erhalte mir mein Leben und was mir geschenket hat / Deine gnadenreiche Hand; du kennst das verborgne Pfand, / Auf, so laß den Segen fließen und mich deinen Schutz genießen.

Sieh, hier bin ich, Menschenhüter, Herr, behüt mich vor Gefahr; / Schütz die Meinen, Haus und Güter, wache bei mir immerdar; / Wenn ich schlafe, wache du, decke du mich selber zu, / Laß mich sanft und ruhig schlafen unter deiner Engel Waffen.

Nur mit Jesu will ich schließen meine müden Augen zu; / Jesu, laß mich doch genießen eine sanfte, süße Ruh, / Segne mich und auch mein Kind und auch die, die um mich sind; / Vor Angst, Schrecken und Gefahren wollest du uns, Herr, bewahren.

Laß mich auch gesund aufstehen, wenn ich ausgeschlafen hab; / Laß mich einst doch fröhlich sehen die jetzt noch verborgne Gab; / Wenn ich gehe aus und ein, Laß mich dir befohlen sein, / Laß kein Unglück, Herr, aus Gnaden mir und meinem Kinde schaden.

Ich leg mich mit Jesu nieder, mit ihm steh ich wieder auf / Und sing alsdann Freudenlieder und vollführe meinen Lauf; / Jesu, ich befehl mich dir, Jesu, weiche nicht von mir, / So sprech ich in deinem Namen nach dem Beten fröhlich Amen.

Gebet

Heiliger, gütiger und barmherziger Gott, ich komme zu dir, meine Bitte, Gebet, Fürbitte und Danksagung vorzubringen. Du hast, großer Gott, mir den Ehesegen jetzt widerfahren lassen, dafür ich dir von Grund meines Herzens danke, und ich bitte dich, gönne mir auch zu seiner Zeit einen fröhlichen Anblick. Weil du aber auf diesen Stand viel Schmerzen und Ungemach gelegt hast, so nehme ich diese unter deinem Beistand auch willig auf. Kommen betrübte Stunden, schmerzhafte Tage, schlaflose Nächte, Herr mein Gott, so weiche nicht von mir; ich weiß, du kannst nach deiner Allmacht mein Leiden lindern, du bleibst auch mitten in den Schmerzen mein Vater, mein Beistand, mein Nothelfer, mein gnädiger Gott; der du sie mir verordnet und aufgelegt, hast auch die Kraft und Stärke, sie zu lindern. Wollen die Beschwerden groß und fast unerträglich werden, so will ich doch darum nicht verzagen, sondern mich daran erinnern, daß du, getreuer Gott, mich nicht wirst versuchen lassen über mein Vermögen. Wenn ich seufze: „Ach, wie lange ist dem Herzen bange und verlangt nach dir", so gedenke doch an deine Hilfestunde und laß sie nach deinem gnädigen Willen bald erscheinen. Stelle mir, Gott, deine Allmacht vor Augen, ja, schreibe sie mir in mein Herz hinein, daß ich nicht erschrecken möge, wenn etwa andere, welche auch in solchem Stande sind, beschwerliche

Krankheiten ausstehen, ja, gar bei der Geburt ihr Leben verlieren. Laß mir beständig in meinem Gedächtnis eingeschrieben bleiben, wie das Jahr über so viel hundert Schwangere glücklich entbunden werden, die wenigsten aber von dir in der Geburt von der Welt abgefordert werden. Darum will ich auch deiner Allmacht trauen und flehe dich demütig an: laß auch mich eine fröhliche Kindsmutter werden. Hilf mir in der Geburtsstunde und erfreue mich mit einem gesunden und wohlgestalteten Kinde. Solltest du aber beschlossen haben, mir in diesem Stande mein Lebensende zu bescheren, Herr, so geschehe dein Wille; ich weiß, ich sterbe alsdann in meinem Beruf, ich sterbe in deinen Armen, als dein Kind, ich sterbe selig und du wirst mich zu der ewigen Freude führen. Gib mir aber, mein Gott, deinen Heiligen Geist, der mich immer bei guten Gedanken erhält; gib mir einen stillen, sanften Mut, daß ich nicht durch Zorn oder Bosheit mir und meinem Kind den Tod bringe. Laß auch mein Kind mit guten Kräften des Leibes und des Gemüts ausgerüstet werden; laß es wachsen unter dem Schatten deiner Gnade, bis du es wirst an das Tageslicht bringen und alle meine Schmerzen in Wonne und meine Traurigkeit in Freude verkehren. Herr, mein Gott, ich habe mein Herz vor dir ausgeschüttet; erhöre mich nach deiner Güte, errette mich nach deiner Verheißung, erbarme dich meiner nach deiner Treue, hilf mir nach deiner Liebe, erfreue mich nach deiner Gnade.

„Daß ich durch deinen Geist mög überwinden und mich
allzeit in deinem Haus laß finden, / Zu Preis und Dank mit
Lobgesang; / Mit dir will ich in Liebe mich verbinden."
Amen .

Gesang
Mel.: Zion klagt mit Angst und Schmerzen

Ich will stets mit Gott umgehen, er soll immer bei mir sein, /
Auf ihn will ich allzeit sehen, wenn ich gehe aus und ein; /
Ohne ihn geh ich nicht aus, er ist auch bei mir zu Haus; /
Ohne ihn kann ich nicht leben, nachdem ich mich ihm ergeben.

Meine Augen nach ihm schauen, denn Gott find ich überall, /
Nicht nur in den Himmelsauen, sondern auch im Tränental; /
Wo die Augen blicken hin, da ist Gott in meinem Sinn; /
Mich dünkt, daß er vor mir stehe, wo ich immer nur hinsehe.

In der Arbeit, in Geschäften, da vergeß ich Gottes nicht; /
Arbeit ich aus allen Kräften, bleibt mir Gott doch vor Gesicht; / So wird mir die Arbeit leicht, weil mein Gott nicht
von mir weicht; / Ohne Gott kann ich nichts machen, er muß
sein bei allen Sachen.

Will ich mich zu Bette legen, wenn ich bin der Arbeit
los, / So erteilt er mir den Segen, und ich ruh in seinem
Schoß; / Ich schlaf in ihm sanfte ein, bin auch nicht im
Schlaf allein, / Weil er sich zu mir hermachet und auch um
mein Bette wachet.

Leuchtet mir der helle Morgen, Steh mit Gott ich wieder
auf; / Mein Verlangen, Sehnen, Sorgen ist, daß ich den Lebenslauf / Mit Gott führe, daß kein Tritt, ja, kein Wort,
kein Tat und Schritt / Seien meinem Gott zuwider, bis
mein Haupt sich leget nieder.

Von Gott kann mich nicht abtreiben Elend, Jammer,
Kreuz und Leid; / Dieser Umgang soll auch bleiben hier und
dort in Ewigkeit. / Leiden trennt mich nicht von Gott, keine
Trübsal, Angst und Not, / Weil mich Gott nicht kann verlassen, / Solang ich ihn werd umfassen.

Ich werd auch mit ihm umgehen, wenn ich dort im Himmelsglanz / Werde vor dem Throne stehen und von ihm durchstrahlet ganz / Werde gleich den Engeln sein, ganz verkläret, hell und rein, / Und in Freuden, Licht und Wonne Leuchten wie die güldne Sonne.

Gebet

Du liebreicher Gott und Vater, wie kann ich genugsam deine Vatertreue loben und preisen, daß du mich in den gegenwärtigen Stand berufen und gesetzt hast. Du hast in Gnaden an mich gedacht und mich dieser Gabe des Ehestandes teilhaftig gemacht. Ist mein Stand beschwerlich, so weiß ich doch, daß ich in deiner Gnade stehe und daß mein Stand vor dir gefällig und von dir eingesetzt ist. Da du in Gnaden an mich gedacht und die Frucht des Leibes mir beschert hast, nehme ich solches als ein Geschenk von deiner Hand an. Laß mir in diesem Stande deine Barmherzigkeit widerfahren, sei mein gnädiger Gott, der mein Gebet und Seufzen erhört. Sei mein Geleitsmann, der mich schützt, begleitet und bewahrt; sei mein Trost, wenn ich betrübt werde, und gib mir deinen Freudengeist, der mir das Zeugnis gibt, daß ich dein Kind bin. Sei mein Beistand, wenn sich Schmerzen, Ungemach und Beschwerden einfinden sollten; sei mein Erretter, der zu seiner Zeit die Bande öffnet, mich fröhlich entbindet und mich erfreut. Himmlischer Vater, sei meine Stärke; trage, erhalte, stärke und erquicke mich. Herr Jesus, sei mein Für=

sprecher, der mich bei Gott vertritt und mein schwaches Gebet vor Gott bringt. Sei mein Tröster, Heiliger Geist, der mich tröstet, daß ich in Gnaden stehe, daß ich ein Kind Gottes bin. Ja, du dreieiniger Gott, sei mit mir, so werde ich wohl beglückt, beschützt, bewahrt und errettet bleiben.

Herr Jesu, leite meinen Gang, daß ich forthin mein Leben lang nach deinem Willen walle. / Behüte mir mein Seel und Leib, mich selbst in deine Hände schreib, damit ich ja nicht falle.

Gesang
Mel.: Allein Gott in der Höh sei Ehr

Wie hat der große Gott doch mich in Gnaden angesehen, / Wie hat er doch so gnädiglich erhört mein gläubig Flehen; / Sodaß mein höchst erfreut Gemüt erkennet seine Wundergüt; / Dafür sei Gott gepriesen.

Ists nicht mein Schöpfer, der da hat mir Leib und Seel gegeben / Und fristet mir aus lauter Gnad das mir geschenkte Leben? / Ja, was ich habe in der Zeit, das kommt von seiner Gütigkeit; / Dafür sei Gott gepriesen.

Er teilet ferner mir auch mit den längst erwünschten Segen, / Er segnet meine Schritt und Tritt in allen meinen Wegen; / Ja, was mit Gott ich immer tu, da fließet lauter Segen zu; / Dafür sei Gott gepriesen.

Ach, wie hat er so väterlich bisher mich doch geleitet / Und seine Gnade über mich wie Flügel ausgebreitet; / So leb ich denn in seiner Hut und hab in Gott den besten Mut; / Dafür sei Gott gepriesen.

Und was für große Herrlichkeit will er mir dorten geben, / Daß ich in jener Ewigkeit bei ihm soll ewig leben; / Drum, wenn ich sterb, so sterb ich nicht, ich komm zu Gott und in sein Licht; / Dafür sei Gott gepriesen.

Gebet

Herr, allmächtiger Gott, der du ein Gott des Lebens bist, der uns allen Odem und Leben gibt, der du den Ehestand mit Früchten des Leibes gesegnet hast; ich danke dir, daß du auch an mich gedacht und mich dieses Segens in meinem Ehestande teilhaftig gemacht hast. Du, mächtiger Herr, hast mir eine größere Wohltat erwiesen als andern, welche nach dieser Gabe seufzen und sie nicht erlangen; darum bitte ich dich, laß mich wohl erkennen, was du Gutes an mir getan hast. Ich befehle mich dir ganz und gar. Behüte mich vor Angst und Schrecken, vor Fallen und Gefahr, vor Unglück und was sonst das mir geschenkte Pfand entwenden könnte. Wirke in mir eine christliche Behutsamkeit im Gehen und Arbeiten, damit ich nicht selbst das verderbe, was deine Hand verliehen hat. Herr, wie groß ist deine Weisheit, daß du die Menschen so wunderbar bildest; wie groß ist deine Allmacht, daß du sie selbst ans Licht bringst; wie groß ist deine Güte, daß du das menschliche Geschlecht erhältst und mehrest. Ich danke dir, mein Gott, daß du auch mich zu einer Werkstätte deines herrlichen Werkes bestimmt und mich durch deinen göttlichen Segen fruchtbar gemacht hast. Führe das angefangene Werk durch deine Gnade herrlich hinaus; erhalte, was du gegeben hast; stärke, was du verliehen hast; bewahre, was du geschenkt hast. Laß mich meine Zeit glücklich unter deinem Schutz hinbringen. Laß vor meine Augen nichts Ab=

schreckendes und vor meine Ohren keine entsetzliche Botschaft kommen, und wenn nach deinem Rat solches mir widerfahren sollte, so erhalte meine Frucht durch deine allmächtige Hand. Laß mich zu rechter Zeit eine fröhliche Kindsmutter werden und das Verborgene mit Freuden erblicken. Herr, laß deine Güte und Treue mich auf allen Wegen begleiten; behüte meinen Fuß, daß er nicht strauchle, meine Glieder, daß der keines zerbrochen, meinen Leib, daß er nicht beschädigt werde. Erhalte die geschenkte Gabe und laß sie dir empfohlen sein. Indessen aber will ich auf deine Hilfe schauen; ich hebe meine Augen auf zu den Bergen, von welchen mir Hilfe kommt; meine Hilfe kommt von dem Herrn, der Himmel und Erde gemacht hat. Ich will den Herrn loben allezeit, sein Lob soll immerdar in meinem Munde sein. Des Morgens, Mittags und Abends will ich dem Herrn danken für alles Gute, das er an mir getan hat.

Lobe den Herren, der deinen Stand sichtbar gesegnet, / Der aus dem Himmel mit Strömen der Liebe geregnet; / Denke daran, was der Allmächtige kann, / Der dir mit Liebe begegnet. Amen.

Gesang

Mel.: O Gott, du frommer Gott

Ich danke dir, mein Gott, für eine jede Gabe, / Die ich im Lebensgang von dir empfangen habe. / Nimm an den schlichten Dank für deine große Gnad, / Die deine Vaterhand mir dargereichet hat.

Ich danke dir, mein Gott, daß du mich hast erhöret / Und was mein Herz gewünscht, aus Gnaden mir bescheret. / Herr, so erhalte doch das anvertraute Pfand, / Das ich empfangen hab von deiner Segenshand.

Ich danke dir, mein Gott, daß du mir beigestanden / In manchem schweren Leid, in schweren Trübsalsbanden; / Herr, bleibe auch bei mir, wenn sich die Not einstellt, / Du bist es, der mich stärkt, du bists, der mich erhält.

Ich danke dir, mein Gott, daß du hast abgewendet / So manches bittre Kreuz und mir die Hilf gespendet, / Die Hilf, die weggetan die Angst, so ich gescheut, / Und mich nach Angst und Weh mit reichem Trost erfreut.

Ach, bleibe doch mein Gott, ach, bleibe meine Stärke, / Mein Helfer, Schutz und Rat, damit ich Hilfe merke, / Wenn nun die Not einbricht; ach, steh mir kräftig bei, / Daß ich zu aller Zeit von dir geschützet sei.

Ach, bleibe doch mein Gott, hilf, daß ich überwinde / Und in der Trübsalsstund die Hilfe bei dir finde; / So soll mein froher Mund nach ausgestandner Not / Stets sprechen dir zum Preis: Ich danke dir, mein Gott!

Gebet

Heiliger Vater und Schöpfer aller Menschen, siehe, ich komme allhier vor dein allerheiligstes Angesicht und bitte dich demütiglich um deine Gnade. Du hast, großer Gott, nach deiner Güte mir eine Leibesfrucht verliehen, aber wer bin ich, daß ich sie zur Welt bringen sollte? Wie viele haben sich einer lebendigen Frucht erfreut und haben es nicht erlangt. Darum, was du aus Gnaden gegeben, das wollest du auch nach deiner Barmherzigkeit er=

halten. Ich befehle deinem väterlichen Gnadenschutz mich ganz und gar. Herr, habe acht auf mich bei Tag und Nacht, daß mir kein Leid widerfahre. Begleite mich, wenn ich auf der Straße bin, und bringe mich gesund und unbeschädigt wieder nach Hause. Laß meine Seele stille und vergnügt sein. Laß meine Seele allzeit mit dir umgehen und in dir sich freuen. Laß mein Herz eine Wohnung Jesu und ein Tempel des Heiligen Geistes sein, daß Jesus in mir lebe und wandle, mich regiere und heilige. Wende von mir ab alle Verdrießlichkeiten, Zorn, Schrecken; ungestaltete Menschen laß nicht vor meine Augen kommen, und wenn es geschehen sollte, so schütze meine Frucht. Laß dein Aufsehen meinen Odem, mein Leben, meine Schritte und Tritte bewahren. Der Herr behüte meinen Ausgang und Eingang von nun an bis in Ewigkeit. Im Namen des dreieinigen Gottes gehe ich aus und ein. Im Namen des dreieinigen Gottes lege ich mich schlafen und stehe auf. Im Namen des dreieinigen Gottes gehe ich an meine Arbeit. Du dreieiniger Gott, bewahre und schütze mich durch deine Kraft, trage mich auf den Händen, behüte mich auf meinen Wegen, daß mir kein Übel widerfahre, so will ich dir dafür danken und dich loben.

Ich befehle dir aber auch meine Frucht, die ich trage. Herr, ich bete für sie, ich trage sie dir vor, erhöre mein Flehen um deiner Güte. Gib meinem Kinde deinen Geist. Laß es im Verborgenen mit deiner himmlischen Kraft erfüllt werden. Gib ihm

eine feine Seele und ein frommes Herz, damit es
dich zeitlebens fürchten und lieben möge. Gib ihm
aber auch gesunde und gerade Glieder und einen
gesunden Leib. Hast du es im Verborgenen mit
solchen Gaben begnadigt, so lasse es nach seiner
Geburt auch bald durch die heilige Taufe wieder=
geboren werden. Du hast, Jesu, gesagt: Lasset die
Kindlein zu mir kommen, denn solcher ist das Reich
Gottes. Du hast die Kinder auf deine Arme ge=
nommen und sie gesegnet. Nimm mein Kind auch
zu seiner Zeit in deine heiligen Arme und segne
es auch; schenke ihm das Pfand der Kindschaft,
deinen Heiligen Geist; heilige und erneuere es
zum ewigen Leben; mache aus ihm ein Kind des
Himmels und des ewigen Lebens, daß ich mit ihm
und es mit mir einst die ewige Seligkeit erlangen
möge.

Meine Hoffnung stehet feste auf den Herren, meinen
Gott; / Er ist mir der allerbeste, der mir beisteht in der
Not; / Er allein soll es sein, den ich nur von Herzen mein.
Amen.

Gesang

Mel.: O Gott, du frommer Gott

Ich weiche nicht von Gott, dem will ich mich empfehlen, /
Dem helfer, der mir hilft am Leib und an der Seelen; /
Er ist mein Fels, mein hort, mein Burg und Zuversicht, /
Mein starker, treuer Gott; mein Gott verläßt mich nicht.

Ich weiche nicht von Gott, nicht in den größten Nöten, /
Ob sie so heftig sein, als wollten sie mich töten; / Alsdann
schrei ich um Hilf; verlaß mich nicht mein Gott; / Ach, komm
und rette mich aus aller meiner Not.

Ich weiche nicht von Gott, ihm will ich treu verbleiben; /
Mich soll kein Ungemach von seiner Liebe treiben; / Ach ja,
du treuer Gott, ich weiche nicht von dir, / O bleib du auch
bei mir und weiche nicht von mir.

Ich weiche nicht von Gott, auch nicht in Leidensstunden, /
Denn ich hab immerdar Rat, Heil und Trost gefunden; / Die
Rettung stellt sich ein, die Stunde geht vorbei; / Daraus erkenne ich, daß mein Gott bei mir sei.

Ich weiche nicht von Gott, auch nicht, wenn ich soll sterben, / Denn alsdann werde ich die Seligkeit ererben; Drum
leb und sterb ich ihm, ich dien ihm in der Zeit / Und bleib
mit ihm vereint dort in der Herrlichkeit.

Gebet

„Mein Herz hält dir vor dein Wort: Ihr sollt
mein Antlitz suchen, darum suche ich auch, Herr,
dein Antlitz." Du weißt, mein Gott, daß ich ohne
dich nichts bin, nichts vermag, wer kann mir helfen als nur du allein? Darum komme ich zu dir
und halte mich an dein Wort der Verheißung. Du
sprichst, du wollest die Deinen nicht verlassen, so
verlaß mich nicht; du wollest bei ihnen sein in der
Not, so bleibe du bei mir; du wollest den Deinen
helfen, hilf mir; du wollest sie stärken, stärke mich!
Herr, ich weiß in meinem Zustand nirgends hin als
nur zu dir allein. Ich habe viel Sorgen, Bekümmernisse und Ängste in meinem Herzen, aber dein
Wort der Verheißung richtet mich auf. Weil ich
weiß, daß du der Helfer der Verlassenen, die Zuflucht der Betrübten, der Beistand der Hilflosen

bist, so bin ich darob guten Muts und halte mich an dich. Ich will mich an dich und dein Wort halten, wenn meine Schmerzen und die Angst groß werden, da will ich seufzen: Herr, ich lasse dich nicht, du segnest mich denn. Du, Herr, legst eine Last auf, aber hilfst sie auch tragen. Du bist meine Zuversicht gewesen, da ich noch an meiner Mutter Brust war; darum sollst du auch meine Zuflucht bleiben zeit meines Lebens. Gott ist meine Zuversicht und Stärke, eine Hilfe in den Nöten, die mich getroffen haben, warum sollte ich mich fürchten? Ist doch der Herr bei mir! "Der Herr ist mein Licht und mein Heil, vor wem sollte ich mich fürchten? Der Herr ist meines Lebens Kraft, vor wem sollte mir grauen?" Mit Gott will ich getrost an meine Arbeit gehen, unter Gottes Beistand will ich aber auch glücklich überwinden. Du gnädiger Gott, stärke und befestige meinen Glauben, meine Zuversicht auf deine Verheißung. Laß mich, vor allem Unfall beschirmt, fröhlich meine Zeit erreichen. Indessen will ich beten und singen, dir vertrauen, bis ich, fröhlich entbunden, dir für deine Wohltaten in meinem Herzen Lob und Preis opfern werde.

Amen, ja, ich will es glauben, denn hier hab ich Gottes Wort, / Das soll mir kein Teufel rauben; ich will immer, fort und fort / Mich auf diesen Grund verlassen und den Hoffnungsanker fassen / Mit der starken Glaubenshand auch in diesem meinem Stand.   Amen.

Gesang

Mel.: Ach Herr, mich armen Sünder

Gott wird mich nicht verlassen, ob ich schon elend bin; / In Gott will ich mich fassen, mein Herz, Gemüt und Sinn / Soll sich fest an ihn halten und ihm vertrauen fest, / Ja, den nur lassen walten, der mich doch nicht verläßt.

Auf sein Wort will ich trauen, was er mir zugesagt, / Darauf will ich fest bauen, mit ihm sei es gewagt; / Er wird sein Wort erfüllen, das mir die Hilf verspricht, / Und meine Schmerzen stillen, wenn seine Stund anbricht.

Gott kann mich nicht verlassen, denn ich bin ja sein Kind; / Er kann ja die nicht hassen, die da sein eigen sind; / Sollt er des Kindes Tränen mit Absicht übersehn, / Und sollt mein seufzend Sehnen ihm nicht zu Herzen gehn?

Gott hat mich nie verlassen die ganze Lebenszeit, / Ob ich schon ohne Maßen trug Angst und Herzeleid; / Sollt er denn nun anheben, da ich der Hilf begehr, / Und sie mir gar nicht geben? / Das glaub ich nimmermehr.

Vielmehr will ich Gott trauen, denn er ist fromm und gut, / Auf seine Hilfe schauen mit recht getrostem Mut; / Die Stunde wird bald kommen; alsdann, wenn die anbricht, / Wird mein Kreuz abgenommen, denn Gott verläßt mich nicht.

Gebet

Mein Gott, wie freut sich mein Geist, wenn ich an deine Allmacht gedenke, an deine allmächtig Hand, die alles tragen und aus allem erretten kann. Sehe ich mich in meinem gegenwärtigen Stande an, so muß deine Allmacht alles allein tun; deine Allmacht muß mich auf den Armen tragen, wenn ich nicht fallen soll, meine Beschwerden lindern, ja, in meinen bevorstehenden Nöten alles verrichten. Sehe ich meine Frucht an, so muß deine Allmacht sie erhalten, bewahren und ans Tageslicht bringen. Dies ist mein größter Trost zeit meines Lebens, daß du ein allmächtiger Gott bist. Bin ich schwach, du bist stark; bin ich elend, du bist allmächtig; bin ich ohnmächtig, du vermagst alles. Diesen Trost soll mir niemand rauben: Gott kann und will mir helfen. „Wir haben einen Gott, der da hilft, und einen Herrn, der vom Tode errettet." Ist Gott allmächtig, so kann mir kein Leid widerfahren, so werde ich herrlich errettet werden. Darum, allmächtiger Gott, befehle ich mich dir ganz und gar, wache über mich, erhalte mich in meiner Schwangerschaft; deine Allmacht lasse mich glücklich meine Zeit erreichen; sie stärke mich, wenn meine Stunde herannaht, und stehe mir bei, wenn sie da ist; sie sei bei mir, bis ich eine fröhliche Kindsmutter werde; deine Allmacht entbinde mich fröhlich und lasse mich einen erwünschten Anblick erleben. Ich will mich nicht fürchten, es stehe, wie es will, ich habe ja einen allmächtigen Gott. Ich will nicht verzagen, wenn die Not groß wird; ich will guten Mutes sein, wenn ich arbeiten soll, denn ich habe einen allmächtigen Gott. Ich will in meinen Nöten schreien und seufzen: Du allmächtiger Gott, hilf mir; siehe, ich verlasse mich auf dich, ich hoffe auf dich, dein Kind wartet auf deine Hilfestunde. Eile, barmherziger Vater, mit deiner Hilfe zu mir. Deine Allmacht er=

halte meine Frucht, gebe mir Kraft und erfreue mich durch eine fröhliche Entbindung, so will ich, dieweil ich lebe, deine Allmacht preisen und rühmen, und sagen: Lobe den Herrn, meine Seele, und vergiß nicht, was er dir Gutes getan hat.

Ich rief den Herrn in meiner Not: Ach Gott, erhör mein Schreien! / Da half mein Helfer mir vom Tod und ließ mir Trost gedeihen; / Drum dank, ach Gott, drum dank ich dir, ach, danket, danket Gott mit mir, / Gebt unserm Gott die Ehre. Amen.

Gesang
Mel.: O Gott, du frommer Gott

Wir haben einen Gott, der hilft zu allen Zeiten, / Wenn wir viel Ungemach und Trübsal müssen leiden. / Ist schon viel Kreuz und Leid und viele Schmerzen da, / So ist auch Gott nicht weit und seine Hilf ist nah.

Wir haben einen Gott, der hilft in allen Leiden, / Und ist das Leiden hart, so solls mich doch nicht scheiden / Von meinem lieben Gott; dem ist ja alles leicht, / So leicht, daß auf ein Wort das Leben von mir weicht.

Wir haben einen Gott, der hilft und hört den Armen, / Der herzlich zu ihm schreit, er wird sich sein erbarmen; / Die Armen siehet Gott, er hört und sieht und gibt / Zur Zeit, wenn mirs ist nütz und wenn es ihm beliebt.

Wir haben einen Gott, der hilft, wer will verzagen? / Weil er noch hilft, so kann ich jetzt auch fröhlich sagen: / Mein Gott und Helfer lebt, auf den verlaß ich mich, / Aus allem Kreuz und Leid hilft er mir gnädiglich.

Wir haben einen Gott, der hilft, dies soll verbleiben / Mein Trost, dieweil ich leb, ja, dieses will ich schreiben / Tief in mein Herz hinein; empfinde ich die Not, / So spreche ich getrost: Wir haben einen Gott.

Gebet

„Was betrübst du dich, meine Seele, und bist so unruhig in mir? Harre auf Gott, denn ich werde ihm noch danken, daß er meines Angesichtes Hilfe und mein Gott ist." Ja, mein Gott, das ist mein Trost im gegenwärtigen Zustand, daß du meines Angesichtes Hilfe bist. Auf dich allein will ich mich verlassen und all dem, was mir Furcht, Angst und Schrecken verursachen will, diesen Trost entgegensetzen: Gott ist und wird mein Helfer sein und bleiben. Allmächtiger Gott, eile mit deiner gnädigen Hilfe herbei, wenn mir Hilfe not ist; Herr, ich warte auf dein Heil; ich verlasse mich auf deine Hilfe; wenn du mir nicht hilfst, so bin ich verloren. Wird mein Leiden groß, so weiche mit deiner gnädigen Hilfe nicht von mir. Erscheint meine Stunde, so erscheine auch mit deiner Hilfe. Du bist meine einzige Zuflucht, mein Gott und Beistand, ich weiß ja keinen andern. Willst du mir nicht helfen, wer kann mich erretten? Hilf mir, Gott meines Heils, wenn ich bete, und erhöre mich; hilf mir, wenn es gefährlich aussieht; hilf mir, wenn meine Stunde kommt; alsdann will ich in freudigem Vertrauen mit meinem Jesus seufzen: Vater, hilf mir aus dieser Stunde. Habe ich dich dann bei mir, so werde ich überwinden; so wird meine Traurigkeit in Freude verwandelt werden. O wie herrlich hast du andern geholfen; so hilf mir auch; du bist ja noch eben der starke, gnädige und allmächtige Gott, der du vormals gewesen. Herr, ich halte an mit Beten und sage: Herr, hilf mir! Ich gehe nicht von dir, ich lasse nicht ab, bis du mich mit deiner Hilfe erfreut und mir geholfen hast. Komm, Vater der Barmherzigkeit, und hilf deinem Kinde, welchem ohne dich nicht geholfen werden kann. Komm, Herr Jesu, du Heiland aller Menschen, und hilf mir; bleibe bei mir, bis ich glücklich entbunden bin. Komm und hilf mir, werter Heiliger Geist, und versiegle in mir den Trost, daß meine Hilfestunde bald anbrechen werde. Dreieiniger Gott, dir ergebe ich mich, zu dir fliehe ich, auf dich verlasse ich mich. Hilf mir in der Not, daß ich dir dann mit fröhlichem Munde danken kann.

Frisch auf, mein Herz, verzage nicht, Gott will sich dein erbarmen; / Er will dir Hilfe teilen mit, er ist ein Schutz der Armen. / Ja, ich will meine Zuversicht auf dich beständig setzen, / Du wirst, wenn mirs an Hilf gebricht, mit Hilfe mich ergötzen. / Indessen will ich stille sein, bis sich die Hilfe stellet ein, und deinen Namen preisen.   Amen.

Gesang

Mel.: O Gott, du frommer Gott

Mein Gott ist ja bei mir; drum muß die Furcht verschwinden, / Weil sich in Not und Tod Gott will bei mir einfinden / Mit seiner Hilf und Treu, mit Beistand, Trost und Rat, / Wie auch sein teures Wort mir Hilf versprochen hat.

Mein Gott ist ja bei mir; muß ich die Trübsal schmecken, / So will er mich dadurch zu seiner Liebe wecken; / Stellt sich die Trübsal ein, alsdann befehl ich mich / Dem allerhöchsten Schutz, der hilft mir gnädiglich.

Mein Gott ist ja bei mir, will auch die Nacht eindringen, / Bis sich die Hilf einstellt, so will ich hoffen, singen / Und mich voll Zuversicht befehlen Gottes Treu, / Der Treu, die Tag und Nacht, ja alle Stunden neu.

Mein Gott ist ja bei mir, mich kann der Tod nicht töten, / Des Höchsten Hilfe steht bei mir in allen Nöten; / Mein Gott weicht nicht von mir, mein Gott verläßt mich nicht, / Mein Gott, mein Trost und Hilf, Gott meine Zuversicht.

Mein Gott ist ja bei mir, Gott wird mir schon erscheinen / Zum Trost, zur Hilf, zum Heil nach meinem bittern Weinen: / Mein Herze, sei getrost, stell dir die Hilfe für / Und sprich mit frohem Mut: Mein Gott ist ja bei mir.

Gebet

Allmächtiger Gott, lieber Vater, es kommt nun meine Stunde immer näher herbei, darum nahe dich zu mir mit deiner Hilfe und Gnade; ich nahe mich zu dir mit meinem Gebet, mit herzlichem Vertrauen auf deinen gnädigen Beistand. Herr, nahe dich zu mir mit deiner allerheiligsten Gegenwart, mit Güte und Barmherzigkeit. Komm zu mir und bleibe bei mir während der Geburt; wenn ich dich bei mir habe, so habe ich den allerstärksten Erretter, den mächtigsten Helfer, den treuesten Freund bei mir. Gib mir zu der Stunde Freudigkeit, daß ich unerschrocken sei und alle Furcht fahren lasse, daß ich getrost mich erzeige. Stärke auch meine Glieder, damit ich nicht matt werde, sondern in deiner Kraft meine Arbeit verrichten und fröhlich enden kann. Durch deine Kraft wird mir alles leicht werden; ist der Herr bei mir, so bin ich ge=

nesen. Gib auch, lieber Gott, denen, die mit mir umgehen müssen, Weisheit und Verstand, daß sie klüglich alles ordnen, mir nicht zuwenig und nicht zuviel tun. Verleihe mir, daß ich gutem Rat folge, alle Widerspenstigkeit vermeide und dadurch mir selbst keinen Schaden und meinem Kinde kein Unglück zuziehe. Höre, gnädiger Gott, mein Seufzen und Gebet; hilf mir bald und glücklich, wenn es dein heiliger Wille ist. Laß mich mein Kind fröhlich und lebendig erblicken und eine frohe Kindsmutter werden. Siehe, Herr, hier bin ich, mache es mit mir, wie es dir wohlgefällt; verlaß mich nicht und tue nicht die Hand von mir ab, Gott, mein Heil! Bleibe bei mir in der äußersten Not und stärke meine Geduld, daß ich nicht müde werde, meine Hoffnung, daß ich sie nicht sinken lasse. Der himmlische Vater behüte und erhalte mich, Jesus Christus stärke und erquicke mich, der Heilige Geist vertrete mich bei Gott mit unaussprechlichem Seufzen und gebe Zeugnis meinem Geist, daß ich ein Kind Gottes bin. Die Liebe des Vaters decke mich, die Gnade des Sohnes erquicke mich, der Beistand des Heiligen Geistes erfreue mich. Amen.

Gesang

Mel.: Zion klagt mit Angst und Schmerzen

Hilf mir doch in dieser Stunde, Vater der Barmherzigkeit, / So schrei ich mit Herz und Munde jetzt zu dieser Leidenszeit; / Ach, ich wende mich zu dir, großer Gott, so hilf du mir, / Laß mich doch bald Hilfe finden durch dein gnädiges Entbinden.

Es steht ja in deinen Händen, sprich ein Wort, so ists geschehn; / Wirst du deine Hilfe senden, so wirds bald nach Wunsche gehn; / Komm, mein Gott, und lös das Band, reich mir deine Vaterhand, / Herr, hilf mir in meinen Nöten, sonsten werden sie mich töten.

Herr, du hast es ja verheißen, daß du wollest bei mir sein / Und aus aller Not mich reißen, hilf mir, Herr, denn ich bin dein; / Helfer, hilf doch gnädiglich, großer Gott, erbarme dich, / Höre, rette, komm und eile, und doch länger nicht verweile.

Herr, ich will dir fest vertrauen, währet es auch noch so lang, / Und auf deine Allmacht schauen, wäre mir auch noch so bang; / Sieh, ich sehne mich nach dir, Vater, Vater, hilf doch mir! / Hilf, o Vater, deinem Kinde, hilf, mein Vater, doch geschwinde!

Ach, mein Gott, erhör mein Bitten, öffne, was verschlossen ist, / Tritt du selbst jetzt in die Mitten, weil du doch mein Helfer bist, / Leg du selber Hand mit an, die Hand, die mir helfen kann; / Sieh, wie ich dich fest umfasse und mich ganz auf dich verlasse.

O wie will ich Gott dann preisen, wenn ich nun entbunden bin, / Wie will ich ihm Dank erweisen! / Mein Gemüte, Geist und Sinn / Und mein hocherfreuter Mund soll für diese Hilfestund / Immer, weil ich werde leben, Gottes Gnad und Ruhm erheben.

Seufzer vor der Geburt

Herr, allmächtiger Gott, da meine Stunde bald anbrechen wird, so komme ich zu dir und bitte dich, weiche nicht von mir, bleibe bei mir, gib mir Kraft zu gebären und entbinde mich gnädig; lindere die Schmerzen! Starker und allmächtiger Gott, hilf mir kräftig; meine Hilfe stehet bei dir; nach dir, Herr, verlanget mich; mein Gott, ich hoffe auf dich, laß

mich nicht zuschanden werden; eile, mir beizustehen, Herr
meine Hilfe! O Jesu, erbarme dich über mich; hilf mir aus
dieser Stunde und erhalte mich. Werter Heiliger Geist, bleibe
in meinem Herzen. Gib Zeugnis meinem Geist, daß ich mitten in den Wehen dennoch ein Kind Gottes bin. Du heilige Dreieinigkeit, hilf mir und erbarme dich über mich.
Amen.

Ein anderer Seufzer

Du liebreicher Gott, der du uns Menschen herzlich liebest
und besonders in unsern Leiden und Schwachheiten uns beizustehen verheißen hast, du weißt den Stand, darin ich stehe;
du siehst, wozu ich mich bereite und was ich jetzt vorhabe,
darum stehet alle meine Hofnung zu dir. Du starker Gott,
laß dir meine Leibesfrucht anbefohlen sein und segne die
Hände, die zu der Geburt sich darbieten; leiste du mir selbst
die beste Hilfe und entbinde mich gnädiglich. Ich will getrost
sein und auf deine Hilfe harren. Ich will nach deiner Ordnung und nach deinem Willen gerne leiden, was du mir
auflegest; sei du mir nur nicht schrecklich, Herr, meine Zuversicht in der Not! Sei und bleibe meines verschlossenen
Pfandes gnädiger Gott; erhalte, Herr, was deine Hände
bereitet haben. Öffne in Gnaden zu rechter Zeit die Bande
der Natur, und wenn alle Menschen verzagen wollen, so beweise du an mir deine Macht und wunderbare Güte. Sei mit
deiner Kraft in meiner Schwachheit mächtig, stärke mich an
Geist und Leib, lindere und erleichtere mir meine Schmerzen und laß mein Kind frisch und gesund die Welt erblicken;
lege es mir lebendig in meine Arme und Hände, so will ich
dir Lob singen und, was du mir gegeben, als ein Opfer und
als dein Kind in der heiligen Taufe dir wieder geben. Sollte
aber in deinem heiligen Rat beschlossen sein, daß ich über
dieser Arbeit meinen Geist aufgeben soll, so geschehe dein
Wille; du bist mein Gott, mein Herr, mein Vater, ich deine
Magd, dein Kind, mache es mit mir, wie es dir wohlgefällt;

ich aber bin bereit zum Leben und Tod, und wenn du gleich mich töten wolltest, will ich doch auf dich hoffen. Verleihe mir ein geduldiges und williges Herz, beständigen Glauben und feste Zuversicht.   Amen.

Seufzer während der Geburt

Herr, groß von Rat und mächtig von Tat, siehe, hier bin ich und seufze allein nach deiner Hilfe. Hier kann kein Mensch helfen, als nur du allein. Ich erkenne zu deinem Preis, daß die Geburt eines Menschen ein Wunderwerk ist, welches du allein befördern wirst, und steht in keines Menschen Macht, ein Kind zur Welt zu bringen. Deshalb flehe ich dich, mächtiger Nothelfer, demütig an, du wollest deine Allmacht beweisen. Du weißt meine Schmerzen; ich sitze oder stehe, ich gehe oder liege, so ist es dir bekannt, und du, Herr, bist um mich. Du siehst auch meine Tränen, und mein Seufzen ist dir nicht verborgen. Ich erinnere mich jetzt deiner unendlichen Allmacht, du kannst überschwenglich tun über alles, was wir bitten und verstehen: keine Not ist so groß, du kannst daraus erretten. Siehe, deine mächtigen Hände haben mein Kind bereitet, Leben und Wohltat hast du ihm schon lange erwiesen und durch dein Aufsehen seinen Odem bewahrt. Darum bringe es auch ans Licht dieser Welt nach deiner Barmherzigkeit. Herr, der du so viel Tausenden geholfen hast an allen Orten der Welt, du wirst nach deiner Güte auch mir helfen; ich verlasse mich auf deine Gnade und Treue, die laß mich alle Wege behüten. Sprich meiner Seele den Trost zu: Ich bin bei dir in der Not, ich will dich herausreißen, ich will dich nicht verlassen noch versäumen. Laß mich dabei das Meine treulich tun, damit ich auch ein gutes Gewissen behalte, du aber stärke mich Schwachen.

Betrübtes Herz, sei wohlgemut, tu nicht so schnell verzagen, / Es wird noch alles werden gut, all deine Schmerz und Klagen / Wird sich in lauter Fröhlichkeit verwandeln in gar kurzer Zeit, / Das wirst du wohl erfahren.   Amen.

Ein anderer Seufzer

Gnädiger und barmherziger Gott, du hast gesagt: Rufe mich an in der Not, so will ich dich erretten, und du sollst mich preisen; auf diesen gnädigen Befehl komme ich in dieser Stunde zu dir, mein Vater, ich schreie zu dir in meiner Not, höre doch meine Stimme und verbirg dich nicht vor meinem Flehen. Gedenke, daß ich dein Kind bin, laß mich doch nicht über mein Vermögen Schmerzen spüren. Herr, wenn ich Not leide, so lindre sie. Jesu, erbarme dich mein; durch deine heilige Geburt hilf mir, lieber Herr Gott, stehe mir bei, hilf mir und erfreue mich. Heiliger Geist, du Tröster in aller Not, sprich meiner Seele den Trost zu, daß ich bald eine fröhliche Kindsmutter werden möge. Bringe mein ängstliches Gebet hinauf zum Thron Gottes, und wenn ich vor Angst nicht beten kann, so bitte für mich, werter Heiliger Geist, so vertritt mich bei Gott mit unaussprechlichem Seufzen. Dreieiniger Gott, reiche mir und meinem Kinde die Hand, die wir unser Herz und Hände zu dir ausstrecken. Laß uns nicht verderben noch Schaden leiden. Beweise an uns deine Kraft, so wollen wir rühmen und loben deine Macht. Laß die Frucht meines Leibes in dieser Not nicht verderben, sondern erhalte sie gnädiglich durch deine Kraft; hilf, daß ich an ihr nichts versäume, sondern sie durch deine Gnade fröhlich erblicken möge. Herr Gott, Vater im Himmel, erbarme dich über mich; Herr Gott Sohn, der Welt Heiland, erbarme dich über mich; Herr Gott Heiliger Geist, erbarme dich über mich. Amen.

Ein anderer Seufzer

Gnädiger und starker Gott, es ist die Stunde da, welche du zu meiner Entbindung bestimmt hast, darum wende ich mich zu dir und schreie: Vater, hilf mir aus dieser Stunde! In deinem Namen fange ich das Werk an, in deinem Namen will ich es vollenden. Herr, mein Schöpfer, stehe mir bei und stärke mich; Jesu, du Sohn Gottes, bleibe bei mir und erquicke mich; umfasse mich mit deinen Armen und halte mich. Werter Heiliger Geist, gib mir Geduld und Freudigkeit zu dem Werk, erbarme dich meiner und erfreue mich. Du heilige Dreieinigkeit, eile, mir beizustehen. Stehe auf, Herr, und hilf mir, sonst verderbe ich. Christe, du Lamm Gottes, der du trägst die Sünde der Welt, erbarme dich über mich; Christe, du Lamm Gottes, der du trägst die Sünde der Welt, sei mir gnädig; Christe, du Lamm Gottes, der du trägst die Sünde der Welt, verleihe mir Frieden. Amen.

Sprüche und Gebete, in Nöten zu sprechen

Der Herr ist nahe allen, die ihn anrufen, allen, die ihn mit Ernst anrufen; er tut, was die Gottesfürchtigen begehren, und hört ihr Schreien und hilft ihnen.
Psalm 145, 18—19.

Ich wende mich von allen Dingen und kehre mich zu Jesu Christ; / Ich weiß, es wird mir bald gelingen, weil Jesus nahe bei mir ist; / Mein Hoffen ist auf ihn gericht't, ich halte mich und laß ihn nicht.

Mein Jesu, sei jetzt nahe bei mir und bleibe bei mir, bis du mir geholfen; tue doch, was ich begehre; ich begehre aber nichts, als was du mir in deinem Wort verheißen hast, nämlich deine Hilfe. Amen.

Was betrübst du dich, meine Seele, und bist so unruhig in mir? Harre auf Gott, denn ich werde ihm noch danken, daß er meines Angesichts Hilfe und mein Gott ist.
Psalm 42, 12.

Was kränkst du dich, du arme Seel / Sei still und tu nicht wanken, / Gott ist mein Burg, mein Trost und Heil, das werd ich ihm noch danken; / Schick dich und leid ein kleine Zeit, auf Angst folgt Freud und Wonne.

Mein Jesu, ich warte auf dein Heil, ich harre auf deine
Hilfe, lasse sie mir bald erscheinen; du allein bist meine
Hoffnung; erhöre mich, erfreue mich, entbinde mich, so will
ich dir danken ewiglich. Amen.

Ich habe dich einen kleinen Augenblick verlassen, aber
mit großer Barmherzigkeit will ich dich sammeln. Ich habe
mein Angesicht im Augenblick des Zorns ein wenig vor dir
verborgen, aber mit ewiger Gnade will ich mich dein erbarmen, spricht der Herr, dein Erlöser. Jes. 54, 7—8.

Ach Jesus, hilf mir doch, auf dich steht mein Vertrauen, /
Ach, laß mich deine Hilf mit Freuden bald anschauen; / Du
bists, der helfen kann, ja, du bists ganz allein, / Drum stelle
dich doch bald zu meiner Hilfe ein.

Mein Gott, erbarme dich mein, verlaß mich nicht, du bist
mein Gott. Meine Augen sehnen sich nach deiner Hilfe. Verbirg dein Angesicht nicht vor mir, deine Gnade stärke mich,
deine Hand erhalte mich. Ach, wie lang, ach lange ist dem
Herzen bange und verlangt nach dir! Amen.

Siehe, des Herrn Hand ist nicht kurz, daß er nicht helfen
könne! Jes. 59, 1.

Gottes Hände sind ohne Ende, sein Vermögen hat kein
Ziel; / Ists beschwerlich, scheints gefährlich, deinem Gott
ist nichts zu viel.

Ich weiß, mein Gott, daß dir nichts unmöglich ist, darum
vertraue ich auf dich. Herr, strecke deine Hände zu mir aus
wie zu dem sinkenden Petrus; deine Hand kann helfen aus
allem, in allem, von allem. Herr, schaue auf mich, ich sehne
mich nach deiner Gnade. Amen.

Er begehret mein, so will ich ihm aushelfen; er kennt meinen Namen, darum will ich ihn schützen; er ruft mich an, so

will ich ihn erhören; ich bin bei ihm in der Not; ich will ihn
herausreißen und zu Ehren bringen; ich will ihn sättigen
mit langem Leben und will ihm zeigen mein Heil.

Psalm 91, 14—16.

Mein Jesu, weil mir niemand helfen kann als du, so eile
mit deiner gnädigen Hilfe herbei. Siehe, ich bin jetzt in der
Not, reiße mich nach deiner Verheißung heraus; ich begehre
dein, hilf mir aus. Mein Herz hält dir vor dein Wort: Ihr
sollt mein Antlitz suchen; darum suche auch ich, Herr, dein
Antlitz. Amen.

Es sollen wohl Berge weichen und Hügel hinfallen, aber
meine Gnade soll nicht von dir weichen, und der Bund des
Friedens soll nicht hinfallen, spricht der Herr, dein Er=
barmer. Jes. 54, 10.

Was ich nicht kann, das gib du mir, du höchstes Gut der
Frommen; / Gib, daß mir nicht des Glaubens Zier durch
Trübsal werd genommen; / Erhalte mich, o starker Hort,
befestge mich in deinem Wort, behüte mich vor Murren.

Jesu, nimm deine Gnade und deinen Heilgen Geist nicht
von mir; weiche nicht von mir, stärke mich zu dem Werke.
Gedenke an den Bund, den du in der heiligen Taufe mit
mir gemacht hast. Vater, denk an dein Kind, hilf deinem
Kinde, erbarme dich deines Kindes. Amen.

Wie sich ein Vater über Kinder erbarmet, so erbarmt sich
der Herr über die, so ihn fürchten. Psalm 103, 13.

Gnädiger Gott und Vater, ich weiß keinen Trost und keine
Hilfe zu finden als nur allein bei dir. Darum schreie ich
zu dir: Hilf mir, erbarme dich über mich, laß dein Vater=
herz erweichen, damit ich bald möge erfreut werden. Du
kannst es ja, um deiner Barmherzigkeit willen tue es doch.
Amen.

Herr, ich traue auf dich, laß mich nimmermehr zuschanden werden; errette mich durch deine Gerechtigkeit und hilf mir aus; neige deine Ohren zu mir und hilf mir. Sei mir ein starker Hort, dahin ich immer fliehen möge, der du zugesagt hast, mir zu helfen; denn du bist mein Fels und meine Burg. Psalm 71, 1—3.

Herr Jesu Christ, ich schrei zu dir aus hochbetrübter Seele, / Dein Allmacht laß erscheinen mir, und mich nicht länger quäle; / Viel größer ist die Not und Schmerz, so anficht und betrübt mein Herz, / Als daß ichs kann erzählen.

Herr, mein Jammer und Elend ist dir gar wohl bekannt. Herr, je größer die Not wird, desto eifriger will ich um Hilfe schreien; ich will es in meinen Nöten machen wie mein Jesus, welcher, da er mit dem Tode rang, betete er heftiger. Amen.

Meine Seele wartet auf den Herrn von einer Morgenwache bis zur andern. Psalm 130, 6.

Und ob es währt bis in die Nacht und wieder an den Morgen, / Soll doch mein Herz an Gottes Macht verzweifeln nicht, noch sorgen.

Mein Gott, das soll mein fester Entschluß bleiben: ich will nicht an deiner Hilfe zweifeln, wenn es auch noch so lange währt; will der Herr sich vor mir verbergen, so wird er sich doch bald aufmachen und mir gnädig sein. Amen.

Meine Augen sehen stets zu dem Herrn, denn er wird meinen Fuß aus dem Netze ziehen. Wende dich zu mir und sei mir gnädig, denn ich bin einsam und elend; die Angst meines Herzens ist groß, führe mich aus meinen Nöten; siehe an meinen Jammer und Elend und vergib mir alle meine Sünde. Psalm 25, 15—18.

Ist mein Seufzen denn vergebens? Wird mein Beten nicht erhört? / Soll ich denn, du Hort des Lebens, bleiben immerfort beschwert? / Laß den Schmerz vorübergehen und mich deine Hilfe sehen.

Herr Jesu, ich blicke im Glauben nach dir; komm zu mir, siehe, wie mir so wehe ist; stärke meinen Glauben, erhalte meine Zuversicht, daß ich ja von dir nicht wanke. Tritt du selbst mir zur Seite. Herr, höre mein Gebet, verlaß mich nicht. Ists bald Zeit, daß ich durch deine Hilfe erfreut werde? Amen.

Ich komme bald. Amen, ja komm, Herr Jesu! Offenb. Joh. 22, 20.

Herr, wenn du mir nicht helfen wirst, so ists mit mir verloren, / Du bist allein der Lebensfürst, der uns zugut geboren; / Komm, Jesu, komm, ach komm zu mir, denn siehe, Herr, die Not ist hier,/ Du wirst mich nicht verlassen.

Mein Jesu, das ist auch meines Herzens Wunsch und Verlangen, daß du bald kommst. Komm und entbinde mich, komm und erfreue mich, komm und errette mich, komm laß mich erblicken, was ich zu sehen begehre. Amen.

Nun, Herr, wes soll ich mich trösten? Ich hoffe auf dich. Höre mein Gebet, Herr, und vernimm mein Schreien und schweige nicht über meinen Tränen. Psalm 39, 8. 13.

Herr Jesu, eile zu mir; hilf mir, Gott, mein Helfer, so ist mir geholfen. Ich weiß sonst keinen Rat in dieser Angst und Not; darum fliehe ich zu dir, komm, ach komm und hilf mir. Amen.

Der Herr gibt den Müden Kraft, und Stärke genug den Unvermögenden. Die auf den Herrn harren, kriegen neue Kraft, daß sie auffahren mit Flügeln wie Adler, daß sie laufen und nicht matt werden, daß sie wandeln und nicht müde werden. Jes. 40, 29. 31.

Herr Jesu Christe, Gottes Sohn, zu dir steht mein Vertrauen, / Du bist der rechte Gnadenthron, wer nur auf dich tut bauen, / Dem stehst du bei in aller Not, hilfst ihm im Leben und im Tod, / Darauf ich mich verlasse.

Herr, mein Gott, gib mir neue Kraft, verleihe mir Mut, Kraft und Stärke; ich bin zu schwach, dieses Werk auszuführen, aber in meines Gottes Stärke vermag ich alles. Herr, stärke mich; mein Gott, hilf fröhlich überwinden. Der Name des Herrn sei gelobt! Amen.

Wo der Herr mir nicht hülfe, so läge meine Seele schier in der Stille. Ich hatte viel Bekümmernis in meinem Herzen, aber deine Tröstungen ergötzten meine Seele.
Psalm 94, 17. 19.

Meine Hilfe kommt vom Herrn, also will ich mich getrösten; / Wenn die Hilfe scheint so fern und die Not am allergrößten, / Wenn kein Mensch mir helfen kann, so schau ich den Himmel an.

Allmächtiger Gott, von dem allein alle Hilfe kommt, du hast ja gesagt: Rufe mich an in der Not; auf deinen Befehl rufe ich und sage: Herr, hilf mir, Herr, erbarme dich! Nimm weg die Bekümmernis und Sorge meiner Seele; schenke mir, was ich hoffe; gib mir, was ich bitte. Herr, es steht in deinen Händen. Amen.

Wir rühmen uns auch der Trübsale, dieweil wir wissen, daß Trübsal Geduld bringt, Geduld aber bringt Erfahrung, Erfahrung aber bringt Hoffnung, Hoffnung aber läßt nicht zuschanden werden. Röm. 5, 3—5.

Wer hofft auf Gott und dem vertraut, wird nimmermehr zuschanden / Und wer auf diesen Felsen baut, obschon ihm kommt zu Handen, / Viel Unfall hie, hab ich doch nie den Menscher sehen fallen. / Wer sich verläßt auf Gottes Trost, er hilft den Seinen allen.

Herr, hilf auch mir nach deiner großen Güte und Barmherzigkeit; ich warte auf deine Hilfe, siehe mich betrübtes Weib an und erfreue mich wieder. Laß deine Stunde anbrechen, damit ich mit fröhlichem Munde dir danken möge. Amen.

Gott, höre mein Gebet und verbirg dich nicht vor meinem Flehen; merke auf mich und erhöre mich, wie ich so kläglich zage und heule. Furcht und Zittern ist mich angekommen, und Grauen hat mich überfallen. Psalm 55, 2. 3. 6.

Hoff o du arme Seele, hoff und sei unverzagt, / Gott wird dich aus der Höhle, da dich der Kummer plagt, / Mit großen Gnaden rücken, erwarte nur die Zeit, / So wirst du schon erblicken die Sonn der schönsten Freud.

Herr, du kannst helfen, denn du bist ein allmächtiger Gott; du willst helfen, du bist ja mein liebreicher Vater; darum so erhöre mich, laß leuchten dein Antlitz, so genese ich. Amen.

Gott spricht: Ich habe dich in der angenehmen Zeit erhöret und habe dir am Tage des Heils geholfen. Sehet, jetzt ist die angenehme Zeit, jetzt ist der Tag des Heils. 2. Kor. 6, 2.

Wenn Trost und Hilf ermangeln muß, die alle Welt erzeiget, / So kommt, so hilft der Überfluß, der Schöpfer selbst und neiget / Die Vateraugen denen zu, die sonsten nirgends finden Ruh: / Gebt unserm Gott die Ehre!

Herr, ist deine Stunde noch nicht gekommen? Herr, wie lange willst du mein so gar vergessen? Doch ich weiß, mein Gott vergißt meiner nicht, seine Liebe ist zu groß. Um all deiner Güte willen errette mich. Ach wie lang, ach lange ist dem Herzen bange und verlangt nach dir. Amen.

Herr, mich verlangt nach deinem Heil, ich habe Lust an deinem Gesetz. Laß meine Seele leben, daß ich dich lobe, und deine Rechte mir helfen. Psalm 119, 174—175.

Ob sichs anläßt, als wollt er nicht, so laß dich gar nicht
schrecken, / Denn wo er ist am besten mit, da will ers nicht
entdecken; / Sein Wort laß dir gewisser sein, und ob dein
Herz spräch lauter Nein, / So laß dir doch nicht grauen.

Herr, mein Gott, ich will jetzt durch all mein Elend und
meine Schmerzen hindurch allein auf dich sehen; ich will
über mich gen Himmel schauen auf dich, allmächtiger Gott;
laß deine Gnade mir beistehen und deinen Arm mir aushelfen; hilfst du mir, Gott meines Heils, so ist mir geholfen.
Amen.

Ich will ihr Trauern in Freude verkehren und sie trösten, und sie erfreuen nach ihrer Betrübnis.   Jer. 31, 13.

Er wird zwar eine Weile mit seinem Trost verziehn / Und
tun an seinem Teile, als hätt in seinem Sinn / Er deiner
sich begeben und sollst du für und für / In Angst und Nöten
schweben, als fragt er nichts nach dir.

Wirds aber sich befinden, daß du ihm treu verbleibst, /
So wird er dich entbinden, da dus am mindsten gläubst; /
Er wird dein Herze lösen von der so schweren Last, / Die du
zu keinem Bösen bisher getragen hast.

Mein Gott, entbinde mich von meiner Last, verziehe doch
nicht länger mit deiner Hilfe, verkehre mein Trauern in
Freude und erfreue mich mit einer fröhlichen Geburt
nach meiner Bekümmernis; meine Zuversicht ist auf Gott.
Amen.

Ich hebe meine Augen auf zu den Bergen, von welchen
mir Hilfe kommt; meine Hilfe kommt von dem Herrn, der
Himmel und Erde gemacht hat.   Psalm 121, 1-2.

Denn Gott verläßt der keinen, der sich auf ihn verläßt, /
Er bleibt getreu den Seinen, die ihm vertrauen fest; / Läßt
sichs an wunderlich, / Laß du dir nur nicht grauen, mit
Freuden wirst du schauen, / Wie Gott wird retten dich.

Dreieiniger Gott, ich habe alle meine Hoffnung auf dich gestellt, nach dir sehne ich mich. Gott Vater, erbarme dich mein und meines Kindes. Herr Jesu, stärke mich und stehe mir bei. Heiliger Geist, erquicke mich mit dem Trost, daß ich bald Hilfe erlangen werde. Dreieiniger Gott, erbarme dich mein. Amen.

Die Weissagung wird ja noch erfüllet werden zu seiner Zeit und wird endlich frei an den Tag kommen und nicht ausbleiben; ob sie aber verziehe, so harre ihrer, sie wird gewißlich kommen und nicht verziehen. Habak. 2, 3.

Von Gott will ich nicht lassen, denn er läßt nicht von mir, / Führt mich auf rechter Straßen, da ich sonst irrte sehr; / Er reicht mir seine Hand; / Den Abend und den Morgen tut er mich wohl versorgen, / Wo ich auch sei im Land.

Mein Gott, ich lasse dich nicht, du segnest mich denn. Laß doch deine fröhliche Hilfestunde anbrechen. Indessen will ich anhalten mit Seufzen und Beten und sagen: Herr Jesu, hilf siegen. Mein Leben und meine Hilfe stehen in deinen Händen. Amen.

Herr, wie lang willst du mein so gar vergessen, wie lang verbirgst du dein Antlitz vor mir? Wie soll ich sorgen in meiner Seele und mich ängsten in meinem Herzen täglich? Schaue doch und erhöre mich. Psalm 13, 2–4.

Herr, wann wirst du dich erbarmen über meine schwere Pein? / Wann wirst du mir gnädig sein? Ach, wann wirst du mich umarmen? / Herr, mein Gott, wie lang, wie lang soll mir sein so angst und bang?

Mein gnädiger und barmherziger Gott, da deine Hilfe verzieht, so ist mir angst, aber ich will doch nicht verzagen. Du bist mein Vater und ich dein Kind. Sprich nur ein Wort, so werde ich genesen; denn wenn du sprichst, so geschiehts, und wenn du gebietest, so stehts da! Herr, erhöre mich gnädiglich. Amen.

Heile du mich, Herr, so werde ich heil; hilf mir, so ist mir geholfen, denn du bist mein Ruhm. Sei du mir nur nicht schrecklich, meine Zuversicht in der Not. Jer. 17, 14. 17.

Wo soll ich mich denn wenden hin? Zu dir, Herr Jesu, steht mein Sinn, / Bei dir mein Herz Trost, Hilf und Rat allzeit gewiß gefunden hat. / Niemand jemals verlassen ist, der sich verläßt auf Jesum Christ.

Ja, mein Jesu, meine Hoffnung steht jetzt zu dir und zu deiner Allmacht; hilf mir, daß ich mich über deine Hilfe freuen kann. O wie will ich deinen Namen rühmen und lobsingen, wenn du mich erlöst hast. Meine Zuversicht steht im Namen des Herrn, der Himmel und Erde gemacht hat. Amen.

Ich hoffe aber darauf, daß du so gnädig bist, mein Herz freut sich, daß du so gerne hilfst. Ich will dem Herrn singen, daß er so wohl an mir tut. Psalm 13, 6.

Bin ich zu schwach, laß deine Treu mir an die Seite treten! / Hilf, daß ich unverdrossen sei zum Rufen, Seufzen, Beten. / Solang mein Herze hofft und traut und im Gebet beständig glaubt, / So lang ists unbezwungen.

Du getreuer Heiland, mein Herz hält dir vor dein Wort: Ihr sollt mein Antlitz suchen; darum suche ich auch, Herr, dein Antlitz. Ich weiß, du kannst helfen und hilfst auch gern, darum hoffe ich auf dich. Ach Gott, laß es jetzt Zeit sein. Herr, hilf mir nach deiner Barmherzigkeit.   Amen.

Du lässest mich erfahren viele und große Angst und machst mich wieder lebendig und holst mich wieder aus der Tiefe der Erde herauf. Du machest mich sehr groß und tröstest mich wieder. Psalm 71, 20—21.

Greif mich auch nicht so heftig an, damit ich nicht vergehe; / Du weißt wohl, was ich tragen kann, wies um mein Leben stehe; / Ich bin ja weder Stahl noch Stein, wie balde geht ein Wind herein, / So fall ich hin und sterbe.

Mein Gott, greife mich nur nicht zu heftig an; du weißt mein Vermögen, meine Kraft ist dir nicht verborgen. Darum erquicke mich; wenn ich sinke, hebe mich; wenn ich ohnmächtig werde, so labe mich; wenn ich müde werde, stärke mich. Gott meines Lebens, erhalte mir und meinem Kinde das Leben; dafür soll dein Name ewiglich gerühmt und gepriesen werden. Amen.

Siehe, Gott ist mein Heil; ich bin sicher und fürchte mich nicht, denn Gott der Herr ist meine Stärke und mein Psalm und ist mein Heil. Lobsinget dem Herrn, denn er hat sich herrlich bewiesen; solches sei kund in allen Landen. Jes. 12, 2. 5.

Und weil ich ja nach deinem Rat hier soll ein wenig leiden, / So laß mich ja in deiner Gnad als wie ein Schäflein weiden, / Daß ich im Glauben die Geduld, und durch Geduld die edle Huld / Nach schwerer Not erhalte.

Ach ja, mein Gott, das ist mein Trost, daß mein Leiden ein gutes und fröhliches Ende nehmen wird darum, weil du meine Stärke, mein Nothelfer und Erretter bist; habe ich Gott bei mir, so habe ich Errettung. Darum will ich stille sein und hoffen; durch Stillesein und Hoffen werde ich stark sein. Ich vermag alles durch den, der mich mächtig macht, Christus. Amen.

Dank nach glücklicher Entbindung

Gebet

Allmächtiger, großer und starker Gott, ich erscheine mit Freuden vor deinem Angesicht und lobe dich für die herrliche und große Wohltat, womit du mich begnadigt hast. Ich preise dich, daß du meine Schmerzen gelindert, mich fröhlich entbunden und bei der Geburt deine Hand über mich gehalten hast. Herr, wie groß ist deine Allmacht, wie herrlich ist deine Stärke! Du hieltest mich, da ich sinken wollte; du erquicktest mich, wenn ich schwach werden wollte; du stärktest mich, wenn alle Kräfte dahin waren. Du hast alles herrlich ausgeführt, mein Kind mir geschenkt, mein Leben mir erhalten, alles Unglück abgewendet und mich nach Wunsch erfreut. „Lobe den Herrn, meine Seele, und was in mir ist, seinen heiligen Namen; lobe den Herrn, meine Seele, und vergiß nicht, was er dir Gutes getan hat. Der Herr hat Großes an mir getan, des bin ich fröhlich." „Gelobet sei der Herr, denn er hat erhört die Stimme meines Flehens; der Herr ist meine Stärke und mein Schild, auf ihn hofft mein Herz, und mir ist geholfen; mein Herz ist fröhlich, und ich will ihm danken mit meinem Lied. Danket dem Herrn, denn er ist freundlich und seine Güte währet ewiglich; sagt, die ihr erlöset seid durch den Herrn: denn seine Güte währet ewiglich; die er aus Not erlöst hat, und sie zum Herrn riefen in ihrer Not, und sie errettet aus ihren Ängsten, die sollen dem Herrn danken um seine Güte und um seine Wunder, die er an den Menschenkindern tut, und Dank opfern und erzählen sein Werk mit Freuden." Ja, mein Gott, ich erzähle heute dein Werk mit Freuden und sage: Wie soll ich dem Herrn vergelten alle Wohltat, die er an mir getan hat? Mein Gott, laß aber auch deine Barmherzigkeit an mir groß werden; beschütze, stärke und erhalte mich auch in meinem Wochenbett. Bewahre

mich und mein Kind vor allem Unfall und vor
Krankheiten. Schenke mir meine verlorenen Kräfte
bald wieder und laß mich jeden Tag stärker werden.
Du Gott aller Gnaden und Barmherzigkeit, breite
deine Gnadenflügel aus über mein Haus, bewahre
es vor Feuer= und Wassersnot, über mein Wochen=
bett und laß mich darin gesund meine Zeit in Ge=
bet und in deiner Furcht hinbringen. Mein Kind
aber wollest du zu deinem Preis und Ruhm er=
halten und mir Gnade verleihen, daß ich einst mit
erneuerten Leibeskräften und guter Gesundheit
meinen Kirchgang halten und vor deinem An=
gesicht mein freudiges Lob= und Dankopfer ab=
statten kann.

Nun danket alle Gott mit Herzen, Mund und Händen, /
Der große Dinge tut an uns und allen Enden; / Der uns von
Mutterleib und Kindesbeinen an / Unzählig viel zugut und
noch jetzund getan. Amen.

Gesang

Mel.: Nun freu dich, liebe Christeng'mein

Gelobet sei der große Gott, der nun die Hilf gesendet, /
Der meine große Angst und Not hat gnädig abgewendet, /
Der mein betrübt Geschrei erhört und meine Bitte mir ge=
währt, / Lobt seine Gnad und Güte!

Er ist in dieser Leidenszeit mein Beistand recht gewesen, /
Durch seine große Gütigkeit bin ich nunmehr genesen; / O
sehet Gottes Wunder an, wie er so herrlich helfen kann. /
Lobt seine Gnad und Güte!

Ja, seine starke Gotteshand hab ich jetzt recht gespüret; ;
Als Menschenhilfe gar verschwand, hat Gott das Werk ge=

führet; / Es fand sich Gottes Hilfe ein und tränkte mich mit Freudenwein, / Lobt seine Gnad und Güte!

Darum will ich zu keiner Zeit, du großer Gott, vergessen, / Daß ich in meiner Angst und Leid in deinem Schoß gesessen; / Ich saß in deinem Schoße wohl und war auf dich Vertrauens voll. / Lobt seine Gnad und Güte!

Gott sei gelobet und gepreist, die Not ist nun verschwunden; / Der alle Bande leicht zerreißt, der hat mich auch entbunden; / O großer Gott, ich danke dir, ja, danket alle Gott mit mir, / Lobt seine Gnad und Güte!

Du großer Gott, ich danke dir für dein getreues Lieben, / Daß du so gnädiglich bei mir in meiner Not geblieben / Und nunmehr mich davon befreit, dir sei Lob, Preis in Ewigkeit, / Lobt seine Gnad und Güte!

Morgengebet der Wöchnerin

Du gnadenreicher Gott, Vater, Sohn und Heiliger Geist, ich erhebe in dieser Morgenstunde zu dir Herz, Mund und Hände und danke dir für den gnädigen Schutz, den du mir diese Nacht gewährt hast. Dein Engel hat um mein Bett gewacht, daß mich kein Unfall angerührt; du hast mich und mein Kind bewahrt und mich diesen Morgen fröhlich wieder die liebe Sonne erblicken lassen. Deine Gnade hat mich die Nacht umgeben, dein Schutz ist um mich gewesen, deine Barmherzigkeit hat mich bedecket. Darum auf, mein Geist und Seele, und lobe den Herrn, der dir so viel Gutes getan hat. Herr, du bist immer und auch diese Nacht mein Beistand gewesen, du hast deine Hand über mich gehalten, ich habe erfahren, wie gnädig, wie stark, wie gütig du bist. Herr, ich will nimmermehr vergessen, was du mir Gutes getan hast. „Ich will den Herrn loben allezeit, sein Lob soll immerdar in meinem Munde sein; meine Seele soll sich rühmen des Herrn, daß die Elenden es hören und sich freuen. Preiset mit mir den Herrn und lasset uns miteinander seinen Namen erhöhen. Da ich den Herrn suchte, antwortete er mir und errettete mich aus aller meiner Furcht: da ich Elende rief, hörte der Herr und half mir aus allen meinen Nöten." Darum soll mein Mund voll Rühmens sein und mein Herz soll ihm danken; ja, ich will mit gefalteten Händen seine Gnade preisen. Herr, laß mich auch diesen Tag deinem gnädigen Schutz anbefohlen sein. Ich befehle dir meinen Leib und meine Seele; bewahre Seele und Gemüt vor schweren Gedanken, Angst und Betrübnis, laß hingegen deinen Heiligen Geist in meinem Herzen wohnen, es heiligen und mit himmlischem Trost und Freude erfüllen, damit ich diesen Tag in deiner Furcht, in der Liebe Jesu und in kindlicher Zufriedenheit zubringe. Schenke meinem Leibe wieder die verlorenen Kräfte, vermehre sie alle Tage und bringe mich bald wieder zur völligen Gesundheit. Wende von mir ab alle Schmerzen, Krankheiten und Unglück und lindere das Leiden, das du mir nach deiner Weisheit noch auflegen wirst. Erhalte mein Kind in deiner Gnade und laß es wachsen und gedeihen zu deinem Preis. Dreieiniger Gott, ich befehle mich dir ganz und gar. Gott, Vater im Himmel, erbarme dich über mich, sei mir und meinem Kinde gnädig, vergib mir meine Sünden, segne mich und bewahre mich vor allem Übel. Gott Sohn, der Welt Heiland, erbarm dich über mich, sei mein Fürsprecher, mein Seligmacher, laß deine Gnade wie ein kühler Tau diesen Tag mich erquicken. Gott Heiliger Geist, erbarme dich über mich und gib Zeugnis meinem Geist, daß ich wahrhaftig ein Kind Gottes bin. Der Herr segne mich und behüte mich; der Herr lasse sein Angesicht über mich leuchten und sei mir gnädig; der Herr erhebe sein Angesicht auf mich und gebe mir Frieden. Der Friede Gottes, welcher höher ist denn alle Vernunft, bewahre mein Herz und meine Sinne in Christo Jesu, unserm Herrn. Amen.

Morgenlied

Mel.: Wach auf mein Herz und singe

Die Nacht ist nun verschwunden, es hat sich eingefunden /
Das Licht, der Tag, die Sonne und Jesus, meine Wonne.

Mein Jesus war mir nahe, als ich die Sonn nicht sahe, /
Er ist mir noch zugegen und gibt mir seinen Segen.

Ich bin beschützt geblieben, das Unglück ist vertrieben, /
Ich habe wohl geschlafen bei seiner Engel Waffen.

Ich danke dir von Herzen, daß du Gefahr und Schmerzen / So gnädig abgewendet und deine Hilf gesendet.

Ich lag in deinen Armen, ich schlief, und dein Erbarmen /
Läßt mich jetzt wieder sehen der Sonne Licht aufgehen.

Wenn ich will vor dich treten, ach, so erhör mein Beten, /
Regiere meine Sinnen, beglücke mein Beginnen.

Herr, stärke meine Glieder, gib mir die Kräfte wieder, /
Laß mich erfreut ausgehen und deinen Altar sehen.

Bewahre mich vor Sünden und laß mich Gnade finden, /
Wenn ich das Leid dir klage, das ich noch an mir trage.

Ist nun der Tag verflossen, darin ich hab genossen /
Den Schutz, der mich umgeben und mir erhält mein Leben,

So will ich dir lobsingen und mein Dankopfer bringen /
Und deinen großen Namen von Herzen preisen. Amen.

Abendgebet der Wöchnerin

Herr, allmächtiger Gott, wie soll ich dir genugsam danken für deine Liebe und Treue, die du mir diesen Tag erwiesen hast! Ich habe diesen Tag unter deinem Schutz glücklich hingebracht und den Abend fröhlich erlebt; die Schmerzen und Beschwerden meines Standes hast du mir tragen und überwinden helfen; du hast mich beschützt und bewahrt und bist mein und meines Kindes gnädiger Vater gewesen; Herr mein Gott, ich will dir danken in Ewigkeit. Hast du aber nach deiner Barmherzigkeit den Tag über mich mit deinen Flügeln bedeckt, so breite deine Güte auch in dieser Nacht über mich aus, behüte mich, mein Haus und alle die Meinen vor Unglück, Schaden und Gefahr. Verzeihe mir in Gnaden alles, was ich diesen Tag wider dich getan habe. Ich will mich nun, Gott aller Gnade und Barmherzigkeit, in deine Arme legen und sprechen: „Ich liege und schlafe ganz mit Frieden, denn du allein, Herr, hilfst mir, daß ich sicher wohne." „Befiehl dem Engel, daß er komm und mich bewach, dein Eigentum; gib uns die lieben Wächter zu, daß wir vorm Satan haben Ruh, so schlafen wir im Namen dein, dieweil die Engel bei uns sein." Ja, großer Gott, in deinem Namen will ich jetzt einschlafen und meine Augen schließen; wache du selbst um mein Bett und treibe alles zurück, was meine Ruhe stören kann. Herr Gott Vater, laß mir dein Vaterherz diese Nacht offenstehen, damit ich im Schlaf an deiner Güte und Barmherzigkeit mich erfreue. Herr Jesu, du Licht meiner Seele, umleuchte mich auch diese Nacht mit deinem himmlischen Gnadenlicht. Werter Heiliger Geist, singe und bete in meinem Herzen und versiegle in mir den Trost, daß ich ein Kind Gottes bin. Du dreieiniger Gott, laß mich in deiner Liebe einschlafen und in deiner Gnade sanft ruhen, daß ich, wenn ich erwache, noch bei dir bin. Laß mich den Morgen wieder fröhlich und gesund erblicken, daß ich alsdann dir danken und dich loben und preisen kann. Die Gnade des Vaters schütze mich, die Liebe Jesu decke mich, der Beistand des Heiligen Geistes stärke mich!

Der Tag ist hin, mein Jesu, bei mir bleibe, / O Seelenlicht, der Sünden Nacht vertreibe; / Geh auf in mir, Glanz der Gerechtigkeit, / Erleuchte mich, ach Herr, denn es ist Zeit / Du schlummerst nicht, wenn meine Glieder schlafen, / Herr, laß die Seel im Schlaf auch Gutes schaffen; / O Lebenssonn, erquicke meinen Sinn, / Ich laß dich nicht, da nun der Tag dahin. Amen.

Am Tauftag des Kindes

Du gnädiger und liebreicher Gott, der du der rechte Vater bist über alles, was da Kinder heißt im Himmel und auf Erden, ich komme zu dir in wahrer Demut meines Herzens und trage dir mein neugeborenes Kind vor. Barmherziger Gott, nimm doch mein Kind durch die heilige Taufe zu deinem Kinde an; laß es dein Kind sein, beschirme und erhalte es. Du hast, Herr Jesu, gesagt: „Lasset die Kindlein zu mir kommen und wehret ihnen nicht"; siehe, ich bringe dir an diesem Tage mein Kind. Gib ihm deinen Heiligen Geist, der es durch Wasser und Geist heilige und regiere und sein Herz mit Glauben und himmlischem Licht erfülle; laß es wachsen zu deiner Ehre und verleihe mir die Gnade, daß ich es in deiner Furcht und dir zum Preis erziehen kann. Mein Gott, hiermit gebe ich dir mein Kind zu deinem Eigentum; ich lege es, himmlischer Vater, in die Arme deiner Barmherzigkeit. Ich übergebe es dir, Jesu, wasche es mit deinem heiligen Blute. Ich befehle es dir, Heiliger Geist, heilige es durch und durch, damit sein Geist samt Seele und Leib möge unsträflich behalten werden auf den Tag Jesu Christi. Laß diesen Tag meines Kindes Bundes- und Segenstag sein und gib, daß ich mein Kind später oft an diesen Tag erinnere. Laß es diesen Bund niemals brechen und aus dem Stand der Wiedergeburt niemals treten, sondern im Glauben und in der Heiligung beharren bis

an sein Ende, da du es als dein Kind und Erbe zur
ewigen Freude aufnehmen wirst.

Seine Taufe sei die Türe, welche es zum Himmel führe.
Amen.

Fürbitte für die Kinder

Allmächtiger Gott, Vater aller Gnade und Barm=
herzigkeit, du hast unter anderen Gnadengaben
mir auch Kinder gegeben, dafür ich dich herzlich
lobe und preise. Wenn ich aber meine Kinder an=
sehe als teure Pfänder, die du mir anvertraut, so
bin ich besorgt, daß ich keines von ihnen durch
meine Schuld verlieren möge. Du sagst zu mir und
allen Eltern: Nimm dieses Kind in acht; wo man
sein missen wird, soll deine Seele anstatt seiner
Seele sein. Darum, Vater aller Gnade, komme ich
zu dir und trage dir meine Kinder vor; ich will
tun, was ich kann, aber tue du das Beste: segne
meine Kinder, begleite sie, wenn sie aus= und ein=
gehen; erhalte sie in deiner Furcht, daß sie nimmer=
mehr dich beleidigen und betrüben. Schreibe meinen
Kindern Jesum ins Herz, damit sie nimmermehr
einen gnädigen Gott und ein gutes Gewissen ver=
lieren mögen. Behüte sie vor Verführung und böser
Gesellschaft, erinnere sie allezeit durch deinen Geist
an deine allerheiligste Gegenwart, daß sie denken,
du seiest bei ihnen zu Hause, in der Fremde, des
Tages und bei Nacht, in der Gesellschaft und Ein=
samkeit. Dein Engel begleite sie, wenn sie ein= und
ausgehen; dein Engel bewahre sie, wenn sie auf

Reisen und in der Fremde sind; gib ihnen allzeit deinen Engel zum Gefährten. Sollte dir aber gefallen, mir ein Kinderkreuz zuzuschicken, entweder durch den Tod oder durch Krankheit oder Unglück meiner Kinder, so gib mir Geduld in solchem Leiden, daß ich bedenke: ohne dich kann nichts geschehen; die Kinder hast du mir gegeben, du hast auch Macht, sie wieder zu dir zu nehmen. Willst du mich durch meiner Kinder Tod zu dir ziehen, so erhalte mich auf diesem Dornenwege doch im Vertrauen auf deine Allmacht, daß du, wie alles, so auch meiner Kinder Kreuz enden und wenden wirst. Gib auch im Leiblichen meinen Kindern den Segen, versorge sie, ernähre sie, pflege sie; gib ihnen Nahrung und Kleidung und tue wie ein treuer Vater an ihnen; sei ihr Helfer in Gefahren, ihr Beistand im Leiden, ihr Ratgeber, wenn sie Rats bedürfen, ihr Erhalter im Unglück, ihr Arzt in Krankheit. Gib ihnen fromme Seelen, guten Verstand und gesunden Leib und laß sie vor dir leben und dich ehren und preisen. Gib ihnen ein gehorsames und demütiges Herz und laß mich an ihnen Trost und Freude erleben. Gott, erhöre mein Gebet und gedenke, es sind ja sowohl deine als meine Kinder, darum wollest du auch mein Seufzen für meine Kinder vor dem Thron deiner Gnade erhören. Laß mich am Jüngsten Tage mit allen meinen Kindern zu deiner Rechten stehen und zu deinem Preis sagen: Siehe, hier bin ich, mein Gott, und die Kinder, die du mir gegeben hast, ich habe deren keines verloren. Ja, mein Gott, verleihe, daß keines meiner Kinder verlorengehe, sondern daß sie mit mir und ich mit ihnen zu deiner Herrlichkeit eingehen mögen.

Herr Gott, segne meine Kinder, nimm dich ihrer treulich an, / Tu an ihnen auch nicht minder, als du hast an mir getan; / Segne ihren Schritt und Tritt, teile ihnen Segen mit, / Laß es ihnen wohlergehen und sie in der Gnade stehen. Amen.

Vor dem ersten Kirchgang

Wie soll ich dem Herrn vergelten alle Wohltaten, die er an mir getan hat! Der Herr hat Großes an mir getan, des bin ich fröhlich. Du gnädiger und starker Gott, ich will nun meinen Kirchgang halten, dir in deinem Hause zu danken für deine gnädige Hilfe und Beistand, die du mir erwiesen hast. Herr Gott, du hast mich glücklich entbunden, mein Leben erhalten, mein Kind mich fröhlich erblicken lassen. Du hast, gnadenreicher Gott, diese Wochen mich erhalten und vor Unglück bewahrt; du hast mir die verlorenen Kräfte wiedergegeben, daß ich in gutem Wohlsein zu deinem Hause kommen kann. „Danket dem Herrn, denn er ist freundlich und seine Güte währet ewiglich." In der Angst rief ich den Herrn an, und der Herr erhörte und tröstete mich. Herr, ich danke dir, daß du mein Leben erhalten hast, daß du mir meine Kräfte wiedergegeben hast, daß ich nun durch deine Kraft meinen Ausgang halten und dir in deinem Hause für alle Wohltaten danken kann. Herr, nimm das

schwache Lobopfer meiner Lippen an. Mein Gott,
laß diesen Ausgang gesegnet sein, gib mir mit
jedem Tage mehr Kräfte; laß mein Kind wachsen
zu deinem Preis. Ich bringe dir an diesem Tage
mein dankbares Herz und meinen lobenden Mund;
verschmähe das Opfer nicht. Ich opfere dir noch=
mals mein Kind auf, wie ich es schon in der heili=
gen Taufe getan; sei hinfort sein Vater, sein Pfle=
ger, Erhalter und gnädiger Gott. Laß deine Gna=
denflügel ferner über mich und mein Kind aus=
gebreitet sein, laß uns vor dir leben und deinen
Namen preisen. Gib, daß ich dieser Wohltat allzeit
eingedenk bleiben möge, damit ich im Glauben, in
Frömmigkeit und Gottesfurcht beharren und darin
meine Kinder erziehen kann. Gib mir und meinen
Kindern deinen Heiligen Geist, der uns erleuchte,
heilige und regiere, bis ich und meine Kinder zu
deiner Herrlichkeit eingehen werden in das neue
Jerusalem, wo du selbst Sonne und Licht bist.

Ich will, solang ich lebe hier, den Herren preisen für und
für; / Viel Gutes hat er mir getan, viel mehr, als ich erzäh=
len kann. / Er hat geholfen überall, und sonderlich zu die=
sem Mal / Hat er allein durch seine Hand das Unglück von
mir abgewandt. Amen.

Gesang
Mel.: Alle Menschen müssen sterben

Gott hat mein Gebet erhöret, also sprech ich hocherfreut, /
Weil er das, was ich begehret, Gnädiglich verliehen heut; /
Nun erkennet mein Gemüte Gottes große Gnad und Güte, /
Der betrübt und doch zuletzt uns in Freud und Wonne setzt.

Gott hat mein Gebet erhöret, denn als ich in Nöten schrie, / Hat er sich zu mir gekehret und gesprochen: Ich bin hie! / Ich bin hier, ich will dich retten und an deine Seite treten; / Ich war, da du riefest mir, gar nicht ferne mehr von dir.

Gott hat mein Gebet erhöret, preiset mit mir alle Gott, / Der da gnädiglich gewähret alles das, was mir ist not; / Der da liebreich den ansiehet, der im Glauben zu ihm fliehet, / Und zu mir in Trübsal spricht: Sei getrost, ich laß dich nicht.

Gott hat mein Gebet erhöret, traue ihm nur, wer du bist, / Ich, ich bin es nun gelehret, daß er unser Helfer ist; / Gott kann schützen und kann decken und zu unsrem Schutz ausstrecken / Seine starke Helfershand, die mein Leiden hat gewandt.

Gott hat mein Gebet erhöret, also sprech ich, wo ich geh, / Meine Freude wird vermehret, wenn ich seine Hilfe seh, / Darum lerne Gott vertrauen und auf seine Hilfe bauen, / So wirst du auch, gleich wie ich, Hilfe finden gnädiglich.

Bei der Entwöhnung

Barmherziger und gnädiger Gott, wie ist mein Herz erfreut, daß ich die Zeit erlebt, daß ich mein Kind der Mutterbrust entwöhnen kann. Liebreicher Gott, du hast mir dieses Kind nach deiner Güte gegeben, ihm sein zartes Leben gefristet und es so weit kommen lassen, daß es zu seiner Erhaltung stärkerer Speisen bedarf. Gelobt sei deine Barmherzigkeit, daß du ihm die Mutterbrust bisher gesegnet hast, daß es zu Kräften gekommen und Gedeihen empfangen hat. Habe Dank für deinen Segen und Schutz, für deine Treue und Gnade.

Du haſt meinem Kinde die Mutterbruſt gedeihen laſſen, ſo ſegne ihm auch die übrige Speiſe und Trank, daran ich es gewöhnen will; laß es dadurch wachſen und mit jedem Tag und Jahr an Kräften zunehmen. Bleibe bei ihm, wenn es anfangen will zu gehen; begleite es durch deine heiligen Engel; halte es, wenn es fallen will; behüte es, wenn Gefahr vorhanden iſt. Laß dies mein Kind dir befohlen ſein an Leib und Seele; ſtärke es auch am inwendigen Menſchen, heilige es durch deinen Heiligen Geiſt, daß es in Gehorſam und Gottesfurcht ſich gern erziehen laſſe und als ein frommes Kind gern folge und höre. Gib ihm deinen Heiligen Geiſt und ein frommes Herz, damit ich Freude an ihm allhier erlebe, es einſt zur ewigen Himmelsfreude mitnehme und mit ihm zu deiner Herrlichkeit eingehe.

Sehr groß, o Herr, iſt deine Güt, die mich beſchützet und behüt't, / Ich will dich rühmen hier auf Erd, ſolang ich Atem haben werd. Amen.

Geſang
Mel.: O Gott, du frommer Gott

Der Herr, der große Gott, der ſeinen reichen Segen / Auf mich geſchüttet hat als einen ſanften Regen, / Den preis ich dieſen Tag, da ich und auch mein Kind / In allem Wohlergehn und noch im Segen ſind.

An mir und meinem Kind ſind Wunderding geſchehen, / Das muß ich dieſen Tag zu Gottes Preis geſtehen; / Uns beide ſchützte er, er gab uns Kraft und Stärk, / Bis er an uns vollbracht ſein großes Wunderwerk.

Getan und auch geschenkt hat Gott in jeder Stunde / Viel Guts in reichem Maß, ich rühms von Herzensgrunde; / Er hilft, bewahrt, er liebt, hält uns in seiner Hut, / Er tut an uns noch mehr, als sonst ein Vater tut.

Des bin ich fröhlich heut, mein Gott, was soll ich sagen? / Du hast mein Kind und mich auf deiner Hand getragen. / Herr, segne uns hinfort; ach, sieh, wir sind ja dein; / Herr, laß uns deiner Gnad allzeit befohlen sein.

Gebet um Kindersegen

Herr, was willst du mir geben? Ich gehe dahin ohne Kinder, mein Gott, ich sehe, wie du andern den Ehesegen zuteilest, aber mir hast du ihn bisher nicht gegeben. Herr, laß mich doch dies alles mit christlicher Gelassenheit als deinen gnädigen Willen geduldig aufnehmen. Ich weiß, du bist ein allmächtiger Gott, der mir leicht Kinder geben und mich fruchtbar machen kann, wenn du nur willst. Ich weiß auch, daß du mein gnädiger Gott bist, der mich liebt und der mir seine Gnade noch nie versagt hat, darum will ich mich geduldig deinem Willen unterwerfen! Du weißt am besten, warum du mir diesen Segen noch nicht beschert hast. Sollte ich etwa zu schwach zur Geburt, zu träge in der Erziehung der Kinder, zu niedergeschlagen im Kinderkreuz sein, so erkenne ich daraus deine Güte, die mich schonen und mich nicht über mein Vermögen versuchen lassen will. Gibst du mir nicht die Kinderfreude, so laß mich desto mehr in dir erfreuen, daß ich dich herzlich liebe. Laß mich blei=

ben im Glauben an dich, dreieiniger Gott, in der
Liebe gegen meinen Nächsten, in der Heiligung
des Lebens; laß mich in Zucht und Ehrbarkeit vor
jedermann wandeln. Laß deinen Heiligen Geist
mein Herz mehr und mehr überzeugen, daß dies
dein gnädiger Wille über mich sei, dem ich mich
von Grund meiner Seele ergeben will. Bewahre
mein Herz vor Neid, Argwohn, Ungeduld und vor
Mißvergnügen gegen meinen Ehegatten. Ist es dein
Wille, daß ich eine Zeitlang warte und du mich
dennoch zu einer fruchtbaren Mutter machen willst,
so überzeuge mein Herz von diesem deinem gnädi=
gen Wohlgefallen; willst du mir aber keinen Erben
geben, so soll das mein Erbe sein, daß ich deine
Wege halte. Herr, es ist dir ein Geringes, meine
bisher unfruchtbare Ehe zu segnen. Herr, laß dich
erbitten, so will ich dir für die Gabe mein Leben
lang danken und sie dir zum Preis und zur Ehre
erziehen; ich will sie dir durch die heilige Taufe
wieder schenken. Laß mich auch nicht scheel sehen,
wenn du anderen das Haus voll Kinder gibst, son=
dern laß mich desto mehr Liebe und Barmherzig=
keit an armen und verlassenen Kindern tun. Herr,
deine Güte sei über uns, wie wir auf dich hoffen;
erfreue mich, tröste mich, hilf mir, gib mir Kinder,
wenn es dir wohlgefällt. Ist es mir nützlich, so
gewähre mir nach deiner Barmherzigkeit meine
Bitte; ist es aber dein Wohlgefallen nicht, so will
ich dir kein Kind abzwingen, ja, ich will wider
deinen gnädigen Willen nichts, auch keine Kinder

haben. Herr, ich hab mein Herz vor dir ausgeschüttet, schicke es, wie es mir selig und dir gefällig ist. Gib, daß ich meine Seele in Geduld fasse, bis du mir deine Hilfe erzeigen wirst.

Ich bin vergnügt, wird mir nur geben der allerhöchste Wundergott / Ein fröhlich Herz, gesundes Leben, und was sonst meiner Seele not; / Das übrige, wie er es fügt, befehl ich ihm, ich bin vergnügt. Amen.

Gesang
Mel.: Alle Menschen müssen sterben

Vater, was willst du mir geben, weil ich ohne Kinder bin? / Meine Zeit und auch mein Leben geht in Einsamkeit dahin. / Andre muß ich fröhlich sehen und mit Kindern einhergehen, / Aber ich geh ganz allein und muß stets bekümmert sein.

Herr, mein Gott, ich will nicht fragen, tue nur, was dir gefällt, / Ich will dieses gerne tragen, alles sei dir heimgestellt; / Ach, du weißt ja mein Begehren, willst du mirs, mein Gott, gewähren, / So geschehe, Herr, dein Will, deinem Willen halt ich still.

Laß, o Herr, mir deinen Willen immerdar vor Augen sein, / Deinen Willen lasse stillen, was mein Wollen wendet ein; / Ich laß mir, o Gott, in allem, was nur dir gefällt, gefallen, / Daß ich christlich mich bezeig und gelassen stilleschweig.

Ich weiß, daß du mich doch liebest, / Daß ich steh in deiner Gnad, / Ob du mir schon das nicht gibest, was mein Herz gebeten hat. / Hab ich dich, o meine Wonne, mein Gott, meine Freud und Sonne, / So bin ich in dir vergnügt, wies dein Wille mit mir fügt.

Soll ich keine Kinder haben, so soll meiner Liebe Trieb /
Sich allein in Jesu laben, dem schenk ich mein Herz und
Lieb; / Jesu, deine Lieb und Schöne ist mir lieber als viel
Söhne; / Wenn ich Jesum bei mir hab, so hab ich die größte
Gab.

Meinen Jesum will ich lieben, in Gott haben meine
Freud, / Mich in Lieb und Glauben üben und durch stille
Mildigkeit / Armen Kindern reichlich geben, daß sie Gott zu
Ehren leben, / Ihnen helfen, Gott zum Preis, durch mein
Wohltun, Treu und Fleiß.

Herr, erhöre dies mein Flehen, ach, nimm meine Seufzer
an, / Lasse meine Bitt geschehen, du bists, der mir helfen
kann; / Doch laß mich in allen Fällen alles dir, mein Gott,
heimstellen, / Daß ich, wie es immer geh, spreche: Herr, dein
Will gescheh!

IV

Für Sterbende

Vor dem göttlichen Gericht

Wir müssen alle offenbar werden vor dem Richterstuhl Christi, auf daß ein jeglicher empfange, nach dem er gehandelt hat bei Leibesleben, es sei gut oder böse.

2. Kor. 5, 10.

Gebet

Ich weiß, mein Gott, daß dem Menschen gesetzt ist, einmal zu sterben, danach das Gericht; deswegen stelle ich mich jetzt deinem Gericht vor und ich will mich mit dir versöhnen, ehe ich sterbe. Gerechter Gott, ich erkenne, daß ich ein großer Sünder bin; ich habe deine heiligen Gebote wissentlich übertreten, ich habe dich nicht von ganzem Herzen geliebt, von ganzer Seele und von allen Kräften, ich bin den Fußstapfen meines Jesu nicht allezeit nachgefolgt, ich habe mich durch den Heiligen Geist nicht führen lassen, wie ich billig hätte tun sollen. Ich gedenke, daß ich dein Kind in der heiligen Taufe geworden bin, aber daß ich nicht immer wie ein Kind Gottes gelebt habe, daß ich bei dem Genusse des heiligen Abendmahls dir viel versprochen, aber wenig gehalten und mich wieder der Welt gleichgestellt habe. Herr, mich drückt der Sünden Last, ich bin nicht den Weg gewandelt, den du mir gezeigt hast; meine Sünden gehen über mein Haupt, und wie eine schwere Last sind sie mir zu schwer geworden. Gnädiger Gott, der du verheißen hast, du wollest nicht den Tod des Sünders, sondern daß er sich bekehre und lebe: ich komme und will Frieden mit dir machen. Ich bereue meine Sünden und falle vor deinem Richterstuhl nieder und spreche: Gott Vater im Himmel, erbarme dich über mich! Gott Sohn, der Welt Heiland, erbarme dich über mich! Gott, Heiliger Geist, erbarme dich über mich! Ich fliehe, Vater, zu deiner großen Barmherzigkeit und spreche: Ich habe gesündigt in den Himmel und vor dir, ich bin nicht wert, daß ich dein Kind heiße; aber sei deinem Kinde gnädig und verstoße mich nicht. Ich fliehe zu dir, Jesu, mein Fürsprecher; bitte für mich armen Sünder jetzt und in der Stunde meines Todes. Um deines Blutes willen verzeihe mir meine Missetaten, um deiner heiligen Wunden willen laß mich vor dem strengen Gericht Gnade finden. „Gott, sei mir gnädig nach deiner Güte und tilge meine Sünden nach deiner großen Barmherzigkeit." Du werter Heiliger Geist, zu dir flehe ich: schaffe ein neues Herz in mir, gib mir das Zeugnis, daß ich ein Kind Gottes und bei Gott in Gnaden sei. Wirke in mir eine wahre Buße, lebendigen Glauben und heiligen Vorsatz, dir allein zu Ehren zu leben und zu sterben in kindlichem Gehorsam. Wirke in mir heilige Gedanken, andächtige Gebete, liebliche Todesbetrachtungen; verleihe mir eine erquickende Betrachtung des Him-

mels und der künftigen Herrlichkeit. Laß mich den
Trost im Herzen empfinden: Sei getrost, mein
Sohn, dir sind deine Sünden vergeben. Du Heilige
Dreieinigkeit, erbarme dich über mich und laß
mich bei meinem Abschied aus der Welt bei dir
Gnade finden und rechne mir nicht zu, was ich
jemals Unrecht getan habe, sondern erbarme dich
meiner nach deiner Liebe.

Wenn ich vor Gericht soll treten, da man nicht entfliehen
kann, / Ach, so wollest du mich retten und dich meiner nehmen an; / Du allein, Herr, kannst es wehren, daß ich nicht
den Fluch darf hören: / Ihr zu meiner linken Hand seid von
mir noch nie erkannt. Amen.

Gesang
Mel.: O Gott, du frommer Gott

Ihr Toten, stehet auf! So wird die Stimme klingen, /
Die uns am jüngsten Tag wird aus den Gräbern bringen; /
Wie dieser Stimme Schall der Frommen Schar ergötzt, / So
wird der Bösen Rott durch sie in Furcht gesetzt.

Ihr Toten, stehet auf, ihr habt nun ausgeschlafen, / Ihr
Frommen, kommt herbei, stellt euch zu Christi Schafen; /
Geliebte, gehet ein zur Freud und Herrlichkeit, / Euch ist das
weiße Kleid, die Ehrenkron bereit.

Ihr Toten, stehet auf! Eilt, gehet aus der Erden; / Ihr
Bösen, ihr sollt jetzt zur Höll gestoßen werden; / Ihr habt
nicht fromm gelebt, geht zu der Höllenpein, / Es soll der
Ort der Qual nun eure Wohnung sein.

Ihr Toten, stehet auf! Euch Fromme soll umgeben / Ein
heller Sonnenglanz, ihr sollt nun ewig leben! / Die Seele
kehre sich zu ihrem Leibe zu / Und hab, mit ihm vereint,
vergnügte Himmelsruh.

Ihr Toten, stehet auf! Ach, mög dies Wort erschallen /
In aller Sünder Herz, so würden sie nicht fallen / In schwere
Missetat; denn wem das Herze bricht / Und liebet Jesum
nicht, der kommt in das Gericht.

Ihr Toten, stehet auf, das soll mich nicht erschrecken, /
Die Stimme wird den Leib zum Leben auferwecken. / Ich
werde schon verklärt zum Freudenreich eingehn / Und, Herr,
dein Angesicht mit allen Frommen sehn.

Verzeihung vor dem Abschied

So ihr den Menschen ihre Fehler vergebet, so wird euch
euer himmlischer Vater auch vergeben. Wo ihr aber den
Menschen ihre Fehler nicht vergebet, so wird euch euer
Vater eure Fehler auch nicht vergeben. Matth. 6, 14—15.

Gebet

Mein Gott, ich lebe und weiß nicht, wie lang,
ich muß sterben und weiß nicht, wann, darum will
ich mich beizeiten mit meinem Nächsten versöhnen,
damit ich mit einem versöhnten Herzen von der
Welt scheiden möge. Ich will mein Herz von Zorn
und Feindschaft reinigen, ich will gerne verzeihen
und um Verzeihung bitten, damit mich Gott, um
Jesu willen, als einen Versöhnten in Gnaden auf=
nehme. Ich verzeihe von Grund meiner Seele
meinen Feinden und allen denen, die mich jemals
mit Worten, Werken oder Gebärden beleidigt
haben, ich verzeihe nicht allein mit dem Mund,
sondern vor Gottes Angesicht und von Herzen;
ich will nie mehr daran denken und es vergessen
und zur Bekräftigung meiner Versöhnung ihnen

alles Gute wünschen. Ich bitte Gott, er wolle sie segnen und es ihnen und ihren Kindern wohlergehen lassen, zeitlich und ewiglich. Wie ich von Herzen verzeihe und verziehen habe allen, die mich jemals erzürnt, so bitte ich auch um Verzeihung alle die, denen ich was zuwider getan oder Schaden und Verdruß zugefügt habe: Verzeiht es mir, ihr lieben Freunde, um der Liebe Jesu willen, tragt keinen Haß wider mich; ich erkenne, daß ich euch zu viel angetan habe, ich bitte euch hiermit um Verzeihung, und wollte Gott, ich könnte euch hier vor meinem Sterbebett alle sehen, so wollte ich bei euch persönlich abbitten. Du barmherziger Gott, verzeihe mir aus Gnaden, was ich zeit meines Lebens meinem Nächsten, er sei, wer er wolle, zuleide getan habe, vergib es mir um deiner Barmherzigkeit willen. Gedenke nicht meiner Sünden und Missetaten. Mein himmlischer Vater, erbarme dich über mich. Mein Jesu, wasche mich von Sünden und bitte für mich. Du Heiliger Geist, heilige mein Herz und reinige es von aller Untugend. So sterbe ich fröhlich, so sterbe ich selig.

Verleih, daß ich aus Herzensgrund dem Feinde mög vergeben; / Verzeih mir auch zu dieser Stund, schaff in mir neues Leben. Amen.

Gesang
Mel.: Freu dich sehr, o meine Seele

Ich will jedermann verzeihen, der mich hier beleidigt hat; / Ach Gott, laß mir angedeihen diese unverdiente Gnad, / Daß ich, dein versöhntes Kind, bei dir neue Gnade find; / Ich verzeih von Herzensgrunde und versprech es mit dem Munde.

Ach, verzeiht mir, liebste Freunde, wenn ich euch erzürnet hab; / Bleibet doch nicht meine Feinde; seht, ich schicke mich zum Grab. / Ach, hab ich mit Werk und Wort euch betrübet da und dort, / Ach, das wollen wir aufheben, möchtet ihr doch mirs vergeben!

Ich will auch nicht mehr gedenken, was ihr wider mich getan; / Laßt es uns einander schenken, nehmet meine Abbitt an, / Freunde, ja gedenket nicht, was ich Böses angericht, / Alles sei hiermit verziehen, laßt uns alle Feindschaft fliehen!

Nun ist meine Seele stille, weil ich jetzt versöhnet bin; / Es geschehe Gottes Wille, dem geb ich mich gänzlich hin; / Fried mit Menschen, Fried mit Gott, das versüßt die Todesnot; / Also kann ich selig sterben und entgehen dem Verderben.

Der letzte Segen

Nun, liebe Brüder, ich befehle euch Gott und dem Wort seiner Gnade, der da mächtig ist, euch zu erbauen, und zu geben das Erbe unter allen, die geheiligt werden.   Apg. 20, 32.

Gebet

Ewiger, gütiger Gott, ich nehme Abschied von allen meinen Verwandten, Bekannten, Wohltätern und Freunden; ich befehle sie dir, großer Gott, in deinen Schutz und deine Gnade; tue ihnen Gutes für die mir erzeigte Liebe, und da ich ihnen nicht alles vergelten kann, so wollest du an meiner Statt hinfort ihr reicher Vergelter sein. Ich verlasse meine Freunde, Verwandten und Bekannten, aber du, großer Gott, wollest sie nicht verlassen;

erhalte sie in deiner Furcht, im Glauben und in der Frömmigkeit, damit wir einander im ewigen Leben wiederbegegnen mögen. Ich gehe den Weg alles Fleisches, ich gehe voran, aber im Himmel werden die Kinder Gottes wieder zusammenkommen. Denjenigen aber, getreuer Gott, die ich hinterlasse, welchen mein Abschied schmerzlich sein wird, gib deinen reichen Segen. Der Herr segne euch, meine geliebten Angehörigen, er segne euch an Leib und Seele; er sei hinfort euer Vater, Versorger und Pfleger, er nehme euch in seinen Schutz, er beschere euch nach seiner väterlichen Gnade ein gesegnetes Auskommen und bewahre euch vor allem Übel. Nur fürchtet hinfort Gott, seid fromm und setzet euer Vertrauen auf ihn, denn er wird sich über euch erbarmen und euch gnädig sein. Wendet euch nicht von ihm ab, sondern seid ihm bis in den Tod getreu, so wird er euch die Krone des Lebens geben. Lasset nicht von Gott, so wird er euch auch nicht verlassen. Ehret, dienet, liebet und gehorchet ihm. Der Gott aller Gnade und Barmherzigkeit segne euren Ausgang und Eingang, daß ihr die Gesegneten des Herrn sein und bleiben möget. Großer Gott, ich habe sie gesegnet, laß sie auch gesegnet bleiben. Hiermit lege ich mich in deine Arme, dreieiniger Gott, nimm meine Seele hin, nimm sie auf in die ewige Freude. Ich begehre aufgelöst zu werden und bei Christo zu sein. Herr Jesu, dir lebe ich, dir sterbe ich, dein bin ich tot und lebendig.

Segne euch Gott der Herr, ihr Vielgeliebten mein / Trauert nicht allzusehr über den Abschied mein; / Beständig bleibt im Glauben, wir werden in kurzer Zeit / Einander wieder schauen dort in der Seligkeit. Amen.

Gesang
Mel.: Wenn mein Stündlein vorhanden ist

Mein Stündlein nahet sich herzu, daß ich von hier soll scheiden, / Um hinzugehn zu meiner Ruh nach vielem Schmerz und Leiden; / Ich schicke mich zu meinem Tod und sehne mich nach meinem Gott, der wird mich ewig weiden.

Ach Gott, es ist mir herzlich leid, daß ich die Welt geliebet / Und lang gesucht die Eitelkeit und dadurch dich betrübet; / Ach, tilge meiner Sünden Heer, gedenk derselben nimmermehr und was ich ausgeübet.

Ich eigne zu mir Jesum Christ, sein Blut, Verdienst und Wunden; / Der meiner Seele Zuflucht ist, mit dem bleib ich verbunden; / O Jesu, Jesu, ich bin dein, ach, laß mich auch dein eigen sein in meinen Todesstunden.

Darum bestell ich nun mein Haus, das will ich Gott befehlen, / Ich teil hiermit den Segen aus von Grunde meiner Seelen: / Gott woll den Meinigen beistehn, er laß es ihnen wohlergehn und nie an Hilfe fehlen.

Also will ich zu meinem Gott mein Herz und Geist erheben, / Ich fürchte mich nicht vor dem Tod, denn Jesus ist mein Leben; / Sieh, ich bin hier, Herr, nimm mich hin, weil ich mit dir versöhnet bin, dir will ich mich ergeben.

Im Glauben und in Frömmigkeit will ich mit Freuden sterben / Und so das schöne Feierkleid durch Jesum Christum erben; / Ich leb und sterb auch als ein Christ, der da bei Gott in Gnaden ist, und werde nicht verderben.

Und hiermit schlaf ich sanfte ein, weil sich mein Leben endet; / Mein Jesus wird auch bei mir sein, der sich schon zu mir wendet; / Fahr hin, mein Geist, zu deinem Gott, fahr hin zur Freude nach der Not, mein Lauf ist nun vollendet.

Zum Sterben gerüstet

In deine Hände befehle ich meinen Geist, du hast mich erlöset, Herr, du treuer Gott! Psalm 31, 6.

Gebet

Barmherziger, liebreicher Gott, der du die Menschen lässest sterben und sprichst: Kommt wieder, Menschenkinder, der du deine Geliebten durch den Tod zu dir ziehst und sie der Herrlichkeit teilhaftig machst, die uns Jesus mit seinem bittern Leiden und Sterben erworben hat: ich sehe, daß meine Schwachheit eine laut redende Stimme wird, die mir zuruft: Bestelle dein Haus, denn du mußt sterben, mache dich bereit, dem Bräutigam mit brennender Lampe entgegen zu gehen. Weil ich nicht weiß, wann mein Stündlein nahen wird, so will ich mich dir beizeiten ergeben und meine Seele mit all ihren Kräften dir anbefehlen. Laß mein Herz von allen weltlichen Dingen leer stehen, treibe alle sündlichen Gedanken hinaus, daß ich mich allein an dir erfreue, von dir rede, deine Herrlichkeit und die Freude der Auserwählten mir vorstelle. Erfülle mein Herz mit deinem Heiligen Geist, damit er gute Regungen in mir wirke. Hilf, daß ich im Gedächtnis behalte Jesum Christum und sein vergossenes Blut und Tod mir allezeit vor Augen stelle. Wenn die Todesstunde kommt, so bewahre mich, wenn es dein heiliger Wille ist, vor Anfechtung, schweren Gedanken und vor großen Schmerzen; laß mir meinen guten Verstand bis an mein Ende, bis mir der Odem ausgeht, auf daß mein Herz, Mund und Geist von dir rede und bete; wenn mir die Sprache entfallen sollte, laß mich in meinem Herzen deine Lieblichkeit genießen und deine allerheiligste Gegenwart empfinden. Gib mir durch deine Gnade Freudigkeit im Sterben, laß mich dann einen Blick tun in die frohe Seligkeit, gib mir in der Todesstunde etliche Tropfen zu schmecken von der himmlischen Süßigkeit, damit ich voll Freude und Trost von hinnen scheide. Ich befehle dir meine Seele, wenn sie den Leib verläßt; nimm sie alsdann in deine Hände. Vater, in deine Hände befehle ich meine Seele; Herr Jesu, nimm meinen Geist auf. Ich befehle dir auch meinen Leib in der kühlen Erde, verleihe ihm eine sanfte Ruhe, bis die letzte Posaune erklingen und rufen wird: Steht auf, ihr Toten, und kommt vor Gericht! Und laß mich dann um Jesu willen zum Leben fröhlich und selig auferstehen.

Soll ich einmal nach deinem Rat von dieser Welt abscheiden, / Verleih mir, Herr, durch deine Gnad, daß es gescheh mit Freuden. / Mein Leib und Seel befehl ich dir, o Herr, ein seligs End gib mir durch Jesum Christum. Amen.

Gesang

Mel.: Wer nur den lieben Gott läßt walten

Mein Gott, ich habe noch das Leben, das deine Hand verliehen hat, / Das will ich dir jetzt wiedergeben, doch bitt ich noch um diese Gnad: / Wenn nun mein letztes End anbricht, alsdann, mein Gott, verlaß mich nicht.

Ich lebe noch, ich kann noch beten, drum bet ich auch und komm zu mir; / Wirst du im Sterben zu mir treten, so ist mir wohl, so g'nüget mir; / Und wenn das Herz im Tode bricht, alsdann, mein Gott, verlaß mich nicht.

Wenn mein Verstand sich wird verlieren, daß ich nicht mehr weiß, wo ich bin, / So laß mich deinen Geist regieren, damit ich Jesum hab im Sinn, / Und wenn mich meine Sünd anficht, alsdann, mein Gott, verlaß mich nicht.

Wenn das Gesichte wird vergehen zuletzt in meiner Sterbenszeit, / so laß mich dich im Glanze sehen und zeig mir deine Herrlichkeit; / Auch wenn erlischt mein Augenlicht, alsdann mein Gott, verlaß mich nicht.

Bin ich im Glauben abgeschieden und liege in dem Sarg bereit, / So laß die Seele gehn in Frieden zur Himmelsfreud und Seligkeit / Und laß mich sehn dein Angesicht, bekleidet mit dem Freudenlicht.

Herr, laß mich fröhlich auferstehen am jüngsten Tag aus meinem Grab, / Laß mich den Leib verkläret sehen, den ich allhier getragen hab, / Auf daß ich ganz mit Seel und Leib dein Eigentum auf ewig bleib.

Im Blick auf den Himmel

Stephanus aber, voll Heiligen Geistes, sah auf gen Himmel und sah die Herrlichkeit Gottes und Jesum stehen zur Rechten Gottes und sprach: Siehe, ich sehe den Himmel

offen und des Menschen Sohn zur Rechten Gottes stehen.
Apg. 7, 55.

Gebet

Du gnädiger Gott, wie groß ist deine Liebe und
Gnade gegen uns Menschen; nicht allein tust du
uns Gutes, hilfst, erhörst, erbarmst dich über uns,
solange wir leben, sondern du hast uns auch viele
herrliche Güter im Himmel aufgehoben. Deshalb
stelle ich mir im Glauben deine große Majestät
und Herrlichkeit vor, den Glanz, darin du wohnst,
wie so viel tausend Seraphinen, alle Engel und
Auserwählten und alle Frommen, die je auf Erden
gelebt haben, vor deinem Thron stehen, dich loben
und preisen, und das Heilig, Heilig, Heilig dir zu
Ehren anstimmen. Ich stelle mir vor, wie auch
ich bald unter ihnen stehen werde, wenn ich sanft
und selig gestorben bin. O Herrlichkeit, o Selig=
keit, die mir der Vater aller Gnade und Barm=
herzigkeit um Jesu willen dann mitteilen wird.
Darum erschrecke ich vor dem Tod nicht, weil er
mir die Tür zu solcher Herrlichkeit auftun wird.
Ich schaue mit Freuden den Himmel an, denn da
ist meine ewige Wohnung, hier habe ich keine
bleibende Stätte. Diese Wohnung hat mir mein
Heiland durch sein Leiden und Sterben erworben,
dahin werde ich durch den Glauben gelangen.
Schaue ich den Himmel an, so erinnere ich mich,
da ist mein Vaterland, wo alle frommen Christen
und Gläubigen versammelt sind. Ich bin auf der
Welt wie ein Pilger und Wandersmann, der im=

merfort reist; aber durch einen seligen Tod gelange
ich in den Himmel zur Ruhe, zum Frieden und zum
ewigen Wohlsein. Ich sehe den Himmel mit Freuden an und denke, da ist mein Erbe; habe ich kein
großes Erbe hier auf Erden gehabt, im Himmel
ist mir ein ewiges und unbeflecktes Erbe aufbehalten. Ich denke, der Himmel ist das Paradies,
darin Gott die Gläubigen ergötzen wird, gegen
welches das Paradies auf Erden nur ein Schatten
war. Ich will, mein Gott, wenn ich deine Herrlichkeit im Himmel erblicken werde, zu dir sagen:
Mein Gott, mir ist nicht die Hälfte in diesem Leben von deiner Herrlichkeit gesagt; du hast mehr
Herrlichkeit und Gutes, als das Gerücht ist, das
ich von dir gehört habe.

Komm, o Tod, du Schlafesbruder, komm und führe mich
nun fort, / Löse meines Schiffleins Ruder, bringe mich zum
sichern Port; / Es mag, wer da will, dich scheuen, du kannst
mich vielmehr erfreuen, / Denn durch dich komm ich hinein
zu dem lieben Jesus mein.   Amen.

Gesang
Mel.: Zion klagt mit Angst und Schmerzen

Hier ist gut sein, also sagen dorten in der Himmelsfreud, /
Die da Kron und Palmen tragen, angekleid't mit Herrlichkeit; / O wie ist uns hier so wohl! / Wir sind alles Trostes
voll, / Wir sind aller Angst entbunden, alles Leiden ist verschwunden.

Hier ist gut sein, denn wir sehen nunmehr Gott von Angesicht, / Wir sind selig, weil wir stehen in dem schönen

Glanz und Licht, / Uns ist nun auf ewig wohl, wir sind alles Trostes voll, / Klarheit hat uns ganz umgeben hier in diesem Freudenleben.

Hier ist gut sein, wir genießen lauter Wonne, lauter Freud, / Hier an diesem Orte fließen Ströme voller Süßigkeit, / Hier weiß man von keiner Klag, nichts von Trübsal, Angst und Plag, / Unser Antlitz ist voll Wonne, welches leuchtet wie die Sonne.

Nun ich will im Glauben bleiben und auch in der Frömmigkeit, / Davon soll mich nichts abtreiben, weil ich leb hier in der Zeit, / So werd ich „hier ist gut sein" stimmen mit den Frommen ein / Und nach ausgestandnem Leiden gehen zu den Himmelsfreuden.

Gottes ewige Verheißungen

Kommet her, ihr Gesegneten meines Vaters, ererbet das Reich, das euch bereitet ist von Anbeginn der Welt.

Matth. 25, 34.

Gebet

Du gnadenreicher Gott, wie süß sind die Verheißungen, die du mir in deinem Wort zugesagt hast, wenn du sprichst: „Ich bin bei ihm in der Not, ich will ihn herausreißen; fürchte dich nicht, ich bin bei dir, weiche nicht, ich bin dein Gott"; und wenn mein Jesus spricht: „Wo ich bin, da soll mein Diener auch sein. In meines Vaters Hause sind viele Wohnungen; ich gehe hin, euch die Stätte zu bereiten, ich will wiederkommen und euch zu mir nehmen, auf daß ihr seid, wo ich bin." Du gnädiger Gott, erfülle alle diese Verheißungen

auch an mir. Die Not wird immer größer, sei und
bleibe bei mir in meiner letzten Not. Verlaß mich
nicht, stehe mir bei, Jesu, laß mich gelangen zu der
Herrlichkeit und die Stätte einnehmen, die du mir
bereitet hast. Jesu, sei jetzt mein Fürsprecher;
bitte für mich armen Sünder, damit ich Gnade und
Barmherzigkeit erlange. Du werter Heiliger Geist,
stehe mir in meiner Schwachheit bei und gib mir
Kraft und Stärke. Steht mir ein schwerer Kampf
vor, so hilf siegen und überwinden. Wenn mein
Mund nicht mehr beten kann, so vertritt mich bei
Gott mit unaussprechlichem Seufzen, ja bringe
meine schwachen Seufzer vor Gott. Du gnaden=
reicher Gott, ich halte mich an deine Verheißungen
und glaube, du werdest sie nach deiner Barmherzig=
keit auch an mir Elendem erfüllen. Ich traue auf
dein Wort, mein Herz hält dir vor dein Wort:
„Ihr sollt mein Antlitz suchen", darum suche ich,
Herr, dein Antlitz. Dein Wort ist in meinem Le=
ben immer mein Trost und meine Freude gewesen;
laß es jetzt in meinem Tod mein Labsal und Er=
quickung sein. Kommt die Zeit, da mir um Trost
bange wird, so nimm dich meiner Seele herzlich
an. Erquicke mich, wenn der Todesschweiß anbricht;
erfreue mich, wenn die Lippen blaß werden; tröste
mich, wenn Hören und Sehen mir vergeht. Du
dreieiniger Gott, alsdann laß in meinem Herzen
mich Freud und Wonne hören, ein Jubel= und
Freudengeschrei, als einen Vorklang und Vor=
schmack der himmlischen Herrlichkeit.

O du großer Gott, erhöre, was dein Kind gebetet hat, / Jesu, den ich stets verehre, bleibe ja mein Schutz und Rat, / Und mein Hort, o Heilger Geist, der du Freund und Tröster heißt, / Höre auf mein sehnlich Flehen, Amen, ja, es soll geschehen. Amen.

Gesang

Mel.: Wenn mein Stündlein vorhanden ist

Ich sterbe gern, und sollte ich mich vor dem Grabe scheuen? / Mein Glaube pfleget innig sich auf meinen Tod zu freuen; / Ich weiß, daß Gott nach dieser Zeit mich droben in der Ewigkeit / Gar herrlich wird erfreuen.

Ich sterbe gern, denn nach dem Tod wird sich mein Glück anheben; / Für Trübsal, Jammer, Angst und Not wird Gott mir Freude geben, / Das Tränenmaß wird lauter Wein, das Trauern lauter Jauchzen sein / In solchem Freudenleben.

Ich sterbe gern, dieweil ich werd dereinsten auferstehen / Und herrlich aus der finstern Erd und meinem Grabe gehen; / Ich werd verklärt in Glanz und Licht des Allerhöchsten Angesicht / Mit Lust und Freuden sehen.

Ich sterbe gern, dies bleibt mein Wort, bis daß ich werde kommen / Zu Gott an jenen Freudenort, zur großen Schar der Frommen. / Ach, wann bricht an die Freudenzeit, daß ich zur Himmelsherrlichkeit / Auch werde aufgenommen?

Die Freude ohne Ende

Danach sah ich, und siehe, eine große Schar, welche niemand zählen konnte, aus allen Heiden und Völkern und Sprachen vor dem Stuhl stehend und vor dem Lamm, angetan mit weißen Kleidern und Palmen in ihren Händen, schrien mit großer Stimme und sprachen: Heil sei dem, der auf dem Stuhle sitzt, unserm Gott und dem Lamm. Offenb. Joh. 7, 9–10.

Gebet

Wie lieblich sind deine Wohnungen, Herr Zebaoth, meine Seele sehnt sich nach deinen Vorhöfen; wann werde ich dahin kommen, daß ich dein Angesicht schaue? Welch große Herrlichkeit und Seligkeit werde ich antreffen, wenn ich von diesem Leibe geschieden und selig gestorben bin! Welche Herrlichkeit und Freude wartet auf mich! Ich werde den dreieinigen Gott von Angesicht zu Angesicht schauen; was ich hier geglaubt, werde ich dort schauen; was ich nicht habe begreifen können, werde ich dort vollkommen erkennen; da werde ich völlig durchleuchtet und mit himmlischem Licht erfüllt sein. Welche Freude wird das sein, den großen majestätischen Gott in seiner Herrlichkeit zu erblicken! Darum seufze ich und bete mit Verlangen: „Wie der Hirsch schreit nach frischem Wasser, so schreit meine Seele, Gott, zu dir; meine Seele dürstet nach Gott, nach dem lebendigen Gott; wann werde ich dahin kommen, daß ich Gottes Angesicht schaue?" Das ist die höchste Freude, Gott zu schauen, an den wir geglaubt und den wir nicht gesehen haben. In diesem Sehen wird das höchste Vergnügen und die vollkommenste Glückseligkeit bestehen; mein Leiden wird in Freude, mein Weinen in Jauchzen, meine Trübsal in Wonne und mein Herzeleid in lauter Herrlichkeit verwandelt werden. Im Himmel werde ich auch in einer seligen Gemeinschaft leben; hier bin ich unter Menschen, ja, ich habe unter Freunden und Feinden müssen mein Leben hinbringen; allein in der Herrlichkeit werde ich viel tausend heiligen Engeln begegnen, welche in großem Glanz und Licht um Gottes Thron schweben und das Heilig, Heilig, Heilig anstimmen. Ich werde da alle Frommen und Auserwählten antreffen, die von Anfang der Welt her gelebt haben. Ich werde meine Liebsten und Freunde finden, die vor mir gestorben sind, mit denen werde ich in der süßesten Gemeinschaft ewiglich bleiben. Wie wohl wird alsdann meiner Seele sein! Ich werde bei dem Herrn sein allewege, da wird mich keine Trübsal mehr anrühren, und dieses wird nicht eine Stunde oder ein Jahr währen, sondern ewig, ohne Aufhören.

Ach, daß ich die Leibesbande heute noch verlassen müßt / Und käm in die Heimatlande, da sonst nichts als Freude ist, / Da wollt ich mit Wortgepränge bei der Engel großer Menge / Rühmen deiner Gottheit Schein, allerliebster Jesu mein! Amen.

Gesang
Mel.: Alle Menschen müssen sterben

Welche süße Himmelsfreude, welche große Herrlichkeit, Welches prächtige Gebäude ist den Frommen zubereit't / In den schönen Himmelsauen, die sie einstens sollen schauen! / Herr, mein Geist ist ganz entzückt, wenn er solchen Glanz erblickt.

Ja, in jenem hohem Leben, an dem freudenvollen Ort, / Sieht man viele Engel schweben, die um Gott sind da und dort, / Die im schönsten Glanze prangen und des Höchsten Lob anfangen; / Ich stimm auch mit Freuden ein, wann ich werd bei ihnen sein.

Da find't man die frommen Scharen voller Pracht und
Herrlichkeit, / Die zuvor in Trübsal waren und in tausend
Herzeleid, / Helle glänzen wie die Sonne, Leben in der größ=
ten Wonne, / Stehen da vor Gottes Thron schön geziert mit
ihrer Kron.

Laßt uns innig danach streben, die wir noch sind in der
Welt, / Daß wir einst nach diesem Leben kommen in des
Himmels Zelt; / Laß im Glauben uns fest stehen und auf
Gottes Wegen gehen / Und ergreifet Jesum Christ, der der
Weg zum Himmel ist.

Herr, mein Gott, laß mich gelangen auch zu dieser Herr=
lichkeit; / Ach, vergib, was ich begangen meine ganze Le=
benszeit; / Kleide mich mit reiner Seide, Führ mich zu der
Himmelsweide, / Da ich mit der Frommen Schar dich will
loben immerdar.

Unter den ewigen Armen

Seine Linke liegt unter meinem Haupt, und seine Rechte
herzt mich.   Hohel. Salom. 2, 2–6.

Gebet

Komm, Herr Jesu, ja komm und nimm meine
Seele hin! Ich habe deine Süßigkeit geschmeckt,
darum dürstet mich nach den vollen Strömen. Ich
sterbe in der Liebe des himmlischen Vaters. Der
Vater, der mich zeit meines Lebens versorgt, er=
nährt, geleitet und geführt, sollte er jetzt, da mein
Lebensende naht, von mir weichen? O nein, er hat
mich viel zu lieb. Bleibt ein Vater bei seinem
kranken Kinde und hilft ihm soviel er kann, wie=
viel mehr kann ich mich des allmächtigen Beistandes

meines himmlischen Vaters getrösten. Nun wird
mein himmlischer Vater das Erbe austeilen, das mir
Jesus durch seinen Tod erworben hat. Er wird
mich eingehen heißen in das Reich, das er mir von
Anfang der Welt bereitet hat. Ich sterbe mit
Jesus Christus; diese Gemeinschaft habe ich im
Glauben hier angefangen, sie wird auch nimmer=
mehr aufgehoben werden. In dieser Gemeinschaft
bin ich ein lebendiges Glied an dem Leibe Jesu
Christi. Ich bin in ihm und er in mir, und in seiner
heiligen Gemeinschaft will ich sterben. Hat er ge=
sagt: Ich bin bei euch alle Tage bis an der Welt
Ende, so wird er auch bei mir sein. Wenn ich in
meines Jesu Armen bin, so ist mir der Tod nicht
schrecklich. Hier auf Erden hat mein Jesus mich
schon mit den Kleidern des Heils, mit dem Rock
der Gerechtigkeit angetan, dort wird er mir das
weiße Kleid der Ehre und Herrlichkeit anlegen.
Mein Herr erfüllt an mir, was er gesagt: „Wo ich
bin, da soll mein Diener auch sein." Ich sterbe in
der Gemeinschaft des Heiligen Geistes; er hat sich
mein Herz zum Tempel geheiligt in meinem Leben,
er wird auch im Tode mit mir vereinigt bleiben.
Der mich so oft in meiner Trübsal getröstet, im
Elend erquicket, im Kreuz erhalten, der wird mich
in der letzten Stunde auch nicht verlassen, sondern
Zeugnis geben meinem Geist, daß ich Gottes Kind
bin. Er wird mich bei Gott vertreten mit unaus=
sprechlichem Seufzen. Der Vater reicht mir die
Krone dar, Jesus führt mich zur Freude, der heilige

Geist ziert mich mit Licht und Wonne, die heiligen Engel freuen sich über meinen Eintritt in das himmlische Freudenleben, alle Auserwählten und Frommen empfangen mich mit Freuden.

Ich bin ein Glied an deinem Leib, des tröst ich mich von Herzen, / Von dir ich ungeschieden bleib in Todesnot und Schmerzen; / Denn wo du bist, da komm ich hin, daß ich stets bei dir leb und bin, / Drum fahr ich hin mit Freuden. Amen.

Gesang

Mel.: Wenn mein Stündlein vorhanden ist

Ich freue mich auf meinen Tod und laß mir gar nicht grauen, / Ich komme bald zu meinem Gott, den werd ich ewig schauen / Von Angesicht zu Angesicht, beglänzet mit dem Freudenlicht / In jenen Himmelsauen.

Ich komm zu meinem Herren Christ, den werde ich dann sehen; / Der hier mein Trost und Freude ist, zu dem will ich dort gehen; / Zu dir, Herr Jesu, Gottes Lamm, und, wie die Braut dem Bräutigam, / Zu deiner Rechten stehen.

Der Engel ungezählte Schar sind die, so mich empfangen; / Ich werd mit ihnen immerdar in größter Klarheit prangen; / Hier werd ich in dem Freudenreich den hohen heilgen Engeln gleich, / Und dies ist mein Verlangen.

Ach ja, im Himmel treff ich an viel tausend tausend Frommen, / Mit weißen Kleidern angetan, die da sind aufgenommen / Nach ausgestandnem Kreuz und Leid zu solcher großen Herrlichkeit, / Zu denen werd ich kommen.

Alsdann wird mir sein ewig wohl, wenn ich hab überwunden; / Wie werd ich sein des Trostes voll, wenn mein Leid ist verschwunden! / O Freudenstunde, brich doch an, daß ich zu Jesus kommen kann / Und bleib mit ihm verbunden.

Auf Jesus allein

Herr Jesu, nimm meinen Geist auf. Apg. 7, 58

Gebet

Jesu, liebster Heiland, wenn ich von dieser Welt abscheiden soll und die Vorboten des Todes sich bei mir einstellen, so wende ich mich allein zu dir und spreche: Herr Jesu, nimm meinen Geist auf! Mein Erlöser, du hast mich erlöst von der Sünde und Gewalt des Teufels mit deinem heiligen Blut, mit deinem unschuldigen Leiden und Sterben. Will mich Satan verklagen, so zeige ich ihm deine blutigen Wunden; wollen mich meine Sünden verdammen, so ergreife ich dein heiliges Blut als gegebenes Lösegeld für meine Sünden. Du bist mein Seligmacher, so mache mich denn selig; vergib mir meine Sünde, führe mich ein zu der ewigen Seligkeit. Du bist das Leben, darum werde ich nicht sterben, obschon mein Leben aufhört, weil ich in dir und du in mir lebst. Du bist der Weg, führe mich durch das finstere Todestal in das ewige Leben. Du bist die Wahrheit; du hast bisher deine Gnadenverheißungen an mir wahr gemacht, darum erfülle auch die, die du mir gegeben hast: „Wo ich bin, da soll mein Diener auch sein; wenn ich erhöht werde von der Erde, will ich sie alle zu mir ziehen." Nimm mich jetzt zu dir, wo du bist. Herr, laß deinen Diener im Frieden fahren wie du gesagt hast. Ziehe mich zu dir, zu dem völligen Genuß deiner himmlischen Güter. Dein heiliges

Blut wasche und reinige mich von allen meinen Sünden, um deiner heiligen Wunden willen laß mich Barmherzigkeit erlangen! Du bist das Lamm Gottes, das für mich am Stamm des Kreuzes gestorben ist. Du bist mein Hoherpriester, der für mich betet. Du bist der Held, der mir hilft, der Friedefürst, der mich in die Wohnungen des Friedens aufnimmt. Ich komme bald zu dir, darum fasse und halte ich dich im Glauben und spreche: „Meinen Jesum laß ich nicht, weil er sich für mich gegeben, / So erfordert meine Pflicht, nur allein für ihn zu leben, / Er ist meines Lebens Licht, meinen Jesum laß ich nicht." Ja, an Jesus will ich jetzt allein denken, er soll meiner Seele Licht und Heil, meines Lebens Kraft und mein alles sein. Seines bittern Leidens will ich mich getrösten; mein letztes Wort, mein letzter Gedanke soll Jesus sein.

Erscheine mir zum Schilde, zum Trost in meinem Tod, / Und laß mich sehn dein Bilde in deiner Kreuzesnot. / Da will ich nach dir blicken, da will ich glaubensvoll / Dich fest an mein Herz drücken, wer so stirbt, der stirbt wohl. Amen.

Gesang

Mel.: O Gott, du frommer Gott

Ich will mich glaubensvoll in Jesu Wunden senken, / Ich will an Jesu Kreuz und sein Verdienst gedenken; / Sein Blut ergreif ich jetzt in voller Zuversicht, / Und bricht mein Herze schon, so bricht mein Glaube nicht.

Ich ruhe hier getrost in diesen offnen Wunden, / Ich bleibe stets mit dir, o Jesu, fest verbunden; / Kein Schmerz, kein Leid, kein Feind reißt mich nunmehr von dir, / Ich lasse nicht von dir, ach, lasse nicht von mir.

Und endlich will ich auch in diesen Wunden sterben, / In deinen Kreuzestod der Seelen Heil ererben; / Und schlaf ich glaubensvoll in Jesu Wunden ein, / So wird mein Leib und Seel gar wohl verwahret sein.

Um ein seliges Ende

Es ist genug, so nimm nun, Herr, meine Seele, ich bin nicht
 besser denn meine Väter.   1. Kön. 19, 4.

Gebet

Barmherziger, gnädiger Gott, ich spüre, daß mein Abschied da ist, daß ich in Frieden fahren und zur Ruhe mich niederlegen soll; mein Gesicht vergeht mir, meine Kräfte nehmen ab; darum komme ich zu dir und tue mein letztes Gebet, welches darin besteht: „Mein Leib und Seel befehl ich dir, o Herr, ein selig End gib mir durch Jesum Christum, Amen". Herr Gott, himmlischer Vater, der du mich erschaffen, versorgt und erhalten, nimm meine Seele in Gnaden an. Herr Jesu, der du mich mit deinem Blut erlöst hast, laß mich in wahrem Glauben selig sterben. Herr Jesu, in deine Hände befehle ich meinen Geist. Du werter heiliger Geist, mein Tröster und Beistand, verlaß mich nicht, gib mir Freudigkeit und die Zusicherung, daß ich ein Erbe des ewigen Lebens bin, und vertritt mich bei Gott mit unaussprechlichem Seufzen. Ich bin bereit, die Erde zu verlassen, und sehne mich danach, bei dir, dreieiniger Gott, zu sein. O mein Jesu, öffne mir die Himmelstüre, führe mich zum ewigen

Leben, zu der Gemeinde der Heiligen im Licht. Mein Gott, gib mir, daß ich meinen Verstand bis an den letzten Augenblick meines Lebens behalte. Erhalte mich bei heiligen und guten Gedanken, daß ich Jesum Christum immer im Gedächtnis behalte; und wenn meine Augen frühe brechen sollten, so erquicke mich inwendig an meiner Seele mit deinem himmlischen Trost und Licht. Laß Jesum immer vor meiner Seele stehen; gib, daß ich mich über sein Blut freue, seines Verdienstes mich getröste und seine Gerechtigkeit in Glauben ergreife. Gib mir, wenn es dir gefällt, ein sanftes Ende. Dreieiniger Gott, segne meinen Ausgang aus dieser Zeit und meinen Eingang in die frohe Ewigkeit. Der Herr segne und behüte mich, der Herr lasse sein Angesicht leuchten über mich und sei mir gnädig; der Herr erhebe sein Angesicht auf mich und gebe mir Frieden! Im Namen des dreieinigen Gottes, des Vaters, des Sohnes und des Heiligen Geistes lebe und sterbe ich, in seinem Namen schließe ich meine Augen zu und befehle mich Gott und seiner Gnade.

Nun will ich mich ganz wenden zu dir, Herr Christ, allein, / Gib mir ein seligs Ende, Send mir dein Engelein, / Führ mich ins ewge Leben, das du erworben hast / Da du dich hingegeben für meine Sündenlast. Amen.

Gesang
Mel.: Alle Menschen müssen sterben

Aufgelöset bald zu werden sehnt sich mein erfreuter Geist, / Ich verlasse gern die Erden, weil mein Jesus mich schon speist / Mit des Himmels Herrlichkeiten und verbleibet mir zur Seiten; / Wenn ich Jesum bei mir hab, fürcht ich nicht das finstre Grab.

Brecht, ihr Augen, brecht geschwinde, laßt vergehen euer Licht, / Weil ich hier schon Jesum finde mit hellglänzendem Gesicht; / Auf dem finstern Todeswege, auf dem schönen Himmelsstege / Ist mein Auge Jesus Christ, der mein Licht und Leben ist.

Du, mein Herz, zerspring vor Freuden, eitles Leben, fahre hin! / Mich wird nichts von Jesu scheiden, weil ich ja in Jesu bin; / Jesum hab ich schon gefunden und ich bleib mit ihm verbunden; / Wenn das Herz im Tode bricht, so bricht dieses Band doch nicht.

Ja, ihr fast erstarrten Glieder durch den kalten Todesschweiß, / Leget nur ins Grab euch nieder, weil ich mich versichert weiß: / Jesus wird das Grab aufdecken und euch wieder auferwecken, / Und euch, schön mit Glanz erneut, bringen zu der Herrlichkeit.

Und dich, Gott ergebne Seele, dich befehl ich meinem Gott, / Geh nun aus der Leibeshöhle, geh aus aller Angst und Not, / Geh zur Freude nach der Klage, geh zur Wonne nach der Plage, / Geh zur Himmelsfreude ein, o wie wohl wird mir da sein!

Fürbitte für den Sterbenden

Du heiliger dreieiniger Gott, Vater, Sohn und Heiliger Geist, du erhörst Gebet, darum kommt alles Fleisch zu dir; siehe, wir kommen jetzt zu dir und tragen dir in unserm Gebet die Not dieses Sterbens vor. Herr Gott Vater im Himmel, erbarme dich über ihn, du hast ihn zu deinem Ebenbild geschaffen, es ist dein Kind, welches du in der heiligen Taufe in Gnaden aufgenommen hast, darum erbarme dich über ihn; siehe, dein Kind ist krank und will sterben, laß ihn sein Kindesteil erlangen, das Erbe im Himmel, der Seele Seligkeit; vergib ihm alle seine Sünden, die er zeit seines Lebens wider dich getan, und siehe ihn in Gnaden an. Herr Gott Sohn, der Welt Heiland, erbarme dich über diesen Sterbenden, du hast ihn mit deinem heiligen Blute erlöst, du bist auch für ihn gestorben, darum rechne ihm seine Sünden nicht zu, sondern wasche ihn mit deinem heiligen Blut und bedecke ihn mit deiner Gerechtigkeit. Herr Gott, Heiliger Geist, erbarme dich über diesen Sterbenden, erhalte in ihm den Glauben, gib Zeugnis seinem Geist, daß er Gottes Kind sei, und vertritt ihn bei Gott mit unaussprechlichem Seufzen; heilige, stärke und begleite ihn zum ewigen Leben. Du Heilige Dreieinigkeit, nimm diesen Sterbenden zu Gnaden an, gedenke nicht der Sünden seiner Jugend und seiner Übertretung, gedenke aber seiner nach deiner großen Barmherzigkeit. Nimm seine Seele in deine Hände und laß sie ewige Freude genießen. Erwecke auch den Leib am jüngsten Tage fröhlich und herrlich. Herr, weil seine Not und Angst immer größer wird, so laß ihm nicht aus dem Sinn kommen das Andenken des gekreuzigten Jesus; wenn seine Augen brechen, so laß einen hellen Schein in seiner Seele aufgehen; Jesu, du rechter Morgenstern, erleuchte ihn zum ewigen Leben. Wenn er uns nicht mehr sehen kann, so gib, daß er dich, Gott, im Glauben sehe, bis er dich schauen wird von Angesicht zu Angesicht. Wenn sein Mund sich schließt, daß er nicht mehr beten kann, so bitte du für ihn, Jesu! Sei sein Fürsprecher bei deinem himmlischen Vater, hilf ihm kämpfen und überwinden, und laß auch die Seufzer seines Herzens dir angenehm sein. Dreieiniger Gott, bleibe du bei ihm und erhalte ihn im Glauben, bis er seinen Lauf selig und fröhlich vollenden wird. Herr Gott Vater, was du erschaffen hast; Herr Gott Sohn, was du erlöst hast; Herr Gott Heiliger Geist, was du geheiligt hast, das befehlen wir in deine Hände; deinem heiligen Namen sei Lob, Ehre und Preis jetzt und in Ewigkeit. Amen.

Schriftworte und Gebete am Sterbebett

Zion spricht: Der Herr hat mich verlassen, der Herr hat mein vergessen. Kann auch ein Weib ihres Kindleins vergessen, daß sie sich nicht erbarme über den Sohn ihres Leibes? Und ob sie desselben vergäße, so will ich doch dein nicht vergessen. Siehe, in die Hände habe ich dich gezeichnet. Jes. 49, 14—16.

Gott verläßt der keinen, der sich auf ihn verläßt, / Er bleibt getreu den Seinen, die ihm vertrauen fest; / Läßt sichs an wunderlich, laß du dir gar nicht grauen, / Mit Freuden wirst du schauen, wie Gott wird retten dich.

Mein Gott, du bist ja allzeit mein gnädiger Gott und mein Beistand gewesen, bleibe es auch jetzt. O Jesu, bleibe bei mir, denn es will Abend werden, und der Tag hat sich geneigt. Werter Heiliger Geist, stärke und erhalte mich in festen Glauben bis an mein Ende und erleuchte mich zum ewigen Leben.   Amen.

Wie der Hirsch schreiet nach frischem Wasser, so schreiet meine Seele, Gott, zu dir; meine Seele dürstet nach Gott, nach dem lebendigen Gott. Wann werde ich dahin kommen, daß ich Gottes Angesicht schaue? Psalm 42, 1—2.

Jesu, wenn meine Augen dunkel werden, so laß in meiner Seele aufgehen die himmlische Klarheit: Ob ich schon wanderte im finstern Tal, fürchte ich kein Unglück, denn du bist bei mir. Ja, bleibe bei mir und laß mich dein Eigentum sein, hier zeitlich und dort ewig.   Amen.

Ich bin arm und elend, der Herr aber sorgt für mich. Du bist mein Helfer und Erretter, mein Gott, verziehe nicht! Psalm 40, 18.

Wo soll ich mich denn wenden hin? Zu dir, Herr Jesu, steht mein Sinn, / Bei dir mein Herz Trost, Hilf und Rat allzeit gewiß gefunden hat; / Niemals je verlassen ist, der sich verläßt auf Jesum Christ.

Mein Jesus, auf dich verlasse ich mich von Grund meiner Seele, ach, komm und bringe meinen Leib zur Ruhe, und meine Seele nimm auf zu deiner ewigen Himmelsfreude. Tue mir jetzt die Türe zum Himmel und zum ewigen Leben auf. Ach, komm doch bald, erlöse mich, segne mich, erbarme dich.   Amen.

Fürchte dich nicht, ich bin bei dir; weiche nicht, denn ich bin dein Gott. Ich stärke dich, ich helfe dir auch, ich erhalte dich durch die rechte Hand meiner Gerechtigkeit. Jes. 41, 10.

O Herr Christ, du Morgensterne, der du ewiglich aufgehst, / Sei auch jetzt von mir nicht ferne, weil dein Blut mich hat erlöst; / Hilf, daß ich mit Fried und Freud mög von hinnen fahren heut; / Ach, sei du mein Licht und Straße, mich mit Beistand nicht verlasse.

Jesu, mein einziger Fürsprecher, der du zur Rechten Gottes sitzest und vertrittst uns, bitte für mich armen Sünder jetzt und in der Stunde meines Todes: ich fürchte mich nicht, wenn du bei mir bist.   Amen.

Dennoch bleibe ich stets an dir, denn du hältst mich bei meiner rechten Hand, du leitest mich nach deinem Rat und nimmst mich endlich mit Ehren an.   Psalm 73, 23—24.

Hilf, daß ich ja nicht wanke von dir, Herr Jesu Christ, / Den schwachen Glauben stärke in mir zu aller Frist! / Hilf ritterlich mir ringen, dein Hand mich halt mit Macht, / Daß ich mag fröhlich singen: Gott Lob, es ist vollbracht!

Jesus, wenn mein Kampf angeht, so hilf mir ringen, siegen und überwinden; wenn die Angst meines Herzens groß wird, so führe mich aus meiner Not. Bist du bei mir, so fürchte ich mich nicht, so bin ich selig und werde zur ewigen Freude eingehen.   Amen.

Ei du frommer und getreuer Knecht, du bist über wenigem getreu gewesen, ich will dich über viel setzen; gehe ein zu deines Herrn Freude.   Matth. 25, 23.

Nun, ich warte mit Verlangen auf den süßen Augenblick, / Wenn du kommst, mich zu umfangen, komm und weiche nicht zurück; / Nimm mich auf zu deinen Frommen, komm, ich heiße dich willkommen, / Komm, ach komm, du Gotteslamm, nimm mich auf, mein Bräutigam!

Herr Jesus, dir will ich in deiner Kraft und durch deines Geistes Beistand getreu bleiben bis in den Tod. Ich weiche nicht von dir, mein Hirte! Führe mich, liebster Freund, aus dem Elend zur Freude, aus dem Jammer zur Wonne. Amen

Ich weiß, daß mein Erlöser lebt, und er wird mich hernach aus der Erde auferwecken; denselbigen werde ich sehen, und meine Augen werden ihn schauen und kein Fremder.   Hiob 19, 25. 27.

Christus, der ist mein Leben, sterben ist mein Gewinn, / Dem hab ich mich ergeben, mit Freud fahr ich dahin; / Mit Freud fahr ich von dannen zu Christ, dem Bruder mein, / Daß ich mög zu ihm kommen und ewig bei ihm sein.

Dreieiniger Gott, bringe mich zur Ruhe, zur Herrlichkeit, verkürze meine Schmerzen, tröste mich mit dem Trost deines heiligen Geistes. Auf das Verdienst Jesu lebe und sterbe ich. Laß mich bald dein Freudenangesicht schauen in der ewigen Himmelsfreude. Amen.

Ich will schauen dein Antlitz in Gerechtigkeit, ich will satt werden, wenn ich erwache, an deinem Bilde. Psalm 17, 15.

Ach, ich habe schon erblicket diese große Herrlichkeit, / Jetzt werd ich gar schön geschmücket mit dem weißen Himmelskleid, / Mit der goldnen Ehrenkrone, stehe da vor Gottes Throne, / Schaue solche Freude an, die kein Mensch beschreiben kann.

Mein Jesu, ich verlasse gern die Welt, weil ich zu dir komme; o wie wohl wird mir sein, wenn er mich ewig nach so viel ausgestandenen Leiden erquicken wird. Amen.

Der Gerechten Seelen sind in Gottes Hand, und keine Qual rührt sie an; von den Unverständigen werden sie angesehen als stürben sie, und ihr Abschied wird für eine Pein gerechnet, und ihre Hinfahrt für ein Verderben; aber sie sind im Frieden. Weisheit 3, 1–3.

Freu dich sehr, o meine Seele, und vergiß all Not und Qual, / Weil dich Christus nun, dein Herre, ruft aus diesem Jammertal; / Aus Trübsal und großem Leid sollst du fahren in die Freud, / Die kein Ohr je hat gehöret, die in Ewigkeit auch währet.

Mein Gott, hier bin ich, so nimm meine Seele hin, mache sie herrlich, mache sie selig. Mein Jesus, ich bin dein, du bist mein, wir wollen im Tod und im Leben ungeschieden sein. Amen.

Wir wissen aber, so unser irdisches Haus dieser Hütte zerbrochen wird, daß wir einen Bau haben von Gott erbaut, ein Haus nicht mit Händen gemacht, das ewig ist im Himmel. 2. Kor. 5, 1.

Da wird sein ein Freudenleben, da viel tausend Seelen schon / Sind mit Himmelsglanz umgeben, stehen da vor Gottes Thron, / Da die Seraphinen prangen und das hohe Lied anfangen: / Heilig, heilig, heilig heißt Gott, der Vater, Sohn und Geist.

Lieber Herr Jesu, versiegele diesen Trost in meinem Herzen, daß ich zu des Himmels Herrlichkeit gelangen werde. Welch eine herrliche Wohnung und Freudenstätte hast du mir bereitet! O, wären wir da! Weiche nicht von mir, auf deine Gnade verlasse ich mich, auf deinen Tod sterbe ich, durch dein Blut mache mich gerecht und selig! Amen.

Die Erlösten des Herrn werden wiederkommen und gen Zion kommen mit Jauchzen, ewige Freude wird über ihrem Haupte sein, Freude und Wonne werden sie ergreifen, und Schmerz und Seufzen wird entfliehen. Jes. 35, 10.

Nun, es wird dennoch geschehen, daß ich auch nach kurzer Zeit / Meinen Heiland werde sehen in der großen Herrlichkeit. / Denn allhier ist lauter Not, Müh und Furcht, zuletzt der Tod, / Aber dort ist allezeit Friede, Freud und Seligkeit.

Herr Jesus, laß mich hören Freude und Wonne, laß meine Seele einen Blick in deine Herrlichkeit tun, erfreue mich nach dem Leiden, erquicke mich in dir in Ewigkeit. Amen.

Ich habe einen guten Kampf gekämpft, ich habe den Lauf vollendet, ich habe Glauben gehalten. Hinfort ist mir beigelegt die Krone der Gerechtigkeit, welche mir der Herr an jenem Tage, der gerechte Richter geben wird, nicht aber mir allein, sondern auch allen, die seine Erscheinung lieb haben. 2. Timoth. 4, 7–8.

Nun hab ich überwunden Kreuz, Leiden, Angst und Not, /
Durch seine heilgen Wunden bin ich versöhnt mit Gott.

Jesus, hilf mir überwinden; wenn nun der letzte Kampf angeht, stehe mir bei. Deine Gnade stärke mich, dein Blut erquicke mich, deine Hand erhalte mich! Wie herrlich werde ich geziert und von dir gekrönt werden nach meinem Tod! Zeige mir die Krone, die du mir beigelegt hast, und erfreue meinen Geist mit deiner trostreichen Gegenwart. Amen.

Sei getreu bis in den Tod, so will ich dir die Krone des Lebens geben.   Offenb. Joh. 2, 10.

Von meines Jesu Liebe will ich nimmer lassen; ich habe ihn geliebt in gesunden Tagen, ich will ihn auch lieben bis in den Tod. Jesus, um deiner heiligen Wunden willen erhalte mich in deiner Liebe, dir will ich getreu bleiben im Glauben bis in den Tod.   Amen.

Ich bin gewiß, daß weder Tod noch Leben, weder Engel noch Fürstentümer noch Gewalten, weder Gegenwärtiges noch Zukünftiges, weder Hohes noch Tiefes, noch keine andere Kreatur mag uns scheiden von der Liebe Gottes, die in Christo Jesu ist, unserm Herrn.   Röm. 8, 38—39.

Jesum, Jesum will ich lieben, hier und dort in Ewigkeit, /
Sollte mich gleich hier betrüben aller Jammer, alles Leid; /
Was frag ich nach Höll und Tod? Jesus hilft mir aus der Not, /
Der wird mich zur Freude führen, wo die Seinen jubilieren.

Jesus ist mein, ich bin sein; ich lege mich in meines Jesu Arme. darin will ich selig leben und sterben.   Amen.

Ja, das ist mein Schluß: Meinen Jesum laß ich nicht.

Selig ist der Mann, der die Anfechtung erduldet, denn nachdem er bewährt ist, wird er die Krone des Lebens emp=

fangen, welche Gott verheißen hat denen, die ihn lieb=
haben. Jak. 1, 12.

Herzlich tut mich verlangen nach einem selgen End, / Weil
ich hier bin umfangen mit Trübsal und Elend; / Ich hab
Lust, abzuscheiden von dieser argen Welt, sehn mich nach
ewgen Freuden. / O Jesu, komm nur bald.

Herr Jesus, hilf mir durch deine große Gnade und Barm=
herzigkeit zur ewigen Freude und Seligkeit. Der du bist
unsere Zuflucht für und für, sei jetzt auch meine Zuflucht,
mein Heil, mein Trost, mein Erretter und mein Erbarmer.
Nimm auf die Seele, die nach dir seufzt. O wie verlangt
mich, Gottes Angesicht zu sehen! Amen.

In deine Hände befehle ich meinen Geist, du hast mich
erlöset, Herr, du treuer Gott. Psalm 31, 6.

Meine einzige Zuflucht nehme ich zu dir, dreieiniger Gott,
zu der Barmherzigkeit des himmlischen Vaters, zu den blu=
tigen Wunden Jesu Christi, zu der Gütigkeit des heiligen
Geistes. Dem dreieinigen Gott befehle ich Leib und Seele.

Breit aus die Flügel beide, o Jesu, meine Freude, und
nimm dein Küchlein ein! / Will Satan mich verschlingen, so
laß die Englein singen: Dies Kind soll unverletzet sein!
Amen.

Ihr seid gekommen zu dem Berg Zion, zu der Stadt des
lebendigen Gottes, zu dem himmlischen Jerusalem und zu
der Menge vieler tausend Engel, und zu der Gemeine der
Erstgebornen, die im Himmel angeschrieben sind, und zu
Gott, dem Richter über alle, und zu den Geistern der voll=
endeten Gerechten. Hebräer 12, 22—23.

Herr, eile mit mir fort, hier wird mirs gar zu lange, /
Den Himmel wünsch ich mir, daß mich die Freud umfange, /
Da ich dich schauen kann in alle Ewigkeit; / ach, eile bald
zu mir, mein Gott, ich bin bereit.

Mein Jesu, wie herrlich wird der Anblick sein, wenn ich dich werde in deiner Herrlichkeit und alle Engel und Auserwählten in dem Himmel schauen. Ich verlasse die Erde und das Elend und komme zur Herrlichkeit und Freude; ich verlasse die Menschen und komme zu den heiligen Engeln. Amen.

Meine Schafe hören meine Stimme, und ich kenne sie, und sie folgen mir, und ich gebe ihnen das ewige Leben und sie werden nimmermehr umkommen, und niemand wird sie mir aus meiner Hand reißen. Joh. 10, 27—28.

Ich bin ein Glied an deinem Leib, des tröst ich mich von Herzen, / Von dir ich ungeschieden bleib in Todesnot und Schmerzen, / Denn wo du bist, da komm ich hin, daß ich stets bei dir leb und bin, / Drum fahr ich hin mit Freuden.

Mein Hirte Jesus, bringe mich, dein armes Schäflein, zur Himmelsfreude; laß den Satan mich nicht aus deiner Hand reißen, du bist mächtiger und stärker als der Satan, dein bin ich und will auch dein bleiben. Amen.

Selig sind die Toten, die in dem Herrn sterben von nun an; ja der Geist spricht, daß sie ruhen von ihrer Arbeit, und ihre Werke folgen ihnen nach. Offb. 14, 13.

Herr, sprich meiner Seele den Trost ein: ich werde in dir sterben. Du hast in mir gelebt und ich in dir, darum will ich auch in dir sterben, in deiner Liebe, in deinen Wunden, in deiner Gnade; laß meinen Jammer, meine Schmerzen und Leiden aufhören, hingegen bringe mich zum ewigen seligen Leben. Ja komm, Herr Jesu. Amen.

Der Herr aber wird mich erlösen von allem Übel und aushelfen zu seinem himmlischen Reich, welchem sei Ehre von Ewigkeit zu Ewigkeit. Amen. 2. Tim. 4, 18.

Gott Lob, die Stund ist kommen, da werd ich aufgenommen ins schöne Paradeis; / Ihr Freunde sollt nicht klagen, mit Freuden sollt ihr sagen: Dem Höchsten sei Lob, Ehr und Preis!

Großer Gott, gedenke in Gnaden an mich, gib mir ein stilles und sanftes Ende. Laß mich freudig den Trost anhören, der mir vorgesprochen wird, und verleihe, wenn es dein heiliger Wille ist, daß ich den Umstehenden noch meinen Glauben bezeugen kann. Erlöse mich durch ein seliges Ende von allem Übel. Amen.

Kommt her, ihr Gesegneten meines Vaters, ererbet das Reich, das euch bereitet ist von Anbeginn der Welt.
Matth. 25, 34.

Im Himmel ist gut wohnen, wo mit dem Ehrenkleid / Mein Jesus wird belohnen der Frommen Herzeleid; / Da glänzt der Leib und funkelt gleichwie ein Edelstein, / Das Licht wird nicht verdunkelt, im Himmel ist gut sein.

Mein Jesu, laß mich auch, wenn ich von dem Leibe scheide, diese Stimme hören: Komm her, du gesegnete Seele; ja, laß Leib und Seele in die Herrlichkeit eingeführt werden. Indessen fasse ich dich im Glauben und erlange durch dich den Segen und das Erbe. Amen.

Ich freue mich im Herrn, und meine Seele ist fröhlich in meinem Gott, denn er hat mich angezogen mit Kleidern des Heils und mit dem Rock der Gerechtigkeit gekleidet.
Jes. 61, 10.

O Jerusalem, du schöne, ach, wie herrlich glänzest du! / Ach, welch lieblich Lobgetöne hört man da in sanfter Ruh! / O der großen Freud und Wonne, da jetzt gehet auf die Sonne, / Da jetzt gehet an der Tag, der kein Ende nehmen mag.

Mein Gott, lege mir das himmlische Freudenkleid an, der du mich mit dem Rock der Gerechtigkeit gekleidet hast. Deine Gerechtigkeit ist mein, und darum weiß ich, weil ich bin gerecht worden durch den Glauben, habe ich Friede mit Gott durch unsern Herrn Jesum Christum. Amen.

Also hat Gott die Welt geliebt, daß er seinen eingebornen Sohn gab, auf daß alle, die an ihn glauben, nicht verloren werden, sondern das ewige Leben haben. Joh. 3, 16.

Herr, ich glaube, hilf mir Schwachen, laß mich ja verzagen nicht, / Du, du kannst mich stärker machen, wenn mich Sünd und Tod anficht; / Deiner Güte will ich trauen, bis ich fröhlich werde schauen / Dich, Herr Jesu, nach dem Streit in der frohen Ewigkeit.

Gott und Vater, laß mich auf Jesum Christum sanft und selig von hinnen scheiden; ich weiß, du hast mich geliebt und mir deinen Sohn gegeben; ich habe an ihn geglaubt und will in solchem Glauben verharren bis zum letzten Augenblick meines Lebens. Stärke mich in solchem Glauben, daß ich bald, was ich hier geglaubt, möge schauen im ewigen Leben. Amen.

Wisset, daß ihr nicht mit vergänglichem Silber oder Gold erlöset seid von eurem eiteln Wandel nach väterlicher Weise, sondern mit dem teuren Blute Christi, als eines unschuldigen und unbefleckten Lammes. 1. Petr. 1, 18—19.

Du hast mich ja erlöset von Sünde, Tod und Höll, / Es hat dein Blut gekostet, Drauf ich mein Hoffnung stell; / Warum sollt mir denn grauen vor Tod und Grabesnacht? / Weil ich auf dich kann bauen, so bin ich froh gemacht.

Christe, du Lamm Gottes, der du trägst die Sünd der Welt, erbarm dich mein! Siehe nicht an meine Sünden und Unreinigkeit, sondern seine Gerechtigkeit und Heiligkeit. Sei mir gnädig und barmherzig. Amen.

Es ist in keinem andern Heil, ist auch kein anderer Name unter dem Himmel den Menschen gegeben, darin wir sollen selig werden. Apg. 4, 12.

Jesus ist für mich gestorben, und sein Tod ist mein Gewinn; / Er hat mir das Heil erworben, drum fahr ich mit

Freuden hin, / Fort aus diesem Weltgetümmel in den schönen
Gotteshimmel, / Schaue solche Freude an, die kein Mensch
beschreiben kann.

Jesu, ich komme zu dir in meiner Todesstunde, erbarme
dich, verlaß mich nicht. Herr Jesu, dir leb ich, Herr Jesu,
dir sterb ich, Herr Jesu, dein bin ich tot und lebendig. Amen.

Ob jemand sündigt, so haben wir einen Fürsprecher bei
dem Vater, Jesum Christum, der gerecht ist, und derselbige
ist die Versöhnung für unsere Sünde, nicht allein aber für
die unsere, sondern auch für der ganzen Welt Sünde.
1. Joh. 2, 1–2.

So fahr ich hin zu Jesus Christ, mein Arm tu ich ausstrecken, / So schlaf ich ein und ruhe fein, kein Mensch kann
mich aufwecken; / Denn Jesus Christus, Gottes Sohn, der
wird die Himmelstür auftun, / Mich führn zum ewgen Leben.

Großer Gott, die Zeit kommt herbei, daß ich soll abscheiden aus der Welt und vor dein Gericht treten; himmlischer
Vater, erbarme dich über mich und nimm mich in Gnaden
auf. Herr Jesus, nimm weg meine Sünden, kleide mich in
deine Gerechtigkeit, so bin ich selig. Werter Heiliger Geist,
wohne und bleibe in meinem Herzen, daß du mich bringest
zur ewigen Himmelswohnung.   Amen.

Lasset uns hintreten mit Freudigkeit zu dem Gnadenstuhl,
auf daß wir Barmherzigkeit empfahen und Gnade finden
auf die Zeit, wenn uns Hilfe not sein wird. Hebr. 4, 16.

Um Jesu willen werde ich Gnade und Barmherzigkeit erlangen. Herr Gott Vater im Himmel, erbarme dich über
mich, Herr Gott Sohn, der Welt Heiland, erbarme dich über
mich, Herr Gott Heiliger Geist, erbarme dich über mich und
sei mir gnädig und barmherzig!   Amen.

Gott hat den, der von keiner Sünde wußte, für uns zur
Sünde gemacht, auf daß wir würden in ihm die Gerechtigkeit, die vor Gott gilt. 2. Kor. 5, 21.

In deine Seite will ich fliehen an meinem bittern Todes=
gang, / Durch deine Wunden will ich ziehen ins hochgelobte
Vaterland. / In das schöne Paradies, wohin dein Mund der
Schächer wies, / Wirst du mich, Herr Christ, einführen und
mit ewger Klarheit zieren.

Christi Blut und Gerechtigkeit, das ist mein Schmuck und
Ehrenkleid, damit will ich vor Gott bestehn, wann ich zum
Himmel werd eingehn. In Jesus bin ich gerecht, in ihm bin
ich selig; ich verhülle mich in meiner Todesstunde in seine
Gerechtigkeit, darin kann ich fröhlich sterben und Gott an=
genehm sein.   Amen.

Und Gott wird abwischen alle Tränen von ihren Augen,
und der Tod wird nicht mehr sein, noch Leid noch Geschrei
noch Schmerz wird mehr sein.   Offb. 21, 4.

O wie selig seid ihr doch, ihr Frommen, / Die ihr durch
den Tod zu Gott gekommen! / Ihr seid entgangen aller Not,
die uns noch hält gefangen. / Christus wischt euch ab all
eure Tränen, / Ihr habt schon, wonach wir uns noch seh=
nen; / Euch wird gesungen, was in keines Menschen Ohr
allhier gedrungen.

Herr Jesus, ich freue mich auf die Stunde, da ich werde
dein Freudenangesicht mit verklärten Augen sehen. Bei dir
finde ich Freude und Trost. Hier bin ich ein Pilger, bei dir
aber im rechten und ewigen Vaterland.   Amen.

So wir aber im Licht wandeln, wie er im Licht ist, so ha=
ben wir Gemeinschaft untereinander, und das Blut Jesu
Christi, seines Sohnes, macht uns rein von aller Sünde.
1. Joh. 1, 7.

Wenn endlich ich soll treten ein in deines Reiches Freuden, / So laß dies Blut mein Purpur sein, ich will darein
mich kleiden, / Es soll sein meines Hauptes Kron, mit wel-

cher ich will vor den Thron / Des ewgen Vaters gehen und
dir, dem ich mich anvertraut, / Als eine wohlgeschmückte
Braut zu deiner Rechten stehen.

Herr Jesus, du in mir und ich in dir! Es ist nichts Verdammliches an mir, weil ich in dieser Gemeinschaft stehe. Nun gehe ich zur Herrlichkeit ein. Himmlischer Vater, siehe, das ist deines Sohnes Gerechtigkeit, darin komme ich zu dir.
Amen.

Siehe, das ist Gottes Lamm, das der Welt Sünde trägt.
Joh. 1, 29.

O Lamm Gottes unschuldig am Stamm des Kreuzes geschlachtet, / Allzeit erfunden duldig, wiewohl du warest verachtet, / All Sünd hast du getragen, sonst müßten wir verzagen; / Erbarm dich unser, o Jesu!

Christe, du Lamm Gottes, der du trägst die Sünde der Welt, erbarm dich meiner! Christe, du Lamm Gottes, der du trägst die Sünde der Welt, erbarm dich meiner! Christe, du Lamm Gottes, der du trägst die Sünde der Welt, gib mir deinen Frieden. Amen.

Vater, ich will, daß, wo ich bin, auch die bei mir seien, die du mir gegeben hast, daß sie meine Herrlichkeit sehen.
Joh. 17, 24.

Herr Jesu, ich habe dich hier schon geliebt, ehe ich dich gesehen habe, wie werde ich mich mit unaussprechlicher Freude ergötzen, wenn ich nun hinkomme, wo du bist, nämlich zu allen Heiligen und Auserwählten! O wie groß ist deine Herrlichkeit! Ziehe mich zu dir und bereite mich zu einem seligen Eingang in deine Herrlichkeit. Amen.

Unser keiner lebt ihm selber und keiner stirbt ihm selber; leben wir, so leben wir dem Herrn, sterben wir, so sterben wir dem Herrn; darum, wir leben oder sterben, so sind wir des Herrn. Röm. 14, 7—8.

Herzlich lieb hab ich dich, o Herr! Ich bitt, wollst sein von mir nicht fern mit deiner Güt und Gnaden! / Die ganze Welt nicht freuet mich, nach Himmel und Erde nicht frag ich, wenn ich nur dich kann haben; / Und wenn mir gleich mein Herz zerbricht, so bist du doch mein Zuversicht, / Mein Teil und meines Herzens Trost, der mich durch sein Blut hat erlöst; / Herr Jesu Christ, mein Gott und Herr, in Schanden laß mich nimmermehr.

Großer Gott, ich bin dein geworden in der heiligen Taufe, ich bin dein geblieben durch den Glauben, laß mich im Sterben auch dein Eigentum sein. Jesu Christe, Gottes Sohn, der du für mich genug getan, schließ mich in deine Wunden ein, du bist allein der ein'ge Trost und Helfer mein. Amen.

Halt im Gedächtnis Jesum Christum, der auferstanden ist von den Toten.   2. Tim. 2, 8.

Erscheine mir zum Schilde, zum Trost in meinem Tod, / Und laß mich sehn dein Bilde in deiner Kreuzesnot; / Da will ich nach dir blicken, da will ich glaubensvoll / Dich fest an mein Herz drücken; wer so stirbt, der stirbt wohl.

Herr Jesus, ich halte im Gedächtnis deine Marter und Pein, dein vergossenes Blut, deine heiligen Wunden. Ich umfasse dich; weiche nicht von mir, mich verlangt nach dir, mein Heiland.   Amen.

„Herr, gedenke mein, wenn du in dein Reich kommst." Jesus antwortete ihm: „Wahrlich, ich sage dir, heute wirst du mit mir im Paradiese sein."   Luk. 23, 42—43.

Herr Jesus, mein einziges Verlangen ist nach deiner Gnade und Barmherzigkeit. Nimm meine Seele auf in deine Hände. Laß sie dir befohlen sein, laß sie zur Freude in das Paradies eingehen. Laß mich heute bei dir in deiner Herrlichkeit sein. Amen.

Das ist je gewißlich war und ein teuer wertes Wort, daß Christus Jesus gekommen ist in die Welt, die Sünder selig zu machen. 1. Tim 1, 15.

Jesu, du hast weggenommen meine Schulden durch dein Blut, / Laß es, o Erlöser, kommen meiner Seligkeit zugut, / Und weil du so gar zerschlagen meine Sünd am Kreuz getragen, / O so spreche mich denn frei, daß ich ganz dein eigen sei!

Herr, ich warte auf dein Heil. Jesus macht die Sünder selig und auch mich. Jesus nimmt die Sünder an und auch mich. Ich bin und bleibe meines Jesu eigen. Ich hebe meine Augen auf gen Himmel und sehe, wie Jesus mich zu sich ruft. Amen.

Wenn ich nur dich habe, so frage ich nichts nach Himmel und Erde; wenn mir gleich Leib und Seele verschmachtet, so bist du doch, Gott, allezeit meines Herzens Trost und mein Teil. Psalm 73, 25—26.

Wann ich einmal soll scheiden, so scheide nicht von mir, / Wann ich den Tod soll leiden, so tritt du dann herfür, / Wann mir am allerbängsten wird um das Herze sein, / So reiß mich aus den Ängsten kraft deiner Angst und Pein.

Herr Jesus, nimm mich auf zu dir! Nimm dein Kind, mein Jesu, nimm die durch dein Blut erkaufte Seele zu dir. So bete, so wünsche ich, so schließe ich meine Augen zu. Amen.

Danach sah ich, und siehe, eine große Schar, welche niemand zählen konnte, aus allen Heiden und Völkern vor dem Thron stehen und vor dem Lamm, mit weißen Kleidern angetan und Palmen in ihren Händen. Und er sprach zu mir: Diese sind, die kommen sind aus großer Trübsal, und haben ihre Kleider gewaschen, und haben ihre Kleider helle gemacht im Blut des Lammes. Offb. 7, 9—14.

Welches Wort faßt diese Wonne, wann ich mit der heilgen Schar / In dem Strahl der reinen Sonne leuchte wie die Sterne klar! / Amen, Lob sei dir bereit, Dank und Preis in Ewigkeit. Amen.

Vater, in deine Hände befehle ich meinen Geist.
Luk. 23, 46.

Herr, meinen Geist befehl ich dir, mein Gott, mein Gott, weich nicht von mir, nimm mich in deine Hände! / O wahrer Gott, aus aller Not hilf mir am letzten Ende.

Herr Jesus, dein letztes Wort am Kreuz soll auch mein letztes Wort in meinem Leben sein. Herr Jesu, dir leb ich, dir sterb ich, dein bin ich tot und lebendig. Amen.

Wir warten aber eines neuen Himmels und einer neuen Erde nach seiner Verheißung, in welchen Gerechtigkeit wohnet. 2. Petr. 3, 13.

Du heiliger Gott, nimm jetzt meine Seele auf in dein himmlisches Freudenreich. Herr Jesu, ich warte auf dich, führe mich ein zu deiner Freude. Gott Vater, was du erschaffen hast, Gott Sohn, was du erlöst hast, Gott Heiliger Geist, was du geheiligt hast, das befehle ich dir in deine Hände; deinem heiligen Namen sei Lob und Preis jetzt und in Ewigkeit. Amen.

Segenswunsch über dem Sterbenden

Fahr hin, du durch Jesum Christum teuer erkaufte Seele, fahre hin zu deinem Gott und Vater, der dich geschaffen und geliebt hat, den du kindlich gefürchtet und dem du vertraut hast. Fahr hin zu dem Herrn Jesus, dem treuesten Hirten und Erlöser, der dich als sein Schäflein mit seinem Blut erkauft hat, an den du dich im Glauben gehalten hast. Fahr hin zu dem Tröster, dem Heiligen Geist, der dich geheiligt und zu seinem Tempel und Wohnung erkoren hat. Fahr

hin aus dem Leiden in die Freude! Fahr hin aus aller Not
zu dem lebendigen Gott; er segne deinen Ausgang und Ein=
gang und bewahre dich durch seine Macht zur Seligkeit.
Fahr hin und tritt ein in das Reich, das dir bereitet ist von
Anbeginn der Welt. Der Herr segne dich und behüte dich,
der Herr lasse leuchten sein Angesicht über dir und sei dir
gnädig, der Herr erhebe sein Angesicht auf dich und gebe
dir Frieden. Amen.

Wenn der Sterbende verschieden ist

Du heiliger und gerechter Gott, so hat es dir gefallen,
diesen vor unseren Augen liegenden Verstorbenen von hin=
nen abzufordern. Laß uns an diesem Tode lernen, daß wir
auch sterben und die Welt verlassen müssen, damit wir uns
in Zeiten durch wahre Buße und lebendigen Glauben dazu
bereiten. Erfreue die eben abgeschiedene Seele mit himm=
lischem Trost und Freude und erfülle an ihr alle Gnaden=
verheißungen, die du deinen Gläubigen in deinem heiligen
Wort gegeben hast; dem Leib gönne in der Erde eine sanfte
Ruhe bis an den lieben Jüngsten Tag, da du Leib und Seele
wieder vereinigen und zu der Herrlichkeit einführen wirst,
damit der ganze Mensch, der dir hier gedient, dort möge mit
himmlischer Freude erfüllt werden. Tröste auch die durch
diesen Tod Betrübten, sei und bleibe der Hinterbliebenen
Vater, Helfer und Beistand; verlaß sie nicht und tue nicht
von ihnen die Hand ab. Laß sie in deiner Güte Trost und
Hilfe reichlich genießen, bis du sie auch wirst fröhlich und
selig sterben lassen. Erhöre uns um deiner Barmherzigkeit
willen. **Amen.**

VI

Festandachten

Adventszeit

Du Tochter Zion, freue dich sehr, und du Tochter Jerusalem, jauchze! Siehe, dein König kommt zu dir, ein Gerechter und ein Helfer. Sach. 9, 9.

Gebet

Du gnadenreicher Jesus, der du gekommen bist, zu suchen und selig zu machen, was verloren ist: ich danke dir, daß du mich diese heilige Zeit unter deinem Schutz abermals erleben lässest. Gib mir deines Heiligen Geistes Kraft, daß ich sie in deiner Furcht mit heiligen Betrachtungen und zu meiner Seele Erbauung hinbringe. Du ewiger Sohn Gottes bist ins Fleisch gekommen, daß du uns möchtest erlösen und selig machen. Wir konnten nicht zu dir kommen, darum kommst du zu uns auf Erden, auf daß du uns alle zur Seligkeit führest. O heilige Ankunft, dadurch wir zum Tod Verdammte das Leben erlangen sollen, nnd die wir vorher aus der Gnade gefallen waren, durch dich mit Schmuck und Ehren angetan werden sollen. „Das ist je gewißlich wahr und ein teuer wertes Wort, daß Christus Jesus kommen ist in die Welt, die Sünder selig zu machen." Liebster Jesu, mache auch mich selig, führe auch mich in dein Freudenreich. Gib mir zu

dieser heiligen Zeit ein aufmerksames und gehor=
sames Herz, daß ich dein heiliges Wort mit Fleiß
und Andacht höre, im Glauben, in deiner Er=
kenntnis und Liebe auch in diesen heiligen Tagen
wachse und Glaubensfrüchte in meinem Leben
zeige, damit deine Ankunft auch mir eine selige
und heilsame Ankunft sei. Bewahre mich, daß es
nicht von mir heißen möge: „Er kam in sein Eigen=
tum, aber die Seinigen nahmen ihn nicht auf."
Herr Jesu, ich nehme dich auf im Glauben, ich liebe
dich, ich ehre dich, ich folge dir; komm herein, du
Gesegneter des Herrn, warum stehest du draußen?
Ich habe mein Herz dir bereitet. Komm in mein
Herz, ich will dich als meinen einigen Erlöser im
Glauben fassen. Komm in mein Herz, ich will aus
Liebe zu dir alle weltlichen Eitelkeiten, Sünden
und Bosheiten gerne meiden, damit du allein
meiner Seele Einwohner seiest. Wohne in mir,
heilige mich dir, erhalte mich in deiner Gnade.
Meine Sünden bereue ich und suche bei dir Gnade,
darum werden sie mich auch nicht mehr verdammen,
denn wenn mich der Sohn freimacht, bin ich recht
frei. Ist Gott für mich, wer mag wider mich sein?
Herr Jesu, du kamst als König; regiere hinfort in
meinem Herzen, daß die Sünde nicht mehr in mir
herrschen kann. Du kamst als ein Gerechter, mache
mich doch gerecht und schenke mir das Kleid deiner
Gerechtigkeit. Du kamst arm, daß du mich rein
machen mögest an meiner Seele. Du kamst demütig,
so mache auch mich demütig, daß ich von dir Demut

und Sanftmut lerne und sie in meinem Leben aus=
übe. Du König der Ehren, ziehe auch in die Tore
meines Herzens ein; siehe, ich tue sie dir weit auf,
regiere mich hinfort mit deinem Heiligen Geist,
daß ich deine Wohnung und dein Tempel be=
beständig bis an mein seliges Ende bleiben möge.

Komm, König, Friedefürst und Held, Erlöser, Mittler,
Lösegeld, du Licht und Trost der Heiden! / O Seligmacher,
hilf und Schutz, Versöhner, Rat, Prophet und Trutz, zieh in
mein Herz mit Freuden.   Amen.

Gesang
Mel.: O Gott, du frommer Gott

Hier ist Immanuel! So laßt uns alle sagen / Zur angeneh=
men Zeit in diesen Freudentagen: / Hier ist Immanuel, der
uns die Gnade bringt / Und dem die Christenheit das Ho=
sianna singt.

Hier ist Immanuel! Den hat uns Gott gesendet / Und mit
ihm gnadenvoll sein Herz zu uns gewendet; / Hier ist Imma=
nuel, ach seht, wie Gott uns liebt, / Da er zu unserm Heil
sein liebstes Kind uns gibt.

Hier ist Immanuel! Die Sünd ist uns vergeben, / Gott
schenkt uns Gnad um Gnad, wir sollen ewig leben; / Hier
ist Immanuel, Gott will uns gnädig sein, / Es macht uns
Jesu Blut von allen Sünden rein.

Hier ist Immanuel! Laßt uns die Sünde hassen / Und alle
Lieb der Welt aus Lieb zu ihm verlassen; / Hier ist Imma=
nuel, der Seelen Trost und Licht, / Den fasse jedermann
in Glaubenszuversicht!

Hier ist Immanuel! Wir können fröhlich sterben, / Wir
werden durch den Sohn des Vaters Reich ererben; / Hier ist
Immanuel, des freut sich Leib und Seel / Und spricht auch
noch im Tod: Hier ist Immanuel!

Weihnachten

Da die Zeit erfüllet war, sandte Gott seinen Sohn, geboren von einem Weibe und unter das Gesetz getan, auf daß er die, so unter dem Gesetz waren, erlöste, daß wir die Kindschaft empfingen. Gal. 4, 4—5.

Gebet

"Dies ist der Tag, den der Herr macht, lasset uns freuen und fröhlich darinnen sein. O Herr, hilf, o Herr, laß wohlgelingen! Gelobt sei, der da kommt im Namen des Herrn." Auf, meine Seele, und wende dieses Fest zur Ehre Gottes und zu deiner Erbauung an und sprich: Du Heilige Dreieinigkeit, Vater, Sohn und Heiliger Geist, daß alle meine Blutstropfen Zungen wären, damit ich deine Gnade und Barmherzigkeit rühmen könnte! Gott ist die Liebe, dies erkennt mein Herz an diesem heiligen Feste. Deine Liebe hat ein Mittel gefunden, die Menschen zur Gnade zu bringen, daran kein Engel noch Mensch hätte denken können! Herr Jesu, dir sei ewig Lob und Dank für deine Menschwerdung und Geburt; du wirst ein Menschenkind, damit wir Gottes Kinder würden. O Liebe, o Gnade! Zwischen Gott und Mensch ist eine ewige Freundschaft, Friede und ewige Liebe gestiftet. Wenn uns Gott in seinem Sohne ansieht, so kann er nicht anders als uns gnädig sein; hat er ihn für uns alle hingegeben, wie sollte er uns mit ihm nicht alles schenken? O der großen Liebe

Jesu, der als ein zartes Kind hat wollen geboren werden, damit er unsere sündliche Geburt heiligte! Er hat zugenommen an Alter und Weisheit, damit er unsere Jugend heiligte. "Sei willkommen, du edler Gast, die Sünder nicht verschmähet hast, du kommst ins Elend her zu mir, wie soll ichs immer danken dir?" Liebster Seelenfreund, mein Bruder, ich habe an dir einen Heiland im Leiden, einen Erretter in Trübsal, einen Beistand in der Not, einen Helfer im Sterben. Du bist mein Licht, das mich erleuchtet, der Weg, der mich zum Vater führt, die Wahrheit, die mich lehrt, das Leben, das mich lebendig macht. Werter Heiliger Geist, wie groß ist deine Liebe, da du mir diesen Trost, diese Freude, dieses Heil abermal verkündigen lässest. Ich freue mich an diesem heiligen Fest und sage: Mein Jesus ist mein, sein Himmel ist mein; das Kind ist mir geboren, der Sohn ist auch mir gegeben, er hat auch mir die Gnade Gottes, die Kindschaft und das ewige Erbe geschenkt. Jesu, den ich im Geist in der Krippe beschaue, wie freundlich bist du! Verleihe mir Gnade, daß ich dein nie mehr vergesse, sondern daß ich dich immer im Herzen und vor Augen habe. Mein Heil, heilige mich, ich ergebe mich dir mit allem, was ich bin und habe; dir will ich leben, dir will ich dienen. Laß mein Herz deine Krippe und deine Wohnung sein in Zeit und Ewigkeit. Schließ mich in deine Liebe ein und behalte mich darin, daß ich in dir Ruhe, Friede, Trost und der Seelen Seligkeit habe! Nun

bin ich nicht verloren, weil mein Jesus Mensch ge=
boren. Gott ist mein Freund, weil Jesus in mir lebt.

Sag an, mein Herzensbräutigam, mein Hoffnung, Freud
und Leben, / Mein edler Zweig aus Jakobs Stamm, was
soll ich dir doch geben? / Ach nimm von mir Leib, Seel und
Geist, ja alles, was Mensch ist und heißt, / Ich will mich
ganz verschreiben, dir ewig treu zu bleiben.   Amen.

Gesang
Mel.: O Gott, du frommer Gott

O welch ein Freudenfest, o welche frohe Stunden, / Da
Jesus, Gottes Sohn, in Windeln wird gefunden! / Es ist
mein ganzes Herz auf dieses Kind gericht't / Und meine An=
dacht geht von seiner Krippe nicht.

O Treue! Jesus ist zu uns vom Himmel kommen, / Hat an
sich Fleisch und Blut, doch ohne Sünd, genommen; / Er
kommt und bringet uns zur Kron und Herrlichkeit, / Zum
Erbteil und zum Heil, zur süßen Himmelsfreud.

O große Gnad! Es kann ein jeder Gnad erlangen, / Wer
diesem Jesus wird in Glaub und Lieb anhangen; / O Gnade,
die uns Trost und wahres Leben gibt! / Seht, diese Gnad
genießt, wer Jesum herzlich liebt.

Mein Jesus, du wirst hier ein Menschenkind auf Erden, /
Daß ich ein Gotteskind soll hier und dorten werden; / Du
kommst und nimmst auf dich all meine Sündenschuld, / Hin=
gegen schenkst du mir des Vaters Lieb und Huld.

Deswegen knie ich hier vor deiner Krippe nieder, / Ich
stimm mit Freuden an die frohen Weihnachtslieder; / Nimm
an den Lobgesang, nimm auch mein Herze an, / Weil ich
dir, liebster Freund, nichts Beß'res geben kann.

Ich will allhier mit dir auf ewig mich verbinden, / Ach,
laß mich neue Gnad bei deiner Krippe finden. / Mein Jesu,
ich bin dein, so sei und bleibe mein / Und laß mich nimmer=
mehr von dir geschieden sein.

Jahresschluß

Lobe den Herrn, meine Seele, und was in mir ist, seinen heiligen Namen; lobe den Herrn, meine Seele, und vergiß nicht, was er dir Gutes getan hat! Psalm 103, 1–2.

Gebet

Wie soll ich dem Herrn vergelten alle seine Güte und Treue, die er an mir getan? Der Herr hat Großes an mir getan, des bin ich fröhlich. Also spricht meine Seele, da ich nun abermal unter Gottes Schutz und Beistand ein Jahr glücklich zurückgelegt habe. „Wie teuer ist deine Güte, daß Menschenkinder unter dem Schatten deiner Flügel trauen! Sie werden trunken von den reichen Gütern deines Hauses; du tränkest sie als mit einem Strom; denn bei dir ist die lebendige Quelle, und in deinem Licht sehen wir das Licht." Mein Gott, der Tage im Jahre sind viele, aber deiner Wohltaten noch viel mehr; Stunden und Minuten kann man zählen, aber deine Wohltaten sind unzählig. Ich danke dir, daß du mir dieses Jahr dein heiliges Wort hast lauter und rein predigen lassen und darin mir den Weg zum Himmel und zu meinem ewigen Heil gezeigt hast. Versiegle alles, was ich gehört habe, in meinem Herzen und gib mir deinen Heiligen Geist, daß ich mein Leben danach einrichte. Ich danke dir, daß du mich im heiligen Abendmahl mit deinem heiligen Leib und Blut gespeist und getränkt hast; laß es mir zu meiner

Glaubensstärkung und Lebensheiligung gedeihen. Ich danke dir, daß du meinen Beruf gesegnet hast, mir Nahrung und Kleidung beschert, mir Gesundheit verliehen, das Unglück abgewendet, mein Kreuz erleichtert, in meinem Elend mich in Gnaden angesehen hast. Du hast in Not mich erhört und mein Gebet durch die Wolken vor deinen Thron dringen lassen. Du hast deinen Segen über mich ausgeschüttet, du hast dein Angesicht nicht vor mir verborgen, da ich zu dir schrie. Du, liebreicher Vater, hast mich, dein Kind, an deiner Hand geführt; du, mächtiger König, hast mich vor meinen Feinden beschützt; du, getreuer Hirt, hast mich auf grüner Au geweidet; deine Güte und Treue hat mich von Anfang des Jahres bis an das Ende begleitet. Deine Weisheit hat mich geführt, deine Liebe mich bedeckt, deine Hilfe mich erfreut, deine Gnade mich erhalten. Schmecket und sehet, wie freundlich der Herr ist und wieviel Gutes er meiner Seele getan hat. Hast du mich zuweilen große Angst erfahren lassen, so hast du mich doch wieder lebendig gemacht. Hatte ich viele Bekümmernisse in meinem Herzen, so haben doch deine Tröstungen meine Seele ergötzt. War mir oftmals Gefahr und Not nahe, so war auch deine Hilfe nahe, und dein Engel hat mich behütet auf allen meinen Wegen. Mein Gott, verzeihe mir aus Gnaden alle Sünden, die ich in diesem Jahre getan habe. Strafe mich deswegen nicht in dem neuen Jahre, sondern verzeihe sie mir um Jesu willen. Herr, gedenke nicht der Sünden meiner Jugend und meiner Übertretungen, gedenke aber meiner nach deiner Barmherzigkeit. Herr, so beschließe ich denn das Jahr mit Beten, Loben und Danken und flehe dich demütig an: bleibe auch mein Schutz und gnädiger Gott in dem neuen Jahre, halte deine Hand über mich und laß mich deinem Schutz, deiner Liebe und Gnade fernerhin befohlen sein.

Sei Lob und Ehr dem höchsten Gut, dem Vater aller Güte, / Dem Gott, der alle Wunder tut, dem Gott, der mein Gemüte / Mit seinem reichen Trost erfüllt, dem Gott, der allen Jammer stillt; / Gebt unserm Gott die Ehre! Amen.

Gesang

Mel.: O Gott, du frommer Gott

Wie ist mein Herz erfreut, wenn es dankbar bedenket, / Wieviel mir Gottes Hand in diesem Jahr geschenket; / Wie er mich hat versorgt und väterlich bedacht, / Und mich gesund und wohl bis diese Stund gebracht.

Viel Gutes hast du mir in diesem Jahr erzeiget / Und deinen Segensstrom mir reichlich zugeneiget; / An Notdurft, Speis und Trank hats niemals mehr gefehlt, / Doch eher sind die Stern als deine Güt gezählt.

Wie ist mein Herz betrübt, wenn ich dabei erwäge / Und vor dir, treuer Gott, bußfertig überlege, / Wie ich so undankbar dafür gewesen bin, / Und daß ich nicht gelebt nach meines Jesu Sinn.

Du wirst jedoch, mein Gott, die Sünden mir verzeihen / Und mir zur Besserung vom Himmel Gnad verleihen; / Nimm weg die Schuld und Straf, vertilg sie ganz und gar Und straf mich deshalb nicht, auch nicht im neuen Jahr.

Ich will mich dir hiermit zum Eigentum ergeben, / Die Seele samt dem Leib, Verstand, Sinn, Geist und Leben; / Herr, schließ die Meinigen in deine Fürsorg ein / Und lasse, was ich hab, dir auch befohlen sein.

Beschütze ferner mich und gib mir deinen Segen, / Erhalte, was ich hab, sei stets bei mir, hingegen / Wend ab des Unglücks Sturm und bleibe stets mein Gott, / Zugleich hab acht auf mich im Leben, Not und Tod.

So will ich denn das Jahr mit dir, mein Gott, beschließen, / Ach, laß im neuen auch mich deiner Huld genießen; / Und sollt das neue Jahr vielleicht das letzte sein, / So führ mich durch den Tod zur Himmelsfreude ein.

Neujahrstag

Der Herr unser Gott sei uns freundlich und fördere das Werk unserer Hände bei uns, ja, das Werk unserer Hände wolle er fördern! Psalm 90, 17.

Gebet

Herr Herr, barmherzig, geduldig und von großer Treue, der du bist von Ewigkeit zu Ewigkeit, bei welchem ist keine Veränderung noch Wechsel des Lichts und der Finsternis, siehe, ich habe unter deinem Schutz abermals ein neues Jahr angetreten. „Herr, wie groß ist deine Güte, daß Menschenkinder unter dem Schatten deiner Flügel trauen! Du machst sie trunken von den reichen Gütern deines Hauses, denn Gottes Brünnlein hat Wassers die Fülle." Dies alles habe ich, mein Gott und Vater, im vorigen Jahr erfahren, darum will ich das neue in deinem Namen mit Beten und Flehen

anfangen. Herr, frühe wollest du meine Stimme
hören! Herr, ich weiß nicht, was mir in diesem
neuen Jahr begegnen kann; das Jahr ist lang, der
Tage viel, das menschliche Elend mancherlei und
die Unglücksfälle, welche die Menschen treffen
können, unzählig. Darum komme ich zu dir, starker
und liebreicher Gott, und will mich gleich am Anfang deiner Gnade und Treue befehlen. Ich befehle
dir meine Seele in deinen gnädigen Vaterschutz,
bewahre sie, daß ich sie nicht mit mutwilligen
Sünden beflecke. Herr Jesu, heilige und reinige sie
mit deinem heiligen Blut. Gott Heiliger Geist,
wohne in ihr, laß sie deinen Tempel sein. Welch ein
gesegnetes Jahr wird mir dieses sein, wenn ich,
Vater, in deiner Gnade bleibe und als dein Kind
lebe. Wie glücklich werde ich sein, wenn ich in deiner
Gemeinschaft, Jesu, stehe. Wie schön werde ich
geschmückt einhergehen, wenn du, werter Heiliger
Geist, in mir wohnen und regieren wirst. Und weil
du mir bisher Leben und Gesundheit als edle Gabe
verliehen, so wollest du mir dies auch im neuen
Jahre gnädiglich erhalten. Sollte es dir aber gefallen, mir Krankheit und Schmerzen aufzulegen,
so weiche nicht von mir, und wenn ich Pein leide, so
lindere sie, und laß deine Erquickungsstunde erscheinen, da du mir alles wieder abnimmst. Halte
deine Hand, Herr mein Gott, über mich und die
Meinen, sei eine feurige Mauer um uns her und
bewahre uns. Verleihe mir die Kraft deines Heiligen Geistes, daß ich dieses Jahr recht fromm und

ein wahres Kind Gottes werde, daß ich ein andächtiger Beter, ein fleißiger Hörer und Täter des Wortes sei. Hilf, daß in dem neuen Jahre es von meiner Seele heißen möge: Das Alte ist vergangen, siehe, es ist alles neu geworden! Heilige mich durch und durch, daß mein Geist samt Seele und Leib möge unsträflich behalten werden bis auf den Tag Jesu Christi. Gib mir neuen Eifer, im Guten zu wachsen und zuzunehmen. Segne meinen Beruf und meine Arbeit, segne meinen Ausgang und Eingang, gib mir, was deine Segenshand mir bestimmt hat. Laß mich aber beim Anfang dieses Jahres gedenken, daß einst das letzte Jahr meines Lebens anbrechen wird, damit ich mich stets bereit halte, in Buße und Glauben stehe, meine Lampe brennend und meine Lenden gegürtet sein lasse, dich, mein Bräutigam und gnädiger Gott, mit Freuden zu empfangen und zu deinem Reich einzugehen.

Jesu, laß mich fröhlich enden dieses angefangne Jahr, / Trage mich auf deinen Händen, stehe bei mir in Gefahr. / Herr, hilf mir in aller Not und verlaß mich nicht im Tod; / Freudig will ich dich umfassen, wenn ich muß die Welt verlassen. Amen.

Gesang

Mel.: Allein Gott in der Höh sei Ehr

Gott Lob, das neue Jahr tritt ein, es hat schon angehoben, / Ach, könnt ich doch recht dankbar sein und Gott von Herzen loben; / Ich schenk mich dir, ach, schenk dich mir, Mein Gott, mein Licht und Lebenszier, / Und bleibe stets mein Helfer.

Verleih mir deinen guten Geist, der Herz und Seel regiere; / Der mich mit Glauben allermeist und Gottesfurcht ausziere; / Der mich erfülle jederzeit mit Hoffnung, Lieb und Heiligkeit, / Und bleibe stets mein Führer.

Du großer Gott, verlaß mich nicht, wenn ich vor dich hintrete; / Wend nicht von mir dein Angesicht, wenn ich im Glauben bete; / Ach, hör, erhöre meine Bitt, ach, teile deine Hilfe mit / Und bleibe mein Erbarmer.

Und weil du weißt, was mir gebricht, so wirst du für mich sorgen; / Es ist ja deiner Weisheit Licht mein Zustand nicht verborgen, / Drum sorg für mich auch dieses Jahr, wie du gesorget immerdar, / Und bleibe mein Berater.

Sollt mich auch treffen Kreuz und Leid, so beut mir deine Hände, / Verleih die Hilfestund beizeit, daß sich die Trübsal wende; / Ach, gib mir Glauben und Geduld, erhalte mich in deiner Huld / Und bleibe mein Erretter.

Sollt dieses Jahr das letzte sein, das ich noch darf erleben, / So führe mich zur Freude ein, da wollest du mir geben / Die Freude nach der Traurigkeit, die Krone nach dem Kampf und Streit, / die Herrlichkeit und Wonne.

Passionszeit

Gott hat den, der von keiner Sünde wußte, für uns zur Sünde gemacht, auf daß wir würden in ihm die Gerechtigkeit, die vor Gott gilt. 2. Kor. 5, 21.

Gebet

Herr Jesu, wie groß ist deine Liebe, die du in deinem bittern Leiden mir erwiesen hast. Du bist der eingeborene Sohn Gottes, das unbefleckte Lamm, der Herr der Herrlichkeit, der Allerheiligste, der nie eine Sünde getan hat; und du ergibst dich in den schmählichsten Tod und in das grausamste Leiden für mich, der ich ein Ungerechter, ein Sünder und ein Kind des Todes bin. Wie groß ist deine unaussprechliche Barmherzigkeit! Der Heilige trägt meine Unheiligkeit, der Fromme trägt meine Bosheit, der Gerechte meine Ungerechtigkeit, der Unschuldige meine Schuld; dir werden meine Sünden aufgelegt, damit mir deine Gerechtigkeit geschenkt würde. Mein Jesus, ich trete jetzt zu dir und schaue dein Leiden an. Du gehst in den Garten Gethsemane und vergießest blutigen Schweiß für mich, damit ich von der Gewalt des Satans befreit würde. Du wirst vor Gericht geführt, verklagt und zum Tode verdammt für mich, damit ich, wenn ich vor deinem Gericht stehe, losgesprochen werde. Du wirst gegeißelt und dein Leib fließt mit Blut für mich, damit ich nicht wegen meiner Sünden gestraft würde. Du wirst zum Tode geführt für mich, damit mein Todesgang ein Hingang zum Vater sei. Du wirst gekreuzigt für mich; du Lamm Gottes hast alle meine Sünden getragen. Du stirbst am Kreuz für mich, daß ich durch deinen Tod das Leben habe. Du wirst begraben für mich, damit du mein Grab heiligen mögest. Ist das nicht Liebe, nicht Barmherzigkeit, daß ich durch dein bitteres Leiden Leben, Gnade und Vergebung erlangen soll? Aller meiner Sünden Strafe liegt auf dir, auf daß ich Frieden hätte. Nun will ich dies Leiden mir vor Augen stellen, mich stets daran ergötzen, ich sei auch, wo ich sei. „Es soll dein Tod und Leiden, bis Leib und Seel' sich scheiden, allzeit in meinem Herzen ruhn." Mein Jesu, an deine ausgestandene Marter und an dein vergossenes Blut will ich denken, wenn mein Herz mich zur Sünde verleiten will; deine blutige Gestalt am Ölberg, in der Geißelung und am Kreuz will ich mir vor Augen stellen, wenn die Welt mit ihrem bösen Beispiel mich verleiten will. In deine Wunden will ich fliehen in meiner Sünden= angst, dein Blut will ich annehmen als mein Löse= geld, wenn mich mein Gewissen ängstigt; ja, in meiner Todesstunde will ich von nichts als von dir, Jesus, wissen; dein Name soll mein letztes Wort, deine blutige Gestalt mein letzter Gedanke, dein letztes Wort am Kreuz auch mein letzter Seufzer im Sterben sein: „Vater, in deine Hände befehle ich meinen Geist." In meiner letzten Stunde sei mein Trost, meine Freude, meine Erquickung, mein Beistand.

Erscheine mir zum Schilde, zum Trost in meinem Tod / Und laß mich sehn dein Bilde in deiner Kreuzesnot. / Da will ich nach dir blicken, da will ich glaubensvoll / Dich fest an mein Herz drücken; wer so stirbt, der stirbt wohl. Amen.

Gesang
Mel.: O Gott, du frommer Gott

Es stirbt mein bester Freund, mein Jesus, er, mein Le= ben. / Sieh, er ist schon erblaßt, der Geist ist aufgegeben; / Er neiget nun sein Haupt am hohen Kreuzesstamm, / es sinket in den Tod mein Seelenbräutigam.

Es stirbt mein bester Freund, daß ich nicht möchte sterben, / Daß ich errettet werd vom ewigen Verderben; / Mein Jesus stirbt für mich, für meine Sünd und Schuld, / Befreit mich von der Straf und bringt mir Gottes Huld.

Es stirbt mein bester Freund und dennoch nicht mein Lieben, / Mein Jesus bleibet tief in meiner Seel geschrieben; / Ich lieb ihn, weil ich leb, ich lieb ihn auch im Tod, / Ich lieb ihn in dem Kreuz, in aller meiner Not.

Ich will mit meinem Freund auch noch zu Grabe gehen, / Und wie man ihn einsenkt, mit Glaubensaugen sehen; / Mein Freund, hier ist mein Herz, da senke dich hinein, / Das soll dein Eigentum und deine Ruhstatt sein.

Ich will mein Herze dir hiermit zu eigen schenken, / Ich will bis in den Tod an deinen Tod gedenken; / Ach, lebe, weil ich leb, mein Seelenfrend, in mir, / Und sterb ich dermaleinst, so sterb ich, Jesu, dir.

Karfreitag

Der Gerechte kommt um, und niemand ist, der es zu Herzen nehme, und heilige Leute werden hingerafft, und niemand achtet darauf. Jes. 57, 1.

Gebet

Du liebreicher Jesus, ich komme zu dir, dein bitteres Leiden mit Herzensandacht zu erwägen. "Herr, laß dein bitter Leiden mich reizen für und für, mit allem Ernst zu meiden die sündliche Begier, daß mirs nie komme aus dem Sinn, wieviel es dich gekostet, daß ich erlöset bin." Du unschuldig erwürgtes Lamm, du hast gelitten, daß dir alle meine, ja aller Menschen Sünden auf-

gebürdet und zugerechnet würden, so daß du vor dem göttlichen Gerichte als der größte Sünder, ja als die Sünde selbst angesehen wurdest. Nachdem der Stab über dir gebrochen und das Todesurteil gesprochen war, mußtest du grausame Schmerzen leiden an deinem Leibe. Da wurde dein heiliger Leib verwundet, gegeißelt, zerrissen und blutig gemacht. Schauet doch, ihr Menschenkinder, ob ein Schmerz jemals gewesen sei wie unsers Jesu Schmerzen; sein Haupt war mit Dornen gekrönet, sein Leib mit Blut beflossen, am Kreuz wurden Hände und Füße durchnagelt, die Seite durchstochen, daß er wohl mit Recht sagen konnte: Ich bin ein Wurm und kein Mensch. An seiner Seele aber mußte er das heftigste Leiden ausstehen, daß seine Seele betrübt war bis in den Tod; die Zornesflut und Höllenangst griff ihn also an, daß er am Kreuze schrie: Mein Gott, mein Gott, warum hast du mich verlassen? Erwürgtes Lamm, das hast du alles mir zugut, zu meinem Trost und Frieden, zu meiner Erlösung und zu meiner Seligkeit ausgestanden; denn so nicht wäre kommen Christus in die Welt und hätte an sich genommen unsere arme Gestalt und wäre nicht willig für unsere Sünden gestorben, so hätten wir verdammt sein müssen ewiglich. Mein Jesus, laß dein bitteres Leiden allezeit vor meinen Augen und in meinem Herzen sein, daß ich mich dessen tröste und dadurch fromm und selig werde. Laß mich keinen Tag hinbringen, da mir nicht dein blutiges Bild vor Augen schwebe.

Laß dein Leiden in mein Herz eingeschrieben stehen, daß bei jedem Atemzug nichts als dein Leiden und Tod in meinen Gedanken sei, daß ich dadurch von der Welt abgezogen, geheiligt und gereinigt werde. Mein Jesus, wie dein Leiden mich aufrichtet, erfreuet, tröstet, erweckt, also auch deine sieben Worte am Kreuz. Für mich hast du auch gebetet: Vergib ihnen und dieser Seele, was sie wider dich getan hat. Für mich hast du geschrien: „Mein Gott, mein Gott, warum hast du mich verlassen?", daß ich nie verlassen wäre. Für mich hast du gesagt: „Mich dürstet." Ach gib, daß ich im Glauben dich wieder umfassen, nach dir dürsten und verlangen möge. Für mich hast du gesorgt, da du sprachst zu Johannes: „Das ist deine Mutter." Wenn ich auch unter dem Kreuz von allen Menschen verlassen stehe, so wirst du dich meiner herzlich annehmen, für mich sorgen, mir helfen und gnädig sein. Laß mich in meinem Sterben die Stimme hören: „Heute noch wirst du mit mir im Paradiese sein." Versichere mich dessen in gesunden Tagen, rufe es mir zu auf meinem Sterbebett, laß es an mir erfüllt werden nach meinem Tod. Für mich hast du gesprochen: „Es ist vollbracht." Nun ist alles getan, was ich hätte tun, nun ist alles gelitten, was ich hätte leiden sollen. Nun ist mir Heil, Leben, Friede, Freude, Trost, Seligkeit, die Krone des Lebens erworben. Ja, dein letztes Wort am Kreuz soll auch mir ein Trost= und Freudenwort werden: „Vater, in deine Hände befehle ich meinen Geist."

Wenn endlich ich soll treten ein in deines Reiches Freuden, / So laß dies Blut mein Purpur sein, ich will darein mich kleiden; / Es soll sein meines Hauptes Kron, mit welcher ich will vor den Thron des ewgen Vaters gehen; / Und dir, dem ich mich anvertraut, als eine wohlgeschmückte Braut zu deiner Rechten stehen. Amen.

Gesang
Mel.: Herzliebster Jesu, was hast du verbrochen

Kommt, laßt uns Christi Todestag begehen, / Laßt uns andächtig an dem Kreuze stehen, / Laßt uns mit wahrer Buße, Beten, Singen / Den Tag hinbringen.

Er stirbt für uns, daß wir nicht sollen sterben, / Er stirbt, daß wir das Leben sollen erben, / Und daß nach unserm Tode mög anheben / Das Freudenleben.

Er stirbt an seinem Kreuze hoch erhaben / Und teilet allen aus gar große Gaben; / Er will, wenn wir die Sündenliebe fliehen, / Uns zu sich ziehen.

Er stirbt und trägt, seht doch, die Dornenkrone, / Die man ihm aufgesetzt zu Spott und Hohne, / Damit er in dem Himmel uns ergötze, / Die Kron aufsetze.

Er stirbt am Kreuz mit ausgespannten Armen, / Weil er sich aller Menschen will erbarmen; / Er will auch mich in seine Arme fassen, / mich nicht verlassen.

Mein Jesus, wärest du nicht so gestorben, / So wären wir an Leib und Seel verdorben; / Nun aber kann uns niemand mehr verdammen / Zu Höllenflammen.

Im Sterben schenkst du uns das Freudenleben, / Durch dich wird uns die Seligkeit gegeben; / Wer an dich glaubt und wer da neugeboren, / Ist nicht verloren.

Ich will im Glauben dich, o Jesu, fassen, / Auf dein Verdienst von Herzen mich verlassen; / Von deiner Liebe soll mich ja nichts scheiden, / Kein Tod noch Leiden.

Mein Leben will ich dir zu Ehren führen, / Ach, laß mich
deinen guten Geist regieren, / Nimm meinen Geist an mei=
nes Lebens Ende / In deine Hände.

Ostern

Ich war tot, und siehe, ich bin lebendig von Ewigkeit zu
Ewigkeit und habe die Schlüssel der Hölle und des Todes.
Off. Joh. 1, 18.

Gebet

„Man singt mit Freuden vom Sieg in den Hütten
der Gerechten, die Rechte des Herrn ist erhöhet,
die Rechte des Herrn behält den Sieg." Mächtiger
Siegesfürst Jesu Christe, Überwinder des Todes,
aus deiner Auferstehung kommt in mein Herz
lauter Freude, da ich durch deine Gnade dieses
heilige Fest begehe, und sage mit gebeugtem Knie
und mit gefalteten Händen: „Gott sei Dank, der
uns den Sieg gegeben hat durch unsern Herrn
Jesum Christum!" Jesus ist auferstanden von den
Toten, das ist eine fröhliche Botschaft! Der Bürge
ist aus dem Kerker des Grabes losgelassen, darum
muß die Sünde getilgt, Gott versöhnt und die
Schuld bezahlt sein. „Wer will verdammen? Chri=
stus ist hier, der gestorben ist, ja vielmehr, der auch
auferwecket ist, welcher ist zur rechten Hand Gottes
und vertritt uns." „Jesus hat dem Tode die Macht
genommen und das Leben und ein unvergängliches
Wesen an das Licht gebracht." Jesus, liebster
Freund, deine Auferstehung bringt mir einen drei=
fachen Trost. Ich sage an diesem Tage: Jesu Auf=

erstehung ist mein Sieg. Nun kann mich meine Sünde nicht verdammen, nun habe ich Vergebung aller meiner Sünden, so groß und schwer sie immer sind. Hier ist ein vollgültiges Lösegeld. Der Tod kann mir nicht schaden, weil Christus den Tod überwunden und meinen Tod zu einem Hingang zum Vater gemacht hat. Der Satan ist ein überwundener Feind; wird er schon brüllen, so kann er mich doch nicht verschlingen. Die Hölle erschreckt mich nicht, denn Christus hat mich errettet von der Hölle; wer nun an ihn glaubt, der soll nicht verloren werden, sondern das ewige Leben haben. O ein froher Tag, ein Freudentag, da mir mein Heil versichert und die Seligkeit bestätigt ist! Jesus lebt und ich werde auch leben, hier schon im Glauben mit ihm vereinigt und dort in der ewigen Herrlichkeit. Meine erfreute Seele spricht ferner: Jesu Auferstehung ist meine Auferstehung. Ist das Haupt auferstanden, so können die Glieder nicht dahinten bleiben. Ich werde auferstehen als ein Kind Gottes, als ein Miterbe Jesu Christi. Darum fürchte ich mich vor dem Grabe nicht, ich sehe es an als eine Ruhekammer, da mich mein Heiland wird schlafen lassen, bis er sprechen wird: Stehet auf, ihr Toten, und kommt vor das Gericht! O der großen Herrlichkeit, die mein Heiland mir erworben! Wie kann ich genugsam deine Gnade und Barmherzigkeit ausbreiten, rühmen und preisen? O Liebe, die mir das Leben und die Seligkeit schenkt! Mein Heiland, deine Auferstehung soll mir einen kräftigen Trost in meinem Leiden geben. Du lagst verschlossen im Grabe, aber du gingst herrlich hervor; so wird auch meine Leidensnacht vergehen, und deine Freudensonne wird mir wieder scheinen. Du bliebst nur drei Tage im Grabe, also ist mir nach meiner Trübsal auch der Erlösungstag bestimmt. Du standest auf und hattest einen verklärten Leib; so wird mein Leib auch herrlich und verklärt werden, wenn du mich aus dem Staube auferwecken wirst. Ja, weil du, Jesus, lebst, so habe ich an dir einen treuen, beständigen Freund, der mich im Leben versorgen, im Leiden erhalten, gegen die Feinde beschützen, in Traurigkeit erfreuen, im Tode erquicken, im Grabe bewahren und dereinst zu der Herrlichkeit bringen wird.

Lebt Christus, was bin ich betrübt? / Ich weiß, daß er mich herzlich liebt; / Wenn mir gleich alle Welt stürb ab, g'nug, daß ich Jesum bei mir hab. / Er nährt, er schützt, er tröstet mich, sterb ich, so nimmt er mich zu sich; / Wo er jetzt lebt, da komm ich hin, ein Glied an seinem Leib ich bin. Amen.

Gesang
Mel.: Jesus, meine Zuversicht

Jesus lebt, des freu ich mich, er ist von dem Tod erstanden, / Er hat aus dem Grabe sich und von allen Todesbanden / Als ein starker Held befreit; o der großen Herrlichkeit!

Jesus lebt, er ist nicht tot, lasset seine Feinde toben, / Er ist außer aller Not, lasset uns den Herren loben, / Der da nach dem Kampf und Krieg hat erhalten Ruhm und Sieg.

Schauet seiner Gottheit Pracht, denn er nimmt sein Leben wieder, / Welches er aus freier Macht in den Tod geleget nieder; / Er starb zu der Leidenszeit und stand auf in Herrlichkeit.

Nun, ich will das Freudenfest mit Gebet und Dank hinbringen / Und dem, der das Grab verläßt, lauter Freudenlieder singen; / Jesus, Jesus soll allein mir in Mund und Herzen sein.

Nun ist alle meine Schuld ausgetilget und vergeben, / Und ich werd in Gottes Huld hier und dorten ewig leben; / Was ich sträflich an mir hab, liegt bedeckt in Jesu Grab.

Nun ist alle Furcht dahin vor des Grabes finstrer Erden, / Weil ich des versichert bin, ich werd auferwecket werden; / Deckt mich nur mit Erde zu, hier ist meines Schlafes Ruh.

Jesus lebt, er wird mich nicht in der Angst und Not verlassen, / Auch nicht, wenn mein Angesicht in dem Tode wird erblassen; / Alsdann führt mich seine Hand in mein wahres Vaterland.

Jesus lebt, dies Wort soll sein auch mein Labsal in dem Sterben, / Das versüßt die Todespein und befreit mich vom Verderben: / Nach dem Tod werd ich aufstehn und zur Lammeshochzeit gehn.

Christi Himmelfahrt

Ich fahre auf zu meinem Vater und zu eurem Vater, zu meinem Gott und zu eurem Gott. Joh. 20, 17.

Gebet

Gott fähret auf mit Jauchzen, der Herr mit heller Posaune; lobsinget Gott, lobsinget unserm König! Also besinge ich, mein Jesu, großer Siegesfürst, deine Himmelfahrt, der du nach dem vollbrachten Werk zu deiner Herrlichkeit eingegangen bist. Es liegen nun alle unsere Feinde: Teufel, Welt, Sünde und Tod unter deinen Füßen, du hast uns davon befreiet. Du hast dich in den Himmel gesetzt zur Rechten der Majestät Gottes. Darüber freue ich mich von Grund meiner Seele. Du sitzest zur Rechten Gottes und vertrittst uns. Wenn ich bete, so bete ich nicht allein, dein Geist betet in mir, und du bittest für mich, darum wird mein armes und schwaches Gebet um deinet= willen gnädiglich erhört werden. Ich freue mich, wenn ich an dein Wort gedenke: „Ich gehe hin, euch die Stätte zu bereiten, auf daß ihr seid, wo ich bin." Dies erquickt meinen Geist, weil ich weiß, daß du mir eine Stätte bereitet hast, wo ich ewig wohnen und bleiben soll. Du bist mit Lob und Ehren ge= krönt, und du hast auch mir die schöne Krone der Gerechtigkeit beigelegt, welche du, König der Ehren, als ein gerechter Richter geben wirst denen, die deine Erscheinung lieb haben. Du hast dein Reich eingenommen und herrschest über Himmel und Erde; du wirst auch zu mir und allen Gläubigen einst sagen: „Kommt her, ihr Gesegneten meines Vaters, ererbet das Reich, das euch bereitet ist von Anbeginn der Welt." Herr Jesu, gib mir deinen Heiligen Geist, Frömmigkeit, Keuschheit, Sanftmut, Demut, die Kindschaft bei Gott, das Leben, den Frieden und einst die ewige Seligkeit. Weil du nun als das Haupt erhöht bist, so wirst du mich, dein Glied, nach dir ziehen. Weil mich dein Geist belebt, so werde ich auch ewiglich bei dir sein. Welcher Trost, welche Freude, welche Herrlichkeit ist das, die mein Heiland seinen Gläubigen, seinen Jüngern und Jüngerinnen verheißt: „Wo ich bin, da soll mein Diener auch sein." Ja, Jesu, laß mich sein, wo du bist, ziehe mich zu dir, da du zur Rechten Gottes erhöht bist; bringe mich zur Schar der heiligen Engel und aller Auserwählten; laß mich deine Herrlichkeit sehen, welche du deinen Gläubigen bereitet hast. Wenn du auch deine sichtbare Gegenwart mir entzogen hast, so bist du doch bei mir kraft deiner Verheißung: „Siehe, ich bin bei euch alle Tage bis an der Welt Ende." Darum bin ich getrost in allen Fällen; ich weiß, du bist bei mir in meiner Not, du errettest mich aus Gefahr, du erquickest mich im Leiden, du tröstest mich in Traurigkeit und schützest mich in aller Widerwärtigkeit. Darum fürchte ich mich nicht, was können mir Menschen tun? Sehe ich dich zwar nicht, so habe ich dich doch lieb und weiß, daß ich dich einst sehen werde. Ich werde dich sehen, wenn ich eine Himmelfahrt nach meinem seligen Abschied halte; ich werde dich mit meinen Augen sehen am jüngsten Tage, wenn ich von den Toten auferstehen werde. Zu dem Ende will ich täglich eine Himmelfahrt anstellen und meine künftige Krone und bleibende Stätte mit Glaubensaugen beschauen; ich will auch die Welt mit meinem Herzen verlassen und ihre Eitelkeiten und Sünden fliehen, welche mich an dieser Himmelfahrt hindern.

Dann fahr ich hin zu Jesu Christ, mein Arm tu ich ausstrecken, / Ich schlafe ein und ruhe fein, kein Mensch kann mich aufwecken, / Denn Jesus Christus, Gottes Sohn, der wird die Himmelstür auftun, / Mich führn zum ewigen Leben. Amen.

Gesang
Mel.: Alle Menschen müssen sterben

Jesus fähret auf gen Himmel und verläßt den Tränenbach, / Und ich folg durchs Weltgetümmel meinem liebsten Jesu nach; / Leiblich kanns zwar nicht geschehen, bis ich werde auferstehen, / Dennoch stellt mein Herz sich ein, alle Tag bei ihm zu sein.

Ich fahr auf mit meiner Liebe, Erd, ich liebe dich nicht mehr; / Weil ich in der Lieb mich übe, so ist Jesus mein Begehr; / Hoffnung, Eitelkeit der Erden, Wollust, Pracht und Weltgeberden / Acht ich meiner Lieb nicht wert, Mein Herz Jesum nur begehrt.

Weißt du, wo mein Herz zu finden? / Droben in der Himmelsfreud, / Weltlust kann es nicht mehr binden, es schmeckt beß're Süßigkeit; / Es beschauet schon die Krone, die der Herr zum Gnadenlohne / Mit dem schönen Ehrenkleid mir zu geben ist bereit.

Meine Seele und Gedanken sind schon längst bei meinem Gott, / Wollen von ihm nimmer wanken, nicht im Leben, nicht im Tod; / Wo ich schlafe, wo ich gehe, wo ich ruhe, wo ich stehe, / Wo ich bete, wo ich bin, ist im Himmel Herz und Sinn.

Also geistlich aufzufahren alle Tage, alle Stund, / Spar ich nicht zu späten Jahren, bis der Tod verschließt den Mund; / Nein, dies tu ich schon beizeiten, will mich also recht bereiten, / Damit, wenn mein Ende ist, ich hinfahr zu Jesus Christ.

Gar nichts werde ich verlieren, leget man mich auch ins Grab, / Jesus wird mich herrlich zieren, welchen ich im Glauben hab; / Sterb ich, wenn es Gott gefället, so ist schon ein Ort bestellet, / Den mein Heil mir hat bereit't drüben in der Ewigkeit.

Pfingsten

So ihr, die ihr arg seid, könnt euren Kindern gute Gaben geben, wieviel mehr wird der Vater im Himmel den Heiligen Geist geben denen, die ihn bitten.   Luk. 11, 13.

Gebet

"Ich will Wasser gießen auf das Durstige und Ströme auf das Dürre; ich will meinen Geist ausgießen über alles Fleisch, daß sie wachsen sollen wie Gras, wie die Weiden an den Wasserbächen." Liebster Jesu, diese gnädige Verheißung hast du am heiligen Pfingstfest erfüllt, da du über die Apostel deinen Heiligen Geist reichlich ausgegossen und sie zu dem Werk tüchtig gemacht hast, die Gnade, die Vergebung der Sünden und die Seligkeit allen Völkern zu verkünden. Treuer Heiland, gib mir auch diese herrliche Gabe. Du werter Heiliger Geist, gieße dich in reichem Maße über mich aus, der du dich in Feuerflammen über den Aposteln geoffenbart hast. Erleuchte meinen Verstand, daß ich Jesum Christum erkenne; heilige meinen Willen, daß ich nichts begehre und wünsche als nur das, was dir gefällt. Wurden die Apostel durch dich mit Kraft aus der Höhe ausgerüstet, so stärke auch meinen Glauben, gib mir Mut und Kraft, in deinen Wegen

zu gehen, die Welt zu besiegen, den Sünden zu
widerstehen und als ein wahres Kind Gottes zu
leben. Du Geist der Gnaden und des Gebets, ver=
siegle in mir den Trost und die Freudigkeit, daß
ich in der Gnade Gottes stehe. Lehre mich recht an=
dächtig beten, ermuntere mich zur Andacht und
zum Lobe Gottes. Ruhe auf mir, du Geist der Weis=
heit, daß ich wissen und tun kann, was Gott gefällt;
ruhe auf mir, Geist des Verstandes, daß ich in
deiner Wahrheit wandle; erhalte mein Herz bei
dem Einigen, daß ich deinen Namen fürchte. Ruhe
auf mir, du Geist der Furcht des Herrn, pflanze
deine heilige Furcht in mein Herz, daß ich nimmer=
mehr mit Wissen und Willen sündige. Ruhe auf
mir, du Geist der Liebe, und reiße allen Zorn,
Eigensinn, Neid, alle Bosheit und Rachgier aus
meinem Herzen! Sei mein Tröster in allem Kreuz
und Trübsal, wenn die Fluten mich wollen ersäufen
und die Wellen über mir zusammenschlagen. Sei
meine Stärke, wenn ich schwach bin; hilf mir die
Lüste des Fleisches dämpfen; laß in mir wachsen
Glaube, Liebe, Demut, Hoffnung und Geduld. Sei
mein Führer, der mich allezeit leite auf ebener
Bahn, daß ich nicht wider Gottes Gebot tue. Sei
mein Lehrer, der mich in alle Weisheit leite und
Jesum in mir verkläre. Hilf, daß ich durch deine
Kraft Jesum einen Herrn heiße, meinen Erlöser,
und bewahre mich, daß ich nicht von dir weiche;
zeige mir den Weg, darauf ich wandeln soll, denn
mich verlangt nach dir. Wenn ich mich führen will,

so irre ich; wenn du mich aber führst, so laufe ich
den Weg deiner Gebote. Habe ich dich, werter Heiliger Geist, bisher betrübt, so trage ich darüber herzlich Leid; siehe, mein Herz stehet dir offen; kehre
darin mit deinen reichen Gnadengaben ein, befestige und erhalte in mir das gute Werk, das du
in mir angefangen hast. Schaffe in mir ein reines
Herz, tilge aus ihm alle Unarten, bösen Gewohnheiten und alle Herrschaft der Sünde. Nimm weg
das steinerne Herz und gib mir ein geheiligtes Herz
und laß es deinen Tempel sein. Bleibe auch, Heiliger Geist, bei mir in aller Not und im Sterben,
gib mir einen Blick der Herrlichkeit und einen
Vorschmack der ewigen Freude, wohin ich nach
dem Kampf gelangen soll.

Heil'ger Geist, du Kraft der Frommen, kehre bei mir Armen ein / Und sei tausendmal willkommen, laß mich deinen
Tempel sein. / Reinige du selbst das Haus meines Herzens,
wirf hinaus / Alles, was mich da kann scheiden von den
süßen Himmelsfreuden. / Schmücke mich mit deinen Gaben,
mach mich neu und rein und schön, / Laß mich wahre Liebe
haben und in deiner Gnade stehn. / Gib mir einen starken
Mut, hilf bezwingen Fleisch und Blut, / Lehre mich vor
Gott hintreten und im Geist und Wahrheit beten.   Amen.

Gesang

Mel.: O Gott, du frommer Gott

Das Pfingstfest freuet mich, weil Jesus seine Gaben /
Mit reichem Maß austeilt, die wünscht mein Herz zu haben; Mein Jesu, schenke mir auch deinen guten Geist, /
Der mich von mir zu dir und zu dem Himmel weist.

Ich leb in Finsternis, wo mich dein Geist nicht lehret, / Mein Herz bleibt unbelebt, wenn er es nicht bekehret / Und neue Lebenskraft in meinem Geist entzünd't, / Auch meine Glaubensmacht auf Jesum Christum gründ't.

Ich kann mich selber nicht in meinem Leiden trösten, / Ich brauche reichen Trost, wenn meine Not am größten, / Darum so stehe mir mit deinem Troste bei, / Daß ich ein Gotteskind auch in den Leiden sei.

Mein Jesu, gib mir doch, was ich dich hab gebeten, / Laß deinen guten Geist im Beten mich vertreten, / Daß ich in Frömmigkeit bring meine Tage hin / Und richte meinen Lauf nach deinem Wort und Sinn.

Herr, dein Geist helfe mir mein Fleisch und Blut bezwingen, / Daß ich in seiner Kraft mög gute Früchte bringen; / Ich sterbe williglich der Welt und Sünde ab, / Wenn ich den guten Geist zu meinem Führer hab.

Du sollst, o werter Geist, in meiner Seele bleiben, / Du sollst mich, o mein Licht, zu allem Guten treiben, / Ach, bleib du allezeit vereiniget mit mir, / Laß mich geschmücket sein mit deiner heil'gen Zier.

Und wird mein Wanderstab zuletzt im Sterben brechen, / So wirst du in dem Streit mir Trost und Mut zusprechen; / Ich geh durch Jesu Blut alsdann zur Freude ein / Und werde schön verklärt in Jesu Armen sein.

Dreieinigkeitsfest

Drei sind, die da zeugen im Himmel, der Vater, das Wort und der Heilige Geist, und diese drei sind Eins.

1. Joh. 5, 7.

Gebet

"Heilig, heilig, heilig ist Gott, der Herr Zebaoth, alle Lande sind seiner Ehre voll!" Du dreieiniger Gott, Vater, Sohn und Heiliger Geist, ich stimme mit allen Seraphim und Cherubim ein Loblied an, deine Hoheit, Majestät und Herrlichkeit zu besingen. Du einiges, unerforschliches und unbegreifliches Wesen, mein Glaube hält sich fest, einzig und allein an dein geoffenbartes heiliges Wort, darin du dich mir herrlich geoffenbart hast. „Das ist das ewige Leben, daß sie dich, Vater, und den du gesandt hast, Jesum Christum, erkennen". Ich bete dich an, ich ehre und preise dich, du Vater aller Gnade und Barmherzigkeit, der du dich als ein Vater auch mir kundgetan hast. Du bist auch der rechte Vater über alles, was da Kinder heißet im Himmel und auf Erden. Du hast bisher als ein gnädiger und liebreicher Vater auch mich ernährt, versorgt, bewahrt und erhalten, ja du ernährst und versorgst mich noch bis auf diese Stunde. Du barmherziger Vater, nimm dich doch meiner allezeit herzlich und väterlich an. Herr Jesu, Gottes Sohn, ich habe dich aus deinem heiligen Wort kennengelernt. Ich habe dich erkannt als meinen Bruder, der menschliches Wesen an sich genommen hat, um mich und alle Menschen zu erlösen. Darum freue ich mich in dir und bete dich an! Du bist mein Erlöser, Fürsprecher, Hoherpriester, Gnadenthron, mein Mittler, Seligmacher und Hirte; in dir habe ich das Leben und volle Genüge. Du bist das Opferlamm, das sich für meine Sünden dahingegeben hat, durch dich habe ich Zugang zur Gnade und zum Leben. In dir bin ich selig hier zeitlich und dort ewig. Du werter Heiliger Geist, der vom Vater und Sohn ausgeht, ein Geist des Vaters und des Sohnes, gleichen Wesens, gleicher Majestät und Herrlichkeit. Du hast auch mich wiedergeboren in der heiligen Taufe; durch dich bin ich zur Gnade gebracht, zum Licht und zum Leben, das aus Gott ist. Du bist der, der mich erleuchtet, heiligt und im rechten Glauben erhält. Du tröstest mich in allem Leiden, du erfreust mich in Traurigkeit und erquickst mich in Trübsal. Du Geist der Gnade und des Gebets, versiegle in mir den Trost, daß ich in Gnaden sei, gib Zeugnis meinem Geist, daß ich ein Kind Gottes bin. Erwecke mich zum Gebet, gib mir Andacht im Gebet, gib mir Freudigkeit nach dem Gebet. „Kommt, laßt uns anbeten und knien und niederfallen vor dem Herrn, der uns gemacht hat, denn wir sind sein Volk und Schafe seiner Weide; er ist unerforschlich in seinen Wegen und unbegreiflich in seinem Tun." Von ihm und durch ihn und zu ihm sind alle Dinge, ihm sei Ehre und Preis in Ewigkeit! Du dreieiniger Gott und Herr, laß mich in deiner Erkenntnis immer wachsen und zunehmen, gib, daß ich dich im Glauben ergreife und an deinem heiligen Wort festhalte, und was ich nicht begreifen kann, doch von Herzen glaube, bis ich aus dem Glauben zum Schauen gelangen werde. Mein Vater, decke mich mit deinen Gnadenflügeln und segne mich. Herr Jesu, wasche mich mit deinem heiligen Blut und segne mich. Heiliger Geist, erleuchte und segne mich, daß ich in deinem Lichte wandle und in deinem Lichte droben das ewige Freudenlicht erblicken möge.

Gelobet sei der Herr, mein Gott, der ewig lebet, / den alles rühmt und lobt, was in den Lüften schwebet. / Gelobet sei der Herr, des Name heilig heißt, / Gott Vater, Gott der Sohn und Gott der Heil'ge Geist. Amen.

Gesang
Mel.: Dreieinigkeit, der Gottheit

Ich glaub an Gott, von dem wir alle lesen, / Daß er von Ewigkeit her sei gewesen, / Und dessen Hand die Welt erschaffen hat, / Ein großer Gott voll Majestät und Rat.

Wer diesen Gott mit Namen recht will kennen, / Soll Vater, Sohn und Heilgen Geist ihn nennen; / Dies ist sein Nam, dabei die Christenheit / Ihn kennt und nennt jetzt und in Ewigkeit.

Der Vater hat der Welt das Sein gegeben, / Des Sohnes Blut hat uns gebracht das Leben, / Der Heil'ge Geist erleuchtet und bekehrt, / Und also wird das Gnadenreich vermehrt.

Ein wahrer Christ glaubts fest von Herzensgrunde, / Bekennts auch ohne Zweifel mit dem Munde, / Weil Gott sich selbst hat also kundgetan, / So glaubet er, was er nicht fassen kann.

Des Vaters Lieb hat er schon oft empfunden, / Er findet Trost in Jesu Blut und Wunden, / Wenn Gottes Geist ihn treibet, lehrt und rührt, / So folgt er gern, weil er ihn wohl geführt.

Mein Vater, laß mich deine Gnade finden, / Mein Jesu, mach mich frei von allen Sünden, / Gott Heil'ger Geist, nimm du mein Herze ein, / Dreiein'ger Gott, sei du auf ewig mein.

Michaelisfest (Die Engel)

Sind die Engel nicht allzumal dienstbare Geister, ausgesandt zum Dienst um derer willen, die ererben sollen die Seligkeit? Hebr. 1, 14.

Gebet

"Der Engel des Herrn lagert sich um die her, so ihn fürchten, und hilft ihnen aus." Barmherziger und liebreicher Gott, wie freue ich mich, daß du deine heiligen Engel mir zum Schutz und Beistand bestellt hast. Herr, was ist der Mensch, daß du sein gedenkst, und des Menschen Kind, daß du dich sein annimmst? Du Gott der Liebe, du hast nach deiner unaussprechlichen Güte nicht allein alle sichtbaren Geschöpfe, sondern auch die uns unsichtbaren Kreaturen, die heiligen Engel, zum Dienst verordnet, damit uns kein Übel widerfahre. Du weißt, liebreicher Vater, wie deine Kinder auf Erden mit vielerlei Gefahren und Elend umgeben sind, darum hast du ihnen Wächter bestellt, die um sie Tag und Nacht wachen und alles Übel abwenden sollen. Du weißt, wie viele und starke Feinde deine Gläubigen um sich haben, den Fürsten der Finsternis und sein Heer, darum hast du ihnen auch starke Helden gegeben, die deine Geliebten bewahren sollen. Mein Gott, wenn eine Woche, ein Monat, ein Jahr nach dem andern vorübergeht, darin meine gesunden Glieder unverletzt, mein Haus und Habe unversehrt, mein Gang ohne

Fall und Anstoß bleibt, sollte ich solches nicht deiner Vatertreue zuschreiben, die mich durch deine Diener erhalten und behütet hat? Wieviel Gefahr hast du durch den mächtigen Schutz deiner heiligen Engel abgewendet, davon ich nichts ge= wußt! Dafür sei hoch geliebt und gelobt von nun an bis in Ewigkeit. Ich bitte dich auch, liebreicher Vater, befiehl deinen Engeln ferner, daß sie kom= men und mich bewahren. Laß sie bei mir sein in allen Nöten, laß sie das Unglück von mir treiben, laß sie meine Nahrung und täglich Brot behüten, laß sie um mich her lagern und mir aushelfen und mich begleiten. Du gütiger Gott, verleihe mir deinen Heiligen Geist, daß ich diese deine heiligen Geschöpfe nicht mit meinen Sünden betrübe oder mit meinem ruchlosen Leben von mir treibe. Gib, daß ich den Engeln in diesem Leben schon gleich werde in deinem Dienst, Lob, Gehorsam und Preis, damit ich auch den Engeln gleich werden möge in der frohen Ewigkeit. Mein Gott, laß deine heiligen Engel bei mir auch im Sterben bleiben, damit sie alsdann meine Seele zu deiner Herrlichkeit begleiten. Laß mich in der Gemein= schaft der Engel in Ewigkeit sein, mit ihnen das: „Heilig, heilig, heilig ist Gott der Herr Zebaoth!" anstimmen, und dich, wie für alle, so auch für diese Wohltat ewig loben und preisen.

Und endlich, wenn ich scheide, so führe mich zur Freude auf ihren Armen ein, / Da werd ich dich erst loben und in dem Himmel droben dir und den Engeln ähnlich sein. Amen.

Gesang

Mel.: O Gott, du frommer Gott

Der Engel güldnes Heer, die immer vor Gott stehen / Und seine Majestät in hellem Glanze sehen, / Die werden täglich noch zu unserm Dienst gesandt, / Und was uns schaden kann, wird durch sie abgewandt.

Wenn Satan und die Welt und andre Feinde wüten, / So sind die Engel da, die unsern Tritt behüten; / Sie wenden von uns ab Leid, Unglück und Gefahr, / Ihr Auge schlummert nicht, sie wachen immerdar.

Und bricht der Wanderstab in unsern Lebenstagen, / So werden sie die Seel ins Freudenleben tragen, / Zur Ruhe nach der Last, zur Krone nach dem Streit, / Zur Freude nach der Angst, zum Troste nach dem Leid.

Herr Gott, wir danken dir für alle deine Gaben, / Und daß wir auch von dir zum Schutz die Engel haben; / Die Helden send uns auch in aller Angst und Not / Und laß sie bei uns sein im Leben und im Tod.

Verleih mir deine Gnad, daß ich allhier auf Erden / Mit stetem Lob und Preis den Engeln gleich mög werden / Und deinen Willen tun, damit nach dieser Zeit / Ich leb den Engeln gleich in deiner Herrlichkeit.

Da soll dein Lob und Ruhm in Ewigkeit erklingen, / Da will ich hocherfreut das Dreimal Heilig singen, / Mit aller Engel Chor und auserwählten Schar; / Dies ist mein Herzenswunsch. Amen, es werde wahr!

Erntedank

Sie will nicht wissen, daß ichs sei, der ihr gibt Korn, Most und Öl, und ihr viel Silber und Gold gegeben, das sie haben dem Baal zu Ehren gebraucht. Darum will ich mein Korn und Most wieder zu mir nehmen zu seiner Zeit, und meine Wolle und Flachs entwenden. Hos. 2, 8—9.

Gebet

Danket dem Herrn, denn er ist freundlich und seine Güte währet ewiglich. Also spreche ich, mein Gott, da ich wieder die gesegnete Erntezeit erlebt habe. Du gnadenreicher Gott, wie groß ist deine Güte, die du uns erweisest. Du hast, liebreicher Vater, dieses Jahr mit deinem Gut gekrönt; deine Fußstapfen triefen von Fett; du hast die Berge von oben her befeuchtet; du hast das Land voll Früchte gemacht, die du schaffest. Treuer Vater, du hast dieses Jahr uns, deinen undankbaren Kindern, Speise und Trank geschenkt; du hast unsere Ernte behütet und die Erde mit Korn und Most erfüllt; du hast uns Früh= und Spätregen zu rechter Zeit gegeben. Unsere Bäume haben schöne und liebliche Früchte durch deine Gnade getragen, und der Weinstock hat uns erfreut. Liebreicher Gott und Vater, du hast das Feld und das ganze Land mit deinen Gnadenflügeln bedeckt, du hast die Sonne scheinen lassen zu rechter Zeit, daß alles zur Reife gekommen ist; du hast unsere Felder vor Hagel= schlag, Brand, Dürre und Überschwemmung be= hütet. Wenn wir schliefen, so wachtest du; du warst unserer Felder Hüter und Schutzherr. „Herr, deine Werke sind groß und viel, du hast sie alle weislich geordnet und die Erde ist voll deiner Güter." Alle Kreaturen, Menschen und Vieh warten auf dich, daß du ihnen Speise gebest zu seiner Zeit; wenn du ihnen gibst, so sammeln sie, wenn du deine

Hand auftust, so werden sie mit Gütern gesättigt.
Du hast uns, reicher Gott, dieses Jahr mit deinen
Gütern reichlich gesegnet. Dafür danken wir dir von
Grund unserer Seelen. Kommt, laßt uns beten und
knien und niederfallen, lasset uns mit Danken in
sein Haus kommen. Lasset uns mit dankbarem
Herzen sagen: Der Herr hat Großes an uns getan,
ja, der Herr hat Großes an uns getan, des sind
wir fröhlich! Herr, laß uns deine Gaben und
Wohltaten nicht mißbrauchen, sondern daraus deine
Liebe und deine Vatertreue erkennen. Wenn ja
etliche Undankbare mit Schwelgerei und Undank
deine Gaben verachten, so entziehe uns deswegen
deinen Segen nicht, sondern erhalte ihn uns nach
deiner Barmherzigkeit. Der du uns je und je geliebt
und uns durch deine Wohltaten zu dir ziehst, daß
wir aus den Gaben den Geber erkennen sollen,
hilf, daß uns deine Güte zur Buße leite, daß, wenn
wir deine Gaben auf dem Tische vor uns sehen,
wir allezeit unsere Augen aufheben zu dir, du
Brunnquell alles Segens! Und wie du durch diese
Gaben unsern Leib erhältst, so laß uns auch an
dem inwendigen Menschen durch deine Gnaden=
mittel zunehmen, daß wir in dem Guten wachsen
und von einer Klarheit zur andern gelangen, bis
wir einst in das ewige Leben durch Jesum Christum
aufgenommen werden.

Gottes Brünnlein hat getränket und gefeuchtet unser
Land; / Was geschadet und gekränket, hat Gott mächtig abgewandt, / Mond und Sterne, Sonnenschein haben müssen

kräftig sein, / Daß die Erde Frucht gegeben, zu erhalten
unser Leben. / Weil denn, eh wir es vermeinen, auch die
Ernte dieser Welt / Endlich wird gewiß erscheinen, da zu
schicken hat bestellt / Jesus seine Engelein, o so laßt uns
Weizen sein, / Den sie unter Jubilieren in die Himmelsfreude führen. Amen.

Gesang
Mel.: Nun lob, mein Seel den Herren

Sieh, es ist Gottes Segen mit großen Freuden eingebracht, / Wie sollten wir deswegen auf Gottes Lob nicht
sein bedacht? / Gott hat das Jahr gesegnet mit seinem großen Gut, / Und auf uns ist geregnet des Segens reiche Flut; /
Wie viel sind doch die Gaben, die er uns zugewandt, / Die
wir empfangen haben aus seiner Vaterhand.

Die Menschen auf der Erden und was da lebt, das Vieh
zugleich, / Kann nur gespeiset werden, so ist von Segen alles
reich; / Des weisen Schöpfers Güte gibt jedem seine Speis, /
Darum soll das Gemüte ausbreiten Gottes Preis; / So vielen Kreaturen zu schaffen Unterhalt, / Das sind wahrhaftig
Spuren der göttlichen Gewalt.

Drum laßt uns dankbar werden, je reichlicher wir sind
beschenkt; / Gleich wie sich zu der Erden das Haupt der
vollen Ähren senkt. / So lasset uns in Stille, in Demut,
Dankbarkeit / Annehmen diese Fülle in dieser Gnadenzeit; /
Je mehr uns Gott gegeben, je mehr soll Herz und Mund /
Die große Gnad erheben zu jeder Zeit und Stund.

Ja, denkt bei diesen Gaben, die wir empfangen in der Zeit, /
Was zu erwarten haben die Gläubigen in Ewigkeit, / Was
in dem Freudenleben für reichen Überfluß / Uns Gott wird
ewig geben zum seligen Genuß; / Das lasset uns erwägen
von nun an spät und früh, / Damit auch dieser Segen hinauf zu Gott uns zieh.

Ein anderer Gesang

Mel.: Zeuch ein zu deinen Toren

Die Ernte ist geschehen, die Frucht ist eingebracht, / Wir können alle sehen, wie wohl uns Gott bedacht; / Der wunderbare Gott, / Der, was da lebt, ernähret, hat wiederum bescheret, / Was uns dies Jahr ist not.

Betrachtet seine Wunder, sprecht: Das hat Gott getan! / Ein jeder schaue munter die schönen Gaben an, / Und laßt uns fröhlich sein, / Ja lobt den, der uns liebet, und sammelt was er gibet, / Mit Herzensfreuden ein.

Der Himmel hat erhöret die Erd zu seiner Zeit, / Kein Unglück hat gestöret des Feldes Fruchtbarkeit, / Der Regen macht es weich, / Der Sonne Wärme spielte, des Höchsten Hand erhielte / Und machte uns so reich.

Beschaut die Segensspuren an diesem Tag mit Fleiß, / Für alle Kreaturen ist nun gewachsen Speis; / Der weise Schöpfer hat / Der Kreatur das Leben und auch die Speis gegeben / Aus lauter Lieb und Gnad.

Herr, wenn wir dich verlassen und wenn wir haben satt, / Mit diesen Gaben prassen, die man in Händen hat, / So ist es dir gar leicht, / Den Vorrat zu vermindern, daß von den bösen Kindern / Gar aller Segen weicht.

Du füllest uns die Hände, o Gott, mit Überfluß, / Allein zu solchem Ende, damit in dem Genuß / Wir loben, der uns liebt, / Und daß wir in dem Essen des Gebers nicht vergessen, / Der alles reichlich gibt.

Herr, zeuch uns von der Erden durch diese Gab zu dir, / Auf daß wir himmlisch werden und bleiben für und für; / So danken wir dir heut / für das, was wir empfangen, und was noch zu erlangen, / Erwarten wir mit Freud.

VII

Besondere Gebetsanliegen

In Kriegsnot

Ach Herr, sieh doch, wie bange mir ist, daß mirs im Leibe
wehe tut. Mein Herz wallet mir in meinem Leibe, weil
ich so gar ungehorsam gewesen bin. Draußen hat mich
das Schwert und im Hause hat mich der Tod zur Witwe
gemacht. Klagl. Jer. 1, 20.

Gebet

Gnädiger Gott, wir kommen mit gebeugtem
Herzen vor dein allerheiligstes Angesicht und be=
jammern das große Elend, in das uns unsere
vielen Sünden und dein gerechter Zorn gesetzt
haben. Herr, wir wohnten unter deinem Schutz
sicher, uns durfte kein Schwert schrecken, wir gin=
gen ruhig zu unseren Toren aus und ein und ge=
nossen ungestört der Früchte des Landes. Aber
nun, großer Gott, hast du deinen Schutz und den
Frieden von uns genommen, daher hat sich der
Feind aufgemacht, er hat das Schwert gezückt, er
droht, die Städte zu verderben und unser Land
einzunehmen. Was sollen wir in solcher Angst
sagen? Wir müssen gestehen, daß wir diese Rute
der Züchtigung längst verdient haben; wir haben
leider den Frieden und die gute Zeit mißbraucht.
Da wir uns erbauen sollten und in deiner Furcht

wandeln, dir dienen und gehorsam sein, ist bei uns leider Entheiligung des Sonntags, Mißbrauch deines heiligen Namens, Ungerechtigkeit und Bosheit mit den abscheulichsten Lastern im Schwange gewesen. Wir schämen uns, gnädiger Gott, unsere Greuel alle zu erzählen, die ohnedies in den Himmel schreien. Barmherziger Gott, gedenke doch nicht unserer Missetaten, deren so viel sind wie des Sandes am Meer, sondern gedenke unser nach deiner großen Barmherzigkeit um deiner Güte willen. Wir liegen hier vor dir mit unserem Gebet, nicht auf unsere Gerechtigkeit, sondern auf deine große Gnade und Barmherzigkeit. Wir haben gesündigt, Unrecht getan, sind gottlos gewesen und abtrünnig geworden und von deinen Geboten gewichen. Herr, strafe uns nicht in deinem Zorn und züchtige uns nicht in deinem Grimm. Erbarmer, erbarme dich über uns! Willst du nach unsern Sünden und deiner Gerechtigkeit mit uns handeln, so wird der Feind unsere Habe vertilgen und verbrennen und uns überwältigen, und es wird kein Erretter da sein. Mächtiger Schutzherr der Elenden, stehe auf, daß Menschen nicht die Oberhand gewinnen. Du kannst uns mit Stärke zum Streit rüsten, du kannst unter uns werfen, die sich wider uns setzen. Auf dich steht all unser Vertrauen und Hoffnung in dieser großen Not. Wenn Menschen wider dich wüten, so legst du Ehre ein. Gott, wie lange soll der Widerwärtige schmähen und der Feind deinen Namen lästern, als ob uns niemand

aus seiner Hand erretten könnte? Errette uns, Gott
unsers Heils, und vergib uns unsere Sünden um
deines Namens willen. Nimm dem Feind den
Mut, vertreibe ihn und wache über unserem Land.
Laß doch bald den Frieden blühen und wende die
Gefahr, darin wir schweben. Herr, dir gebührt die
Ehre, daß du Schwerter zerbrichst, Spieße zer=
schlägst und Wagen mit Feuer verbrennst. Erhöre
das Schreien derer, liebreicher Gott, die jetzt in
Gefahr und in des Feindes Händen sind und manche
Schmach und Unbarmherzigkeit erdulden. Er=
barme dich der Armen, der Witwen, der alten
Leute, der Kinder und Unmündigen, welche nicht
entfliehen können. Mache dem schädlichen Krieg
ein baldiges Ende und erhöre unser Gebet um
deiner Güte und Barmherzigkeit willen.

O großer Gott von Treu, weil vor dir niemand gilt /
Als dein Sohn Jesus Christ, der deinen Zorn gestillt, / So
sieh doch an die Wunden sein, die große Angst und bittre
Pein, / Um dessen willen schone und nicht nach Werken
lohne. Amen.

Gesang

Mel.: Ach, was soll ich Sünder machen

Was für Jammer, was für Schrecken bringt uns doch die
Kriegesnot, / Die uns jetzt, erzürnter Gott, soll vom Sün-
denschlaf erwecken! / Angst und Not vermehren sich; großer
Gott erbarme dich!

Ach, das Schwert ist scharf gewetzet, welches uns erwür-
gen soll, / Ja, der Feind ist Zornes voll, der sich schon das
Ziel gesetzet, / Wie durch seine große Macht alles werde um-
gebracht.

Alles stehet voller Jammer, alles zittert, alles weicht, / Wer nur fliehen kann, der fleucht, sogar die verborg[ne] Kammer, / Täler, Wälder, Wüstenei sind von Feindes Fu[ß] nicht frei.

Höre, wie die Armen weinen, wenn man ihnen alles nimmt / Und zur Knechtschaft sie bestimmt, wenn die Feuerflammen scheinen, / Wenn der Feind verheert, verbrennt, Daß man kaum den Ort noch kennt.

O der schrecklichen Gerichte, welche jetzt dein Zorn ausübt / Gegen die, so dich betrübt! Alles macht der Feind zunichte, / Wenn du nicht, o Gott, aufwachst und zur Hilfe dich aufmachst.

Herr, wir fallen dir zu Fuße, rett uns doch aus dieser Not, / mächtiger Herr Zebaoth! Ach, wir tun von Herzen Buße, / Schone, lieber Vater, schone, sieh uns an in deinem Sohne.

Dessen Blut sieh an in Gnaden, tilg damit die Missetat, / Welche dich erzürnet hat; laß den Feind uns nicht mehr schaden, / Gib ihm nimmermehr den Sieg, großer Gott, in diesem Krieg.

Herr, zerbrich des Feindes Waffen und nimm ihm den stolzen Mut, / Räche das vergoss'ne Blut, nimm weg die verdienten Strafen, / Baue, was da liegt verheert, richt auf, was ist umgekehrt.

Laß den Feind bald von uns ziehen, schließ des Jammers Pforten zu, / Schenk uns nach der Trübsal Ruh; laß den edlen Frieden blühen, / Bringe das verwüst'te Land wiederum in guten Stand.

So soll, Herr, dein Lob erklingen, es soll sagen jedermann: / Siehe, das hat Gott getan; und wir wollen fröhlich singen: / Lobet Gottes Lieb und Gnad, der dem Krieg gesteuert hat!

Ja, wir wollen hinfort leben in der wahren Frömmigkeit / Und dir jetzt und allezeit, unser Herz zum Opfer geben: / Also soll nach bitterm Schrein unser Mund voll Rühmens sein.

Bei anhaltender Nässe

Siehe, ich will eine Sintflut mit Wasser kommen lassen auf
Erden, zu verderben alles Fleisch, darinnen ein lebendiger Odem ist, unter dem Himmel. Alles, was auf Erden
ist, soll untergehen.   1. Mos. 6, 17.

Gebet

Großer und majestätischer Gott, der du den
Himmel ausgebreitet und die Erde gegründet und
alles erschaffen hast, was da lebet, webet und ist;
wie schnell kannst du die Gestalt der Erde ver-
ändern und ihre Schönheit und Zierde wegnehmen.
Das erfahren wir jetzt besonders, da du die Fenster
des Himmels aufgetan hast und ohne Aufhören
den Regen herabfallen lässest. Die Sonne entzieht
uns ihre Strahlen; das Auge erblickt nichts als
schwere und trübe Wolken, welche das Erdreich
mit Wasser bedecken; die Früchte des Feldes kommen der Fäulnis nahe. Herr, siehe doch diesen
unsern Jammer an und erbarme dich über uns!
Mit unsern Sünden haben wir es wohl verdient,
daß du uns deinen Segen entziehst, aber laß Gnade
für Recht ergehen und gedenke unser im besten.
Du hast uns ja die teure Zusage getan, daß du die
Erde und ihre Bewohner nicht mehr mit Wasser
vertilgen wollest. Du Gott voller Gnaden, so

schließe die Fenster des Himmels, daß der Regen aufhöre. Heitere den trüben Himmel auf und laß das schöne Sonnenlicht wieder leuchten, daß das Gras wachse für das Vieh und die Saat zum Nutzen der Menschen. Erweiche unsere harten Herzen durch deine Güte und Treue, daß wir uns redlich bessern und bis an unser Ende vor dir wandeln, wie es dir gefällig ist. Und endlich nimm uns in Gnaden auf in dein ewiges himmlisches Reich.

Heilig, heilig, heilig werde, Gott, dein Name stets genannt, / Denn der Himmel und die Erde machen deinen Ruhm bekannt; / Deine Güte, deine Macht, Weisheit, Majestät und Pracht / Hat doch nirgends ihresgleichen, Gott, wer kann dein Lob erreichen? Amen.

Gesang
Mel.: Freu dich sehr, o meine Seele

Soll der Himmel allzeit weinen? / Soll er stets bedecket stehn? / Soll uns keine Sonn mehr scheinen? / Soll man sie nicht wieder sehn? / Willst du denn, erzürnter Gott, nicht ansehen unsre Not? / Siehe, durch des Regens Triefen schwellen auf fast alle Tiefen.

Ach, es will der Himmel weinen, weil niemand die Sünd beweint, / Wer ist doch von Groß und Kleinen, der es jetzt mit Gott recht meint? / Wo ist Buße, Frömmigkeit, wahre Lebensheiligkeit? / Drum kann, ob wir heftig schreien, keine Hilfe uns gedeihen.

Herr Gott, tu dich doch erbarmen, halte doch den Regen ein; / Höre das Geschrei der Armen, gib uns warmen Sonnenschein; / Sieh, wir kommen in der Zeit, unsre Sünden sind uns leid, / Und daß wir zu unserm Schaden solche Straf auf uns geladen.

Schenk uns doch die Sonne wieder, Herr Gott, so soll unser Mund / Singen Dank- und Freudenlieder, denk doch an den Gnadenbund, / Den der Regenbogen weist und uns deine Gnad verheißt; / Laß uns sehen aufgerichtet, was der Regen hat vernichtet.

Wenn du dies Gebet erhörest und uns schenkst der Sonne Glanz, / Wenn du wiederum bescherest, was da schien entzogen ganz; / Wollen wir zu aller Zeit preisen deine Gütigkeit, / Daß du Sonne, Licht und Leben wiederum uns hast gegeben.

Bei anhaltender Dürre

Elias war ein Mensch, gleichwie wir; und er betete ein Gebet, daß es nicht regnen sollte, und es regnete nicht auf Erden drei Jahre und sechs Monate; und er betete abermal, und der Himmel gab den Regen, und die Erde brachte ihre Frucht. Jak. 5, 17—18.

Gebet

Herr, unser Gott, der du bist gnädig, barmherzig, geduldig und von großer Güte und Treue, hilf uns in der großen Not, die uns betroffen hat, und errette uns gnädiglich. Du hast einst deinem Volke gedroht, wenn es deiner Stimme nicht gehorchen würde, so wollest du den Himmel über seinem Haupte ehern und die Erde unter seinen Füßen eisern machen, so wollest du seinem Lande Staub und Asche für Regen geben. Es ist, als ob auch über uns der Himmel ehern und die Erde unter uns eisern geworden sei. Wie traurig sieht es auf unsern Feldern und Wiesen aus! Menschen und Tiere lechzen vor großer Hitze, die Bäume ver-

dorren, das Gras verwelkt, die Früchte können
nicht wachsen! Bäche und Brunnen vertrocknen.
Herr, sieh doch drein und mache unserer Not ein
Ende! Freilich, wenn wir an unsere Sünden denken,
so hätten wir noch viel härtere Strafen verdient.
Aber, Vater der Barmherzigkeit, sei gegen uns
arme Sünder barmherzig und wende dein gnädi=
ges Angesicht wieder zu uns; erquicke uns mit
einem fruchtbaren und durchdringenden Regen, daß
Menschen und Vieh wieder Nahrung und Unter=
halt finden mögen. Um Jesu Christi willen erhöre
unser Flehen und erbarme dich unser! Heilige
uns durch und durch, daß wir unsträflich bewahrt
werden auf den Tag Jesu Christi. Erhöre uns,
lieber Vater im Himmel, um deiner Liebe willen.

Amen, das ist, es werde wahr, du wollest es erfüllen, /
Erhör und hilf uns immerdar um Jesu Christi willen; /
Denn dein, o Herr, ist allezeit von Ewigkeit zu Ewigkeit /
Das Reich, die Macht, die Ehre. Amen.

Gesang

Mel.: Zion klagt mit Angst und Schmerzen

Nun der Himmel bleibt verschlossen lange Zeit, du großer
Gott, / Weil kein Regen sich ergossen, häufet sich auch unsre
Not; / Man sieht alles traurig stehn und nach frischem Was=
ser gehn; / Menschen, Vieh, Laub, Gras und Ähren deinen
Regentau begehren.

Zwar wir habens wohl verdienet, daß der Himmel ehern
ist, / Daß auch unser Feld nicht grünet, weil du lange zornig
bist / Über uns, die früh und spat häufen ihre Missetat;

Weil wir harte Herzen haben, soll uns auch kein Regen
laben.

Weil wir nicht die Sünde fliehen, wenig achten Gottes
Wort, / Muß der Regen sich verziehen fern von unsrem
Land und Ort; / Andre sehn im Überfluß deines Regens
Segensguß, / Nur auf unsre dürren Auen willst du nicht in
Gnaden schauen.

Ach, erbarme dich in Gnaden über uns und unser Land, /
Laß uns doch nicht ferner schaden der erhitzten Sonne
Brand; / Schließ den Himmel wieder auf, laß dem Regen
freien Lauf; / Laß den Regen uns erblicken, Menschen, Vieh
und Feld erquicken.

Bei Teuerung und Hungersnot

Du Menschenkind, siehe, ich will den Vorrat des Brotes zu
 Jerusalem wegnehmen, daß sie das Brot essen müssen nach
 dem Gewicht und mit Kummer, und das Wasser nach dem
 Maß mit Kummer trinken.   Hesek. 4, 16.

Gebet

Gerechter Gott, der du einem jeden gibst nach
seinen Werken und lässest Zorn, Trübsal und Angst
kommen über die, so da Böses tun, wir kommen
vor dein allerheiligstes Angesicht und schämen uns,
daß wir uns so an dir versündigt haben, daß du
uns mit Hunger zum Gebet und Gehorsam zwin=
gen mußt. Wie reichlich hast du uns in den vori=
gen Jahren gespeist! Wir haben Brot die Fülle
gehabt, die Erde brachte uns die lieblichsten und
schönsten Früchte. Diese Gaben hätten uns zu dir,
dem reichen Geber, ziehen und zur Buße locken

sollen. Aber wie schändlich sind deine Güter zum Wohlleben und Überfluß mißbraucht worden, so daß die Kreatur selbst über uns geseufzt, daß sie von Menschen mit undankbaren Herzen und Händen empfangen worden. Was Wunder, daß ein fruchtbares Land nichts trägt um der Sünden derer willen, die darin wohnen! Du strafst uns mit Teuerung, Mangel und Dürre, daß die Erde ihre Früchte kärglich gibt. Herr, höre das Schreien der Armen, die um Brot bitten und nicht satt werden. Nimm doch das Winseln der Kinder zu Herzen, das Klagen der Eltern, den Jammer, der in der Stadt und auf dem Lande alle Häuser erfüllt. Es scheint, du habest den Segen von unserer Speise genommen; wir essen und werden nicht satt, wir nehmen Speise zu uns und verschmachten fast vor Hunger, und das Vieh ruft um Futter zu seinem Schöpfer. Herr, gnädig, barmherzig, geduldig und von großer Güte, erbarme dich über uns, kehre dich wieder mit deinem Segen zu uns, den du uns entzogen hast. Deine Brünnlein haben Wassers die Fülle, darum suche das Land heim und wässere es selbst. Laß die Teuerung aufhören, wende dich wieder in Gnaden zu uns, sättige die Hungrigen, erfreue die Armen, segne unser weniges Brot, das wir mit Kummer täglich zu uns nehmen. Nun erkennen wir, daß wir nicht allein vom Brot leben können, sondern am meisten von jedem Segenswort, das aus deinem Munde geht und wodurch du Kraft in unsere Speise legst. Laß das Feld bald mit

Früchten wieder erfüllt werden; laß den geringen Vorrat genug sein zur Erhaltung vieler. Laß dein Wort unsere Speise allewege sein, uns damit zu nähren, denn das ist unseres Herzens Trost; wir wollen dich für diese Gnade rühmen und preisen unser Leben lang.

Ach Herr, sieh an die große Not, entzieh uns nicht das liebe Brot, schütt deinen Segen aus; / Du bist ja unsre Zuversicht, drum bitten wir, verstoß uns nicht. Amen.

Gesang

Mel.: Zion klagt mit Angst und Schmerzen

Mit den scharfen Zornesruten machst du, o erhabner Gott, / Unser hartes Herze bluten; ach, die bittre Hungersnot/ Drohet uns den Untergang, sie macht unsrer Seele bang. / Jammer hat uns ganz umgeben, da wir solche Not erleben.

Mangel drücket Große, Kleine, unser Vorrat ist dahin; / Mangel schwächt uns Mark und Beine, Mangel quält uns immerhin; / Mangel, ruft der Arme aus, Mangel ist im reichen Haus, / Mangel hat uns aufgerieben, daß uns nichts ist übrig blieben.

Herr, das machen unsre Sünden, diese steigen himmelan, / Daß man keine Hilf kann finden, die dem Mangel steuern kann; / Frechheit und Halsstarrigkeit bringt uns dieses Herzeleid, / Ungehorsam und Wohlleben müssen diesen Lohn uns geben.

Schau doch, wie die Kinder jammern: Ach, wir sind ja noch nicht satt; / Auf dem Feld und in den Kammern liegen viele müd und matt; / Dort sieht man viel Arme stehn, die um

Brot und Hilfe flehn, / Ja, man hört das Vieh auch brüllen, es will seinen Hunger stillen.

Herr, du hast hinweggenommen deinen Segen von dem Brot, / Und von daher ist gekommen diese Teuerung, diese Not, / Unsre Speise sättigt nicht, welch ein schreckliches Gericht! / Hunger bleibt auch in dem Essen, und der Speis ist bald vergessen.

Herr, wir fallen vor dir nieder, rette uns von dieser Last, / Gib uns deinen Segen wieder, den du uns genommen hast; / Laß die Äcker wieder blühn nach dem Säen und Bemühn, / Laß sie reiche Früchte bringen, laß den Segen zu uns dringen.

Speis uns nur mit deinem Worte, wenn es uns an Brot gebricht; / Wenn wir klopfen an die Pforte, Vater, so verstoß uns nicht; / Dieses wahre Lebensbrot stärke uns in dieser Not, / Auf der reichen Seelenweiden ist leicht leiblich Hunger leiden.

Laß uns wieder Gnade finden, laß durch deine Segensflut / Diese Teurungsnot verschwinden, so wird alles wieder gut; / Dann soll unser Herz und Mund alle Tag und alle Stund / Sprechen: Gott hat Brot und Leben uns aus Gnaden wieder geben.

Bei schwerer Seuche

Wenn du der Stimme des Herrn deines Gottes nicht gehorchen wirst, so werden alle diese Flüche über dich kommen. Der Herr wird dir die Pestilenz anhängen, bis er dich vertilge; der Herr wird dich schlagen mit Geschwulst, Fieber, Hitze, Brand, Dürre, giftiger Luft und Gelbsucht und wird dich verfolgen, bis er dich umbringe.

5. Mos. 28, 15. 21. 22.

Gebet

Starker und allmächtiger Gott, groß ist dein Zorn gegen die mutwilligen Sünder, welche sich durch deine Wohltaten nicht zur Buße leiten lassen. Du handelst eine Zeitlang mit den Menschenkindern wie ein liebreicher Vater, der die Ungehorsamen zu sich lockt, hernach aber, wenn sie deine Gnade auf Mutwillen ziehen, beweisest du dich als ein strenger Richter. Dies erfahren wir jetzt auch; gerechter Gott, wir hören, daß an vielen Orten sich die Seuche zeigt, welche viele Menschen dahinrafft, so daß fast in jedem Hause Tote sind und sich nicht Hände genug finden, sie zu begraben. Das macht dein Zorn, daß sie so verderben, und dein Grimm, daß sie so plötzlich dahin müssen. Haben wir nicht hohe Ursache, zu befürchten, du werdest das um sich greifende Übel in unsere Grenzen und in unsere Stadt schicken? Wir dürfen, eifriger Gott, gar nicht jene allein meinen, daß Sünder vor andern sind, welche du diese scharfe Rute empfinden lässest; wir müssen vielmehr bekennen, daß wir alle wert sind, auch so umzukommen. Es findet sich bei uns Verachtung deines heiligen Wortes und der heiligen Sakramente, Halsstarrigkeit, Üppigkeit, Hurerei, Ungerechtigkeit, Wollust, Stolz, ja es ist keine Furcht Gottes im Lande; die Heiligen haben abgenommen und der Gläubigen sind wenig unter den Menschen. Willst du nun Sünde zurechnen, Herr, wer kann vor dir bestehen? Herr, wir halten dir vor dein Wort: Ihr sollt mein Antlitz suchen, darum suchen wir auch, Herr, dein Antlitz. Du willst nicht den Tod des Sünders, sondern daß er sich bekehre und lebe; darum schuldigen wir uns an und tun Buße im Staub und in der Asche. „Sieh nicht an unsere Sünden groß, sprich uns davon aus Gnaden los, steh uns in unserm Elend bei, mach uns von aller Strafe frei." Wir haben gesündigt mit unsern Vätern, wir haben mißgehandelt und sind gottlos gewesen. Befiehl doch dem Würgengel, der das Racheschwert führt, daß er ablasse und sage: es sei genug. Sind wir keiner Gnade wert, so sind wir ihrer doch bedürftig; sind wir alle Kinder des Todes, so hast du doch den Bußfertigen verheißen, du wollest Gnade für Recht ergehen lassen. So schenke uns deine Gnade und das Leben um Jesu, unsers einigen Fürsprechers, willen; erbarme dich, erbarme dich, Gott, unser Erbarmer, über uns; sei uns gnädig, verschone uns, lieber Herr, sei uns gnädig, hilf uns, lieber Herre Gott! Erbarme dich der Armen und Elenden, welche durch die heftige Seuche angegriffen sind und die Hunger und Kummer leiden müssen, aller Pflege beraubt und von allen Menschen verlassen sind. Stehe ihnen mit Trost bei, und dein Geist gebe Zeugnis ihrem Geist, daß sie Kinder Gottes sind, wenn sie gleich an dieser Plage sterben müßten. Herr, erhöre unser Gebet, schütze unser Vaterland, so wollen wir sagen: Der Herr hat Großes an uns getan!

Ach Herr Gott, durch die Treue dein mit Trost und Rettung uns erschein; / Beweise uns dein große Gnad und straf uns nicht auf frischer Tat; / Steh uns mit deiner Güte bei, Dein Zorn und Grimm fern von uns sei. Amen.

Gesang

Mel.: Wenn mein Stündlein vorhanden ist

Welch große Angst und Herzeleid läßt Gott uns jetzt erleben, / Da wir in dieser Jammerzeit in Todesnöten schweben / Und fast, o schreckliches Gericht, vor des Würgengels Angesicht erzittern und erbeben.

O Gott, wir fallen dir zu Fuß, ach Vater, schone, schone, / Wir tun mit Tränen herzlich Buß vor deinem Gnadenthrone; / Gedenke nicht, was wir getan, und sieh uns doch in Gnaden an in Christo, deinem Sohne.

In Jesu Wunden wollen wir im Glauben uns einhüllen; / Wir bringen hier sein Blut vor dir; um dieses Blutes willen / Wirst du uns Armen gnädig sein, dies heiße Blut kann doch allein die Zornesfluten stillen.

Verleih uns doch gesunde Luft und schenke uns das Leben; / Vertreib den giftgen Pestesduft; wirst du uns dieses geben, / So sollen Herze, Geist und Mund dein Lob und Ruhm zu aller Stund mit tausend Dank erheben.

Bei Friedensschluß

Kommt her und schauet die Werke des Herrn, der auf Erden solch Zerstören anrichtet, der den Kriegen steuert in aller Welt, der Bogen zerbricht, Spieße zerschlägt und Wagen mit Feuer verbrennt. Seid stille und erkennet, daß ich Gott bin, ich will Ehre einlegen unter den Heiden, ich will Ehre einlegen auf Erden. Der Herr Zebaoth ist mit uns, der Gott Jakobs ist unser Schutz. Psalm 46, 9—12.

Gebet

Herr, gnädig, barmherzig und von großer Güte, du hast aus gerechtem Gerichte bisher den Frieden von unserm Lande genommen, weil wir die guten Tage und den Frieden mißbraucht haben; du hast die Feinde uns zur Strafe gerufen, die mußten das Schwert ziehen, würgen, das Land verheeren und uns mit Furcht und Schrecken erfüllen. Wenngleich wirs wohl verdient hätten, daß dieser Krieg uns gar verderbt hätte, so hast du doch mitten im Zorn an Gnade gedacht, und hast den Regierenden Gedanken des Friedens gegeben, wofür wir dir herzlich und mit Freuden danken. Das Schwert muß auf deinen Befehl wieder in die Scheide fahren! Die Geflüchteten kommen wieder, und wir können aus unsern Toren wieder ruhig und ohne Gefahr aus- und eingehen. "Preise, Jerusalem, den Herrn, lobe, Zion, deinen Gott, denn er macht fest die Riegel deiner Tore und segnet deine Kinder darinnen, er schaffet deinen Grenzen Frieden." Welch ein herrliches Kleinod ist der Friede, dessen sich das ganze Land erfreut. Du erneuerst uns heute die gnädige Verheißung: "Ihr sollt sicher in euerem Lande wohnen, ich will Friede euerem Lande geben, daß ihr schlaft und niemand euch schrecke, und soll kein Feind mehr durch euer Land gehen." Herr, erhalte diesen Frieden beständig in unsern Zeiten, erhebe über uns dein Antlitz und gib uns den Frieden als ein herrliches Stück deines göttlichen Segens, den du auf dein Volk gelegt hast. Laß unsern Frieden wie ein Wasserstrom sein, der nimmer abnimmt, sondern beständig bleibt und quillt, denn du allein erhältst Friede nach gewisser Zusage. Gib uns deinen Heiligen Geist, daß wir den edlen Frieden nicht mißbrauchen zur Üppigkeit, zu Stolz und Sicherheit, sondern vielmehr uns erbauen und in der Furcht des Herrn wandeln. Erquicke durch deinen Segen das verheerte Land, habe allezeit Gedanken des Friedens über uns. Laß uns am Ende unserer Tage in Frieden fahren und in die Wohnungen des Friedens gesammelt werden.

Herr Gott, dich loben wir für deine großen Gnaden, / Daß du das Vaterland von Kriegeslast entladen, / Daß du uns schauen läßt des goldnen Friedens Zier, / Drum jauchzet alles Volk: Herr Gott, dich loben wir. Amen.

Gesang
Mel.: Nun lob, mein Seel den Herren

Der Friede ist geschlossen, Gott hat uns gnädiglich erhört, / Kein Blut wird mehr vergossen, kein Land und Stadt wird mehr zerstört; / Das Schwert ist eingestecket, der Bogen losgemacht, / Kein Feind ist, der uns schrecket, / Da uns der Friede lacht; / Darum soll heut vor allen, nach dieser Kriegesnot, / Ein Freudenlied erschallen dem Herren Zebaoth.

Die helle Friedenssonne bestrahlt die Länder weit und breit; / Sie bringet Heil und Wonne, darum ist jedermann erfreut; / Der Ackersmann kehrt wieder zu seinem Ackerbau, / Der Hirte spielet Lieder auf seiner grünen Au; / Die

Schäflein weiden stille, weil sie kein Feind mehr schreckt, / Und Gottes Segensfülle das ganze Land bedeckt.

Laß diesen Frieden dauern, du treuer Vater, lange Zeit, / Daß wir in unsern Mauern nicht mehr erfahren Krieg und Streit; / Ach, habe stets Gedanken des Friedens uns zugut / Und halte in den Schranken der Mächtgen Übermut. / Nimm wegen unsrer Sünden uns nur den Frieden nicht / Und laß uns Gnade finden, wenn schon dein Zorn anbricht.

Und da in diesen Tagen der edle Friede neu erblüht, / So laß uns alle sagen: Kommt, schaut des Allerhöchsten Güt; / Der hat dem Krieg gesteuert, seht, das ist Gottes Tat, / Den Frieden uns erneuert, o unverdiente Gnad! / Laßt Freudenlieder klingen dem Herren Zebaoth / Und laßt uns fröhlich singen: Nun danket alle Gott!